本专著获得国家社会科学基金青年项目
"国内价值链与全球价值链竞合下的我国生产服务业内涵式发展研究"
（项目编号：16CJL026）资助

国内价值链与国际价值链竞合下的我国生产性服务业内涵式发展研究

◎陈健 赵迪 贺斌 著

东南大学出版社
SOUTHEAST UNIVERSITY PRESS
·南京·

图书在版编目(CIP)数据

国内价值链与国际价值链竞合下的我国生产性服务业内涵式发展研究 / 陈健，赵迪，贺斌著. —南京：东南大学出版社，2021.6

ISBN 978-7-5641-9444-4

Ⅰ.①国… Ⅱ.①陈… ②赵… ③贺… Ⅲ.①生产服务-服务业-产业发展-研究-中国 Ⅳ.①F726.9

中国版本图书馆 CIP 数据核字(2021)第 027168 号

国内价值链与国际价值链竞合下的我国生产性服务业内涵式发展研究

著　　者	陈　健　赵　迪　贺　斌
出版发行	东南大学出版社
出 版 人	江建中
社　　址	南京市四牌楼 2 号
邮　　编	210096
网　　址	http://www.seupress.com
经　　销	全国各地新华书店
印　　刷	广东虎彩云印刷有限公司
开　　本	700 mm×1000 mm　1/16
印　　张	14.5
字　　数	281 千字
版　　次	2021 年 6 月第 1 版
印　　次	2021 年 6 月第 1 次印刷
书　　号	ISBN 978-7-5641-9444-4
定　　价	59.00 元

(本社图书若有印装质量问题，请直接与营销部联系。电话：025-83791830)

目 录
CONTENTS

第一章 引 言 ………………………………………………………………… 1
  1.1 研究背景和意义 ……………………………………………………… 1
    1.1.1 研究背景 ……………………………………………………… 1
    1.1.2 研究意义 ……………………………………………………… 4
  1.2 研究内容、主要创新和技术路线 …………………………………… 6
    1.2.1 研究内容 ……………………………………………………… 6
    1.2.2 研究创新 ……………………………………………………… 7
    1.2.3 研究技术路线 ………………………………………………… 8

第二章 全球价值链分工对服务业发展的影响：文献梳理 ………………… 10
  2.1 全球价值链分工影响服务业发展的文献梳理 …………………… 10
    2.1.1 全球价值链分工起源与概念甄别 …………………………… 10
    2.1.2 服务业嵌入全球价值链分工状况 …………………………… 13
    2.1.3 全球价值链分工对生产性服务业发展的影响 ……………… 15
  2.2 价值链分工竞合的文献梳理 ……………………………………… 21
    2.2.1 价值链分工竞合的内涵 ……………………………………… 21
    2.2.2 全球价值链分工竞合的特征 ………………………………… 24
    2.2.3 全球价值链分工竞合的影响 ………………………………… 33

第三章 价值链分工竞合影响生产性服务业发展的理论基础 …………… 40
  3.1 全球价值链分工下生产性服务业发展的逻辑 …………………… 40
    3.1.1 生产性服务功能嵌入与服务业价值链分工 ………………… 40
    3.1.2 价值链分工下生产性服务业发展的逻辑 …………………… 42
  3.2 价值链分工竞合理论模型 ………………………………………… 46
    3.2.1 基本设定与两阶段生产 ……………………………………… 46
    3.2.2 异质生产率下的市场结构 …………………………………… 47

        3.2.3 利润与最优采购策略 49
    3.3 价值链分工拓展影响产业发展的理论模型 51
        3.3.1 基本设定 51
        3.3.2 国家内部的局部均衡 54
        3.3.3 跨境价值链分工与价值分配 57
    3.4 本章小结 61

第四章 生产性服务业内涵式发展的指标构建、测度与状况描述 63
    4.1 服务业内涵发展研究评述 63
        4.1.1 服务业内涵式发展的概念 63
        4.1.2 产业内涵式发展相关特征初探 66
    4.2 生产性服务业内涵式发展测度 71
        4.2.1 产业内涵式发展指标体系构建 71
        4.2.2 企业内涵式发展指标体系构建 78
    4.3 生产性服务业内涵式发展状况描述 81
        4.3.1 内涵式发展水平的行业角度比较 81
        4.3.2 内涵式发展水平的微观考察 84
    4.4 本章小结 86

第五章 生产性服务业国际价值链和国内价值链双向嵌入规律研究 88
    5.1 价值链分工测度方法及其适用性 88
        5.1.1 企业功能分拆视角的测度 88
        5.1.2 投入产出视角的测度 89
        5.1.3 关键测度指标的构建 93
        5.1.4 测度方法的适用性说明 96
    5.2 生产性服务业嵌入价值链分工状况考察 97
        5.2.1 国别视角比较分析和演变规律 97
        5.2.2 细分行业角度比较和演变规律 103
    5.3 生产性服务业拓展价值链分工联系内在机理的实证 110
        5.3.1 模型、变量和数据来源 110
        5.3.2 总体结果与解释 112
        5.3.3 价值链分工拓展的分类比较 115

  5.3.4 价值链分工拓展的互动机制 …………………………………… 118
 5.4 企业拓展异质空间价值链分工联系的实证 ……………………………… 120
  5.4.1 微观企业价值链分工测度与特点 …………………………… 120
  5.4.2 计量模型与变量说明 ………………………………………… 125
  5.4.3 回归结果与解释 ……………………………………………… 127
  5.4.4 内生性检验与行业异质性分析 ……………………………… 131
 5.5 本章小结 ……………………………………………………………………… 133

第六章 价值链分工竞合对生产性服务业内涵式发展的影响：综合测度考察 …………………………………………………………………………… 135

 6.1 产业角度的实证和解释 …………………………………………………… 135
  6.1.1 模型构建与变量说明 ………………………………………… 135
  6.1.2 回归结果与解释 ……………………………………………… 136
  6.1.3 竞合作用机制讨论 …………………………………………… 138
 6.2 微观企业角度的验证和解释 ……………………………………………… 141
  6.2.1 模型和变量衡量 ……………………………………………… 141
  6.2.2 基准回归与结果解释 ………………………………………… 144
  6.2.3 不同角度分类比较 …………………………………………… 146
  6.2.4 中介效应分析 ………………………………………………… 150
 6.3 本章小结 ……………………………………………………………………… 153

第七章 价值链分工竞合对生产性服务业内涵式发展的影响：效率和增值能力的权衡 …………………………………………………………………… 155

 7.1 生产性服务业生产效率表现 ……………………………………………… 155
  7.1.1 产业角度典型化事实 ………………………………………… 155
  7.1.2 企业生产效率表现 …………………………………………… 160
 7.2 双链竞合下的产业技术效率影响 ………………………………………… 161
  7.2.1 基准估计与稳健性 …………………………………………… 161
  7.2.2 作用路径和竞合影响 ………………………………………… 165
 7.3 企业技术效率考察 ………………………………………………………… 167
  7.3.1 模型构建与基准估计 ………………………………………… 167
  7.3.2 异质空间拓展影响的比较 …………………………………… 169

7.4　生产效率与价值增值的权衡 …………………………………… 171
　　　　7.4.1　效率与增值权衡的逻辑 ………………………………… 171
　　　　7.4.2　协同效应和中介效应 …………………………………… 172
　　7.5　本章小结 …………………………………………………………… 176

第八章　双重价值链分工竞合对生产性服务业内涵式发展的影响：开放视角的探讨 …………………………………………………………………… 178
　　8.1　开放视角探讨的重要性 …………………………………………… 178
　　8.2　全球价值链分工与生产性服务业贸易发展 …………………… 179
　　　　8.2.1　国别比较下的证据 ……………………………………… 179
　　　　8.2.2　中国的经验证据 ………………………………………… 180
　　8.3　价值链分工竞合影响的实证 ……………………………………… 182
　　　　8.3.1　国别角度实证结果与解释 ……………………………… 182
　　　　8.3.2　聚焦中国的进一步实证 ………………………………… 187
　　8.4　本章小结 …………………………………………………………… 194

第九章　价值链分工竞合下我国生产性服务业内涵式发展的对策研究 …… 196
　　9.1　研究结论 …………………………………………………………… 196
　　9.2　政策建议 …………………………………………………………… 199

参考文献 ……………………………………………………………………… 204
附表 …………………………………………………………………………… 224

第一章 引言

1.1 研究背景和意义

1.1.1 研究背景

回顾世界经济发展历程,自19世纪60年代开始,全球分工与协作日渐成为经济增长的重要驱动因素。在当代,各国开放条件下的经济发展无不与国际分工的细化有着紧密联系。然而,肇始于2008年金融危机,当前世界经济呈现的"逆全球化"趋势是全球分工体系形成以来较为严重的一次。危机后的世界经济格局呈现两大特点:一方面,多数发达国家经济增长乏力,曾是全球化重要缔造者的美国试图通过"再工业化"和退出诸多区域或国际性组织的方式,推行其单边主义。英国则以"脱欧"方式打乱了欧洲内部现行分工和一体化进程。另一方面,伴随经济的稳步崛起,从20世纪90年代初主要嵌入"四小龙"次生区域价值链分工,再到21世纪初更直接嵌入美、日、欧等发达国家主导的价值链分工循环,中国开始以一个更有份量的角色影响乃至重构发达国家昔日所建立的国际分工与贸易版图(佟家栋 等,2018)。中国的加入也凸显了全球价值链分工体系构建的世界性意义。然而发展阶段特点和较长期集中于制造环节参与全球价值链分工的角色定位,决定了经济服务化一直是中国发展的短板。

必须承认,伴随全球价值链分工的发展,实现产品价值链解构、产品工序跨国分工已成为可能。特别是产品工序分工已不仅仅局限于制造环节,而是延伸至服务环节,尤其围绕生产活动衍生出大量的服务工序。在全球价值链分工模式下,国际竞争也不再视"福特制"所膜拜的"效率至上"为唯一制胜法则——如在市场拓展中,无论集约边际还是扩展边际,由多样化需求偏好所决定的差异化发展战略日益成为新贸易准则(Melitz 等,2009)。显然,在以上两个层面,生产性服务环节都发挥着举足轻重的作用。更重要的是在价值链分工模式下,"增值源"驱动决定生产性服务环节已构成高附加值的最主要来源(Baldwin 等,2015)。据世界银行全球价值链发展报告(2017)显示,伴随技术进步所带来制造业生产功能环节"可解构"性质的增强,在1995—2009年间,用以衡量生产环节价值增值分布特点的"微笑曲线"形状在多数行业正悄然由宽"U"形结构演变为窄"U"形结构——位于两端生产性服务活动的附加值内涵进一步提升,纯粹制造活动的增值空间则逐步受到挤压。作为体现上述变化的重要特征,该报告指出制造业服务中间投入所创造增加值比重的上升,已经能够较好地解释欧盟国家出口份额中服务贸易占比为何能够超过一半的事实。Low(2013)举了一个在中国制造、美国销售夹克的很具有代表性的例子。分析指出,如果一件夹克在美国售价 425 美元,则它只有 9% 的价格与夹克制造成本有关(即制造环节的劳动力和材料中间投入价值),剩下部分则是"看不见的"生产性服务环节增值。这包括源于上游设计、知识产权和品牌等的价值增值,源于下游广告、市场营销等的价值增值。同样体现生产性服务环节日益提升重要性的是在汽车制造领域,Serafica(2016)就指出随着模块化生产关联性的增强,汽车行业近年来最大的变化之一就是它们不再是汽车公司,而是软件服务公司。此外,我们不难注意到,国际贸易发展由制造向服务领域延伸已成为不争事实。据联合国贸易和发展会议数据(UNcomtrade)会议数据显示,在过去近二十年间(2000—2018),全球服务贸易额由 3.04 万亿美元增长到 11.45 万亿美元,占全球总贸易比重由 19.1% 稳步增长到 23.17%。就对世界整体分工与贸易格局的影响而言,制造业更精细"模块化"生产方式的出现还是创造了更多发展机会,尤以制造业生产"服务化"所带来的生产性服务业领域国际分工联系的增强和以外包为主要形式的全球服务贸易的持续、快速增长为最显著特征(程大中,2007),后者不仅局限于生产性服务整体解决方案的外包和贸易,还体现在更多独立服务性任务或生产性服务工序的外包和贸易发展方面(Backer et al.,2015)。

对中国而言,全球制造业生产"服务化"进程下"微笑曲线"所表征的价值增值向两端偏移会加剧其在全球价值链分工中过度集中于制造环节的风险。有鉴于此,顺应国际分工格局调整所带来的贸易结构演变规律,同时也是由现阶段发展所遭遇的"瓶颈"约束诱发使然,中国近年来着力扩大生产性服务领域对外开放。2015 年,我国发布《国务院关于构建开放型经济新体制的若干意见》,文件明确提出要提升服务贸易战略地位。随后商务部等联合制定《服务贸易发展"十三五"规划》,这更是将服务业以及服务贸易的稳健发展视为新一轮改革的重点之一。而我国"负面清单"制度的推行,则是在实践方面有力贯彻了上述发展战略。这一系列重大举措不仅彰显了中国积极扭转服务贸易"凹地"的决心,更彰显其建设服务贸易强国的气魄。在学术界,向全球价值链中高附加值服务环节攀升、推动我国生产性服务业及其中间投入的经济增长贡献,同样获得了更多关注。只不过囿于体制性障碍和市场化制度环境的仍不完善等本土原因(江小涓 等,2004;裴长洪,2013),人们更多地将我国生产性服务业的发展寄希望于开放条件下的服务外包。

事实上,为顺应全球价值链分工格局调整新动向,我国已经从大规模承接制造外包转向积极推动服务外包发展。据联合国贸发会议(UNCTAD)数据显示,我国服务贸易在2005—2018年间呈现持续"井喷式"增长,平均增速高达13.82%。截至2018年底,中国服务贸易进出口额已达7 919亿美元,占世界服务贸易比重由3.08%提高到6.92%,服务贸易占我国总贸易比重也已达到15.14%。与此同时,中国经济结构的服务化也日趋明显。根据国家统计局数据显示,我国服务就业人员占比在2018年已经达到46.3%,服务贸易近十年平均增速13.31%,服务业占国民生产总值比重及其贡献率也分别占到52.2%和59.7%。但在可观发展数据的背后,我们不难看到中国制造部门曾经历的情形。在发达国家通过全球价值链分工外包大量制造环节的过程中,中国获得了良好的外部发展环境,也抓住机遇实现了制造业乃至整体经济总量的较快增长。时过境迁,在取得成绩的背后,原有参与价值链分工的比较优势日渐变成瓶颈约束——"中国制造"的创新能力薄弱并且品牌竞争力不足即是重要体现,这最终进一步影响了其发展的质量。在已经构建完整制造生产能力的基础上,仍然是通过全球价值链分工,也还是凭借劳动力禀赋优势,中国目前正在崛起为服务外包大国。然而,这种在全球价值链分工下服务大国目标的实现,是否仍只不过是昔日制造大国目标实现的"翻版"? 当前繁荣格局过后,其是否会重蹈覆辙,再次陷入全球价值链分工"陷阱"? 现在所谓的比较优势,是否同样会构成其进一步高质量发展的桎梏?

要回答上述问题,研究认为还是需要从制造部门嵌入全球价值链分工体系的特点中寻找解决答案。对中国而言,始于20世纪60年代、由发达国家主导构建的全球价值链分工体系扩张,奠定了其参与国际分工的外部环境,中国在2001年加入WTO则昭示着其嵌入全球价值链分工战略的启程。如果将中国加入WTO至本轮金融危机前视为第一阶段,那么在此期间,中国嵌入全球价值链分工的主要特点是被动且相对深度嵌入价值链分工制造环节。大量发展事实与研究已证实,长期嵌入发达国家主导价值链分工体系下的发展模式是一把"双刃剑",其在创造诸多发展机会的同时,也导致价值链低端"锁定"风险加大(刘志彪 等,2009);一方面,大树底下好乘凉——嵌入发达国家主导价值链分工循环,曾给中国带来较多发展机遇;另一方面,"大树底下也会不长草"——囿于发达国家主导全球价值链分工体系"俘获"影响,中国国内价值链分工体系在较长期内是居于次要地位的,甚至是被忽视的。而伴随中国志在迈入全球价值链中高端决心的提升,其所面临的价值链攀升"天花板"效应也日益凸显。相比第一阶段,发达国家"逆全球化"进程可能是中国参与全球价值链分工第二阶段的开始。对中国而言,该阶段的一个重要目标是依托国内价值链的发展来重构国际价值链,进而在"双链"共轭环流下获得高端发展机遇。特别是在最近一轮金融危机后,面对发达国家昔日所主导价值链分工体系的逐步瓦解和空间布局再转移,我国转向强调国内价值链或者国内市场规模效应的重要性。

  作为一种新的分工模式,相比传统产业间、产业内分工,价值链分工的核心是强调在产品层面建立分工联系。该特点决定价值链分工可以在更多样的地理空间重塑不同区域间的经济联系,自然也包括一国内部企业基于国内空间尺度所构建的价值链分工体系。再从作为现行全球价值链分工构建主体的发达国家跨国公司角度而言,其所面对的差异空间在产品"分工-协作"层面变得更具统一性。然而,这些差异空间又是由不同国家(或者不同程度分割区域)构成。由国家主权所确立的非统一地理空间,使得跨国公司价值链分工体系所强调的生产统一性面临价值增值分配等方面的空间差异,甚至是空间扭曲。正是在考虑国家权属前提下,价值链分工划分为国内价值链和国际价值链分工循环的理论和现实意义开始获得更多关注,甚至加深对更细空间尺度下价值链分工循环的考察(黎峰,2016)。就我国企业而言,在初期阶段,其主要通过"代工"方式嵌入发达国家主导价值链分工体系,两者近乎等同。但随着企业市场化改革进程的逐步推进和国内市场规模效应释放,依托国内市场需求和生产联系的国内价值链分工不断增强(倪红福 等,2016),这决定我国企业价值链分工体系和企业所嵌入发达国家主导价值链分工体系在概念上不再是等同的。这一变化也使得对价值链分工及其影响的探讨,不应再局限于发达国家跨国公司所主导的分工体系。

  综上,由封闭转向开放带来了我国经济的高速发展,由开放迈入全球价值链分工模式下的内外分工循环体系互动,则可能为我国经济高质量发展创造更好机遇。有鉴于此,本书研究感兴趣的是,对目前仍主要集中于制造环节参与全球价值链分工的中国而言,其生产性服务环节参与全球价值链分工具有怎样的特点?特别是在全球价值链分工日益趋向服务领域过程中,中国生产性服务业的生产分割又呈现出怎样的特点?历史轨迹与"大国"经济特点决定我国未来开放经济发展应建立在本土价值链与国际价值链"共轭环流"的基础上,对同样嵌入价值链分工模式的生产性服务环节而言,其发展主要是源于国内还是国际价值链分工的延伸?在弄清楚以上问题的前提下,研究将进一步深入探讨中国如何在国内和国际价值链"双轨"分工循环下,实现生产性服务业的内涵式发展。

1.1.2 研究意义

  本书研究的理论和现实意义可以归结为三个方面:

(1) 对嵌入全球价值链分工的中国生产性服务部门而言,其能否实现可持续且高质量的增长,仍存在诸多不确定性。如果说发达国家所构建全球价值链分工体系是重要外部发展契机,那么中国自身政策优势的释放就是内在积极因素。但无论外部发展机会还是内部政策利好,它们所带来的可能都只是我国生产性服务业某些方面特质在短期内的"井喷"式增长。生产性服务业发展是否具有可持续性,特别是能否实现质量改善式增长,仍存在诸多困难。如果不能够对此予以深刻认识,中国生产性服务贸易现在所呈现的"盛景"最终亦难逃"厄运"。当然,解铃还须系铃人,中国生产性服务业发展仍需依托价值链分工。但需要强调的是,这种依托不再是单纯嵌入发达国家所主导价值链分工体系,而是需要同时关注国内价值链体系的构建及其作用。其内在逻辑有两点:第一,全球价值链分工决定价值增值及其分配遵从"微笑曲线"定律,即两端的高附加值活动是研发设计和品牌运营等服务环节。中国要想扩大利益分成,就必须突破现存价值链分工体系的"封锁",向两端高附加值环节延伸。第二,前述观点所强调的在价值链内实现突破虽有道理,但也会束缚发展思路。其隐含前提是必须始终如一地嵌入既定发达国家所主导的价值链分工体系,但对中国这样的"后发"大国而言,难度不小。有鉴于此,在参与国际价值链和构建国内价值链两个概念范畴下,探讨内、外部经济的高水平互动,这应该成为我国实现包括生产性服务业在内的整体经济高质量发展的重要新思路。

(2) 中国既往参与全球价值链分工见证了其商品贸易的快速增长和世界"制造工厂"地位的奠定。与此同时,过度集中于制造环节导致的"锁定"风险亦受到质疑。既有观点已达成的共识认为,无论是通过制造还是服务环节参与全球价值链分工,关键点乃是提升中国参与全球价值链分工的地位,进而增强"获得感"。但是,通过梳理相关文献发现,一方面,相关研究所依托的分析"媒介"主要是服务贸易或服务外包;另一方面,多数研究所关注的焦点依然是如何提升我国生产性服务业某些方面的特质,例如生产性服务业的规模增长或结构改善,生产性服务业效率或技术复杂度的提升等。必须承认,在相对较低的起点上,它们较好地揭示了中国生产性服务业发展进程中的一些典型化事实和规律,并为更深入探讨生产性服务业内涵式增长做出重要贡献。然而,这些研究所关注的毕竟还只是生产性服务业发展的某些外在特征。结合我国发展阶段特点,聚焦生产性服务业的内涵式发展能力提升研究已然成为需要。

(3) 作为构建价值链分工"共轭环流"的微观主体,本书还尝试从企业角度出发,探讨其国内价值链构建和国际价值链分工联系的拓展如何影响生产性服务业企业内涵式发展能力的提升。特别是,研究尝试从企业价值链分工在生产区段联系和空间布局的双重异质性角度揭示价值链分工"黑箱"的微观特点,进而探讨其对生产性服务业企业内涵式发展能力提升的影响。微观视角研究不仅提供了理论探讨以外的实证分析,还弥补了宏观和产业视角实证研究存在的不足,同时也丰富了源于企业现实发展方面的实践经验。

1.2 研究内容、主要创新和技术路线

1.2.1 研究内容

围绕研究主旨,论证内容的设计如下:

(1) 生产性服务业内涵式发展的基本状况与特点考察。基于价值链分工下的制造功能服务化以及价值链理论中的协同价值创造等视角,研究对生产性服务业内涵式发展的概念做出明确界定。再结合对服务业发展质量评价体系的梳理,通过综合产出规模等"量"的层面与创新性、结构高度、附加值等"质"的层面,构建生产性服务业内涵式发展评价体系。在此基础上,借助核密度估计和图表比较分析等,揭示我国生产性服务业内涵式发展的整体表现与演变规律。同时,在考虑"市辖区—城市—国家—国际"四维异质空间尺度结构划分下,进一步揭示生产性服务业内涵式发展的空间分异特征。该部分论证内容主要在第二、第四章涉及。

(2) 通过将全球价值链解构为国内价值链和国际价值链分工,展开双重价值链竞合影响生产性服务业内涵式发展机制的理论探讨。通过将 Antras 等(2014)多区段生产模型拓展到一般动态均衡,探讨国际价值链与国内价值链动态博弈过程中,企业或产业部门实现自身能力提升的机遇、挑战和升级路径,由此奠定研究的理论基础。具体分析在利益共享原则和成本最小化目标下,基于各种情况动态利益或相对增值的博弈,探讨一国国内企业在与上、下游国际企业由分工竞合所决定的价值链分工角色的变动特点,进而探讨本土企业收益分配空间拓展的可能性。研究还将进一步厘清双重价值链竞合在面对企业间交易成本、企业内协调成本、国家生产效率水平以及劳动力质量等方面的相对变化情况下,其影响一国产业转型升级及其价值增值能力表现的规律。相关论证内容主要在第三章。

(3) 结合文献梳理与概念推演,阐明国际价值链分工格局调整与国内价值链构建双向互动的特点。综合考虑新一轮国际分工格局变动与我国域内分工联系演进特点,在明晰国际价值链和国内价值链内涵、范畴的基础上,揭示两者双向互动

的不同阶段特点和演变趋势。重点围绕两方面展开：其一，通过细分行业时间维度比较，揭示我国生产性服务业国际价值链与国内价值链拓展所呈现竞争与合作"双螺旋"结构发展的演变规律；其二，通过制造和服务企业异质空间尺度价值链分工联系拓展的比较分析，从以我国微观生产性服务业企业为中心的角度出发，更进一步探讨其拓展国际和国内空间尺度价值链分工联系的特点。此部分论证内容主要在第五章涉及。

（4）双重价值链竞合影响生产性服务业内涵式发展状况与机理的实证研究。具体论证方面，考虑到制造与服务功能环节在生产方面的产业关联特性和协同价值增值创造特点，首先剖析国际价值链和国内价值链竞合影响生产性服务业内涵式发展的程度和一般规律，进而再深入探讨双重价值链竞合影响生产性服务业内涵式发展的关键机制。就作用机制的考察而言，分析主要是结合协调效应和中介效应分析，重点关注双重价值链竞合是如何通过影响生产性服务业发展的规模表现、效率水平、结构升级、创新能力和管理能力等，最终影响其内涵式发展水平的。论证内容主要体现在第六、第七、第八章。

（5）双重价值链竞合下我国生产性服务业内涵式发展的对策研究。该部分内容通过辩证看待国内价值链与国际价值链交互过程中的竞争与合作关系，科学制定生产性服务业内涵式发展的总体方针和关键举措。重点是明晰国内价值链与国际价值链高水平竞合的要点，科学判断我国生产性服务业内涵式发展所处的阶段，进而阐述双链竞合下生产性服务业内涵式发展的可行路径和举措。论证内容主要在第九章涉及。

1.2.2 研究创新

本研究的创新主要体现在如下方面：

（1）研究视角。全球价值链分工格局的重构冲击了我国传统外向型经济发展的可持续性；国内价值链构建则在打破全球价值链"链内"锁定效应的同时，开启我国与全球价值链在多链节展开竞争与合作的可能。结合历史分析与经验实证，提出应重视在双链竞合框架下，探讨我国生产性服务业内涵式发展的可能与实现路径。理论方面，论证在全球价值链分工统一框架下，通过区分企业国内和国际中间品采购所体现的国内和国际价值链分工联系拓展；从企业成本最小化和价值增值角度探讨了全球价值链分工拓展的微观机制和企业或产业在此分工模式下内涵式发展能力提升的机理。实证方面，突破中国自身以及跨国静态比较的局限，结合跨国、跨行业动态分析，更全面地揭示中国生产性服务业参与全球价值链分工的解构特征、演变规律和影响。

(2) 研究方法。为避免再深陷制造部门参与全球价值链分工"低端锁定"陷阱,应重视我国生产性服务业的内涵式发展。突破主要聚焦于生产效率等单一视角的既有探讨,研究通过系统指标构建,以期更全面地揭示双链"竞合"影响服务业内涵式发展的基本规律。一方面,借助 2016 版世界投入—产出数据库,依托增加值平均传递步长等多指标并拓展生产阶段数测度,通过构建基于跨国投入产出表的解构算法,更全面地揭示了我国生产性服务业参与全球价值链分工的状况,特别是国内和国际价值链分工嵌入特点;另一方面,综合规模表现、结构特征、增值能力和效率特征等重要方面的一系列细分指标,构建了我国生产性服务业内涵式发展能力测度评价体系。

(3) 论证思路。既有文献更多探讨的是宏观价值链分工对国家或者产业内涵式发展某些特质的影响,并且只有少数文献从"以我为主"视角出发,揭示企业价值链分工"黑箱"。本研究在一定程度上弥补了现有宏观或产业视角研究方面的不足,具体体现在如下几点:其一,结合微观数据,通过合理定义企业层面价值链分工上、中、下游联系,揭示价值链分工在异质空间下生产联系的多维特征,同时提供了中国企业国内价值链构建与其国际价值链拓展之间"竞合"特点的微观证据;其二,从微观视角出发,结合系统指标选择,构建企业内涵式发展综合评价体系;其三,经由实证分析,提供了中国企业价值链分工影响其内涵式发展的微观证据,尤其揭示了企业价值链分工作用的重要特征。

(4) 研究结论。结合理论与实证分析,本研究主要结论为:构建并完善国内价值链,增强国内价值链与国际价值链竞合能力,应该成为我国主动求变,根本上打破在全球价值链下"底层""被动"发展旧常态,实现价值链分工地位攀升的新抉择。我国生产性服务业内涵式发展,亦有赖于国内价值链与国际价值链在高水平竞合动态演化过程中得以实现。

1.2.3 研究技术路线

本研究遵循"文献梳理—概念界定—理论框架构建—状况描述—机理探讨—对策总结"思路,展开具体论证。首先,通过文献梳理阐明生产性服务业内涵式发展的概念和测度依据,同时阐明价值链分工竞合的表现及其影响;其次,从企业国际和国内中间品采购和上、下游生产联系角度出发,遵循成本最小或者利润最大化原则,构建双链竞合及其影响生产性服务业发展的理论框架;再者,借助综合评价指标体系,揭示双重价值链分工竞合的演变特点,同时揭示生产性服务业内涵式发展的一般规律和特点;其后,结合行业和企业两个角度的实证分析,探讨双链竞合影响生产性服务业内涵式发展的状况和内在机制;最后,阐明双链竞合下我国生产性服务业内涵式发展的对策。

研究技术路线亦可见图 1.1。

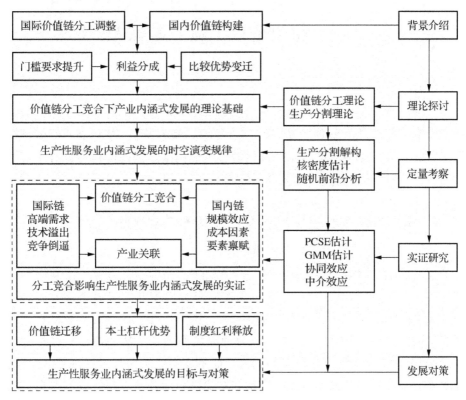

图 1.1　研究技术路线

第二章 全球价值链分工对服务业发展的影响:文献梳理

通过国内外相关文献和理论观点的梳理,本章重点关注两个方面:其一,嵌入全球价值链分工循环的服务业发展的一般规律和基本特点,以及全球价值链分工所带来影响效果的评述;其二,全球价值链分工解构国际和国内价值链分工竞合的基本内涵、表现特征及其对服务业发展的影响。

2.1 全球价值链分工影响服务业发展的文献梳理

2.1.1 全球价值链分工起源与概念甄别

无论按照 H-O 要素禀赋理论,还是李嘉图比较优势理论,经典国际分工与贸易理论的一个基本观点认为,分工和贸易发展只会出现在要素禀赋差异明显或者比较优势不同的国家之间。这突出体现在发达国家主要生产具有相对比较优势的技术密集型产品,发展中国家主要生产劳动密集型产品。然而,自 20 世纪七八十年代开始,发达国家与发展中国家间的分工联系变得愈发偏离上述规律,即拥有类似技术和资源禀赋国家间的分工与贸易联系变得更加普遍。注意到这些典型化事实,由 Krugman(1980)最早提出并经 Helpman 和 Krugman(1985)加以一般化的新贸易理论认为,不完全竞争市场下的企业生产技术存在着规模报酬递增,其导致拥有类似技术和资源禀赋国家间的产业内分工和贸易成为可能。

任何新理论观点的诞生都是源于新生事物的出现及其对过去普遍存在现象的冲击,或者是源于流行理论在解释现实方面的不足。国际分工与贸易理论第二阶段发展所面临的挑战始于 20 世纪九十年代后期,即产业内分工理论所强调的企业同质性假设。实证方面,Bernard 等(2005)通过对微观企业层面数据的考察发现,在特定行业中,出口商和非出口商之间的企业生产率存在显著异质,即建立国际分工和贸易联系国家间的企业并非同质的。通过强调企业生产率方面存在的异质性,Melitz(2003)开创性地构建了新新贸易理论框架。在假设意向出口企业会面临出口固定成本的前提下,该模型考虑了企业进入或退出市场的内生选择机制,从而为行业内异质企业的共存提供了有力的解释。这也标志着国际分工与贸易理论拓展第三次浪潮的兴起,尤以价值链分工与贸易的全球扩张为重要表现。具体而言,随着运输方式和信息通信技术的飞速发展,任何产品的生产过程在理论上都可以被"分割"成几个紧密联系的生产环节,每个环节都对应一个特定的任务,例如品牌运营、研发设计、中间部件制造、最终品组装和配送,等等。不同环节往往跨越国界,被安排到能够最有效执行该任务的地方。相比全球产业间或产业内分工和贸易阶段,全球价值链分工与贸易的发展不再局限于最终产品生产,而且延伸到中间品或任务的跨国转移和重新布局这一更细致层面。

全球价值链分工发展至今,相关研究使用了不同术语来描述。例如碎片化(Jones 和 Kierzkowski,1990)、国际采购(Arndt,1997)、生产分解(Feenstra,1998)、全球生产分享(Yeats,1998)、垂直专业化(Hummels 等,2001),及至外包(Grossman 和 Helpman,2002)、垂直生产网络(Hanson 等,2003)、任务贸易(Grossman 和 Rossi-Hansberg,2008),等等。通过梳理其发展脉络,研究认为其已经经历了几个较为明显的演变阶段。从生产分割概念入手,Jones 和 Kierzkowski (1990)对这一现象给出了最初的描述。其后,大量围绕中间产品贸易的观察(Feenstra 和 Hanson,1996;Yeats,1998)增进了人们对此种新跨国分工模式的理解,进而引申出相关学者其他重要概念角度的阐述,诸如分拆(Baldwin,2006)和任务贸易(Grossman 和 Rossi-Hansberg,2008)。与此同时,伴随研究方法的改进,特别是在综合借鉴企业管理和产业组织分析框架下,在针对国家间价值增值分配特点与内在机制的探讨中,Gereffi 等(2005)最终提出了"全球价值链"的概念。

下面通过梳理并比较与全球价值链分工相关的几个概念,进一步明晰全球价值链分工内涵。

(1)分拆:历史视角的回顾

当商品、劳动力和思想的流动还不像今天这样顺畅时,经济活动主要是在较小规模市场范围内组织和运行的。例如,农民收割小麦并磨成面粉,这可以为几条街外的一家面包店提供面粉,而面包师则可以利用这些面粉为每天早晨走进店里的邻居烤面包。然而,19 世纪伊始,随着蒸汽机等发明所带来陆路运输(机车)和水路运输(轮船)方式的改进,这最终引发有限地理空间范围以外分工和贸易活动的空前发展。特别是伴随批量商品物流技术的发展,规模经济的更好释放进一步降低了运输成本。由此,更多商品得以在全球范围内流动,以寻找最有利的市场,人们的消费空间也逐步从生产空间的约束中分离出来。

得益于国际贸易所创造潜在客户群的增加,批量制造成为更加合适的生产方式。其中,分工细化所带来的效率提升是关键。正如亚当·斯密在大头针制造这一经典例子中所描述的那样,工人专门从事一项特定的任务,并通过强化对一特定工序的学习来提高自己的能力。分工还需要在不同任务之间进行精细化协调。如果说早期时候,不同任务还是被分配在相对较为邻近的空间,那么,始于20世纪八十年代的信息技术革命则彻底改变了分工局面。特别是伴随高速国际通讯网络的发展,在不同地点协调生产任务已经变得更加容易且有较好的经济性。销售和采购计划可以随时交付到生产线,每一个生产工序都可以适时共享并反馈有关产品设计和制造等方面的信息。至此,生产工序不必再局限于邻近的空间,生产活动的技术分拆也开始明显加速,一些与生产相关的工序逐步实现跨国界转移(Baldwin,2006)。

(2) 垂直整合

Baldwin(2006)的分拆概念揭示了国际分工格局动态演变过程中一个重要阶段的发展特征,但这显然还不是全部。回顾历史,在20世纪初,亨利·福特推行了一种新的商业模式,其通过收购其他公司,实现了将生产过程中各个部分(工序)整合到统一的管理框架下,即福特公司创造的纵向一体化模式。这一模式奠定了批量制生产的基础,也预示着大规模批量制生产时代的到来。围绕对企业纵向一体化的探讨,早期相关研究更侧重从市场不完善角度予以解释。一种代表性观点认为,公司整合其他实体,旨在纠正先前存在的市场权力扭曲,如双重边缘化、搭便车或市场进入限制等(Tirole,1989)。后期发展起来的另一种观点则认为,将生产工序内部化是为了避免建立正式商业关系导致的潜在交易成本增加,即降低交易成本是实施纵向一体化的主要动机。

既然纵向一体化能够带来这些好处,为什么在现实中,有些企业还是不会选择这种模式呢?这就必须考虑另外一部分成本增加带来的影响,即内部生产工序协调而导致的管理协调成本增加。按照交易成本理论观点,外部生产联系的稳定建立有赖于良好合约关系的建立和维护。这一关系的建立和维护不仅会增加包括书写、监管和执行合同等在内的直接成本,还可能包括合约签订后道德风险造成的事后生产效率降低及由此导致的成本增加。特别是因为存在信息不对称,合同签订往往是不完整的,各方之间的所有交易条款不可能事先都得到约束。当双方面临交易合同约束时,合同的不完整性也由此存在引发道德风险的可能。最终,企业生产模式的选择就变成市场交易所带来的交易成本和企业内部统一分级组织构建所带来的管理协调成本增加的权衡问题(Joskow,2003)。当合约关系中各方机会主义行为减少所带来的好处低于内部管理组织安排所带来的资源配置效率提升收益时,纵向一体化整合才是组织生产方式的首选;反之,企业价值链生产的组织方式会更偏向于建立外部联系。

通过以上分析,我们也就不难理解跨多国纵向一体化的出现与跨国公司这类商业实体全球化生产经营之间的联系。考虑国家边界和企业生产组织边界两个维度,这里可以将跨国公司所主导全球价值链生产联系划分为四种模式,具体如图2.1所示。其中,横向表示任务是在企业内部完成还是通过外包方式在企业外部进行采购,纵向表示相关任务活动是在国内完成还是在国外完成。

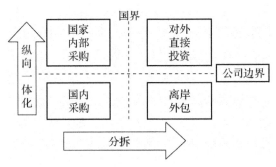

图 2.1　企业跨国生产组织模式划分

（3）价值链和全球价值链

"价值链"概念最早源于企业管理。迈克尔·波特（Michael Porter,1985）将这一概念作为制定企业战略的基本框架,其强调通过关注产品生产和消费所涉及的整个流程来提高企业竞争力。当一个企业有一个相对完整的组织结构,则其实体经营即可分解成一系列具有独立功能的业务活动,这些业务活动构成分析单元。每个单元的任务（如产品设计、材料采购、营销和分销等）可以通过某种方式界定其所追求的、具有自身属性特征的具体目标,这可能会与其他单元任务的目标相冲突。但从价值链角度出发,所有单元任务都应该被组织起来,以确保公司整体尽可能接近最佳经营状况。

与此不同,全球价值链概念的提出更主要来源于社会学研究。如果说波特价值链概念关注的是公司业务活动设置对公司战略创新或变动决策的影响,则全球价值链更强调的是公司生产网络优化会如何影响其价值创造和价值传输,以及价值增值活动空间布局反过来会如何影响公司全球生产网络组织形式的选择。由此可见,因为研究范围和动机的不同,全球价值链概念及其分析框架并非 Porter 价值链概念及其分析框架在全球空间尺度分析中的简单延伸。

2.1.2　服务业嵌入全球价值链分工状况

作为参与全球价值分工的重要产业部门,制造业获得了更多关注。这一方面是因为制造业在过去较长期内一直都是全球分工和贸易联系拓展的主要载体,另一方面还在于服务业的可贸易性相对较低,更多是以嵌入制造行业的形式表现出来。然而结合"微笑曲线"(Smile Curve)所描绘的生产中各功能环节附加值创造能力来看,服务功能环节的地位和重要性则是一目了然的。作为全球价值链分工中区别于制造环节的一大类生产活动,生产性服务外包的兴起和生产性服务增值能力的显著增强,构成研究生产性服务业嵌入全球价值链分工状况的现实依据。围绕生产性服务业在全球价值链分工中多样化表现的考察,既有分析包括以生产性服务业外包为主的服务贸易的考察,也有生产性服务业增值能力的考察(Lanz和Maurer,2015;袁志刚和饶璨,2014)。少数聚焦生产性服务环节在全球价值链分工中相对地位的研究中,Fernandez-Stark 等(2011)围绕印度生产性服务业在全球价值链分工体系中的贡献的分析发现,印度生产性服务业外包水平早在 2009 年时候就已经占到全球总市场的近一半。人力资本数量和质量、发达国家市场驱动下的专业服务培训被视为其发展的关键因素。Kelle(2013)研究指出,生产性服务业企业不仅可以选择直接出口,还会依托价值链分工来嵌入制造部门实现间接出口。Lanz 和 Maurer(2015)专门讨论了服务行业参与全球价值链分工的附加值贡献度。研究发现,欧盟国家服务业外商直接投资所创造附加值占到该组织内国家国内服务增值的近 1/4;而作为制造业的中间投入,生产性服务业所创造的价值更是占到这些国家制造业总出口价值的近 1/3。即便如此,更直接考察生产性服务业嵌入全球价值链分工状况的既有文献仍不多。

事实上,伴随跨国、跨行业投入产出表编制的不断完善,这已经从技术手段上决定了直接考察生产性服务业嵌入价值链分工状况的可操作性。此外,虽然制造和服务功能环节在自身属性和作用等方面存在差异,但从两者均构成全球价值链有机整体不可或缺的"局部"角度而言,并无实质区别。这决定了对生产性服务业生产分割的测度,可以沿用类似制造部门测度的思路,对它们的研究还是可以采用类似方法进行的。遵循以上逻辑,Kowalski 等(2015)围绕美国制造业和服务业价值链长度的比较发现,美国生产性服务业的前向联系远高于后向联系,其下游度特性存在显著行业异质性。Heuser 和 Mattoo(2017)则通过构造国外后向联系、国内间接前向联系和国内直接前向联系测度,考察了生产性服务业的网络化结构。

更主要聚焦全球视角展开的相关研究表明,全球服务贸易在总贸易额中的比重虽然仅在 20% 左右,服务业嵌入全球价值链分工的状况却呈现如下特点:其一,隐性知识内涵和远距离交易协调不易性决定了生产性服务业参与全球价值链分工程度平均要低于制造部门。但生产性服务活动的全球采购日趋明显,生产性服务环节所创造的价值也不断增长,自 20 世纪九十年代初以来,其增长了近 10%

(Kowalski 等,2015)。其二,发展中国家生产性服务业参与全球生产分割的增速明显加快,生产性服务业生产分割的空间布局亦呈现"大杂居、小聚居"特点。除了印度,亚太地区的中国,拉美地区的墨西哥(Gereffi,1999),甚至非洲局部地区也被视为潜在市场(Arnold 等,2008)。其三,生产性服务业全球生产分割从"北—北"型发展到"南—北"型为主,甚至"南—南"模式也开始崭露头角。Mattoo 和 Borchert(2010)、Gereffi 和 Fernandz-Stark(2011)就从各自角度证实,受 2008—2009 年全球性金融危机影响,全球生产分割整体水平此后虽处于停滞期,但却没有明显下滑。分析认为,关键原因在于"南—南"合作模式推动了生产性服务业全球生产分割水平的提升。其四,对大多数国家而言,生产性服务业嵌入全球价值链分工的程度与其国内附加值比重的持续下降相伴而生(Francois 等,2016)。发达国家在全球价值链中高附加值服务环节的控制能力依然很强,由此使得发展中国家的出口存在较高的国外附加值,尤其制造业出口的外国服务增值比重显著偏高(Lanz 和 Maurer,2015)。也因此,发展中国家源于本国生产性服务业中间投入创造的增值几乎未变,甚至下降(Kowalski 等,2015)。

聚焦中国生产性服务业嵌入全球价值链分工状况的考察,其一方面与世界同步增长,同时又呈现"同位"和"低值"并存的特点。"同位"体现在我国生产性服务贸易总值核算下的竞争优势明显,甚至高于发达国家,无论劳动密集型还是资本或知识密集型服务业;"低值"则体现在附加值核算下的竞争劣势(戴翔,2015)。围绕这一状况原因的剖析,刘瑞翔等(2017)认为这主要是由我国服务业上游度偏低,服务产品更多被用于最终需求,而非中间投入造成的。袁志刚和饶璨(2014)则认为国外对国内集中于中、高技术服务中间投入的明显替代,是导致我国出口服务业创造直接附加值能力有限、出口本地附加值占比偏低的根源。围绕制造业内置服务活动增值情况的考察,倪红福和夏杰长(2016)的研究则认为,"低值"形成的原因一方面是因为我国服务业增加值的直接出口相对较少,更重要的还在于内嵌于制造业的高端服务比重偏低,这间接导致出口内置服务活动价值贡献偏低。然而即便如此,罗长远和张军(2014)的研究还是表明,在本地附加值的行业异质性方面,生产性服务业还是要高于制造业;并且,以 2005 年为拐点,我国生产性服务业本地附加值率已经呈现先降后升的"U"形结构。

2.1.3 全球价值链分工对生产性服务业发展的影响

1) 全球价值链分工的服务贸易增长效应

将生产性服务部门纳入经典国际贸易理论框架,相关学者或者从以殖民、移民关系所体现的文化相近性角度(Rauch 和 Trindade,2002),或者从多边开放角度

（Francois等，2016）以及外向关联度等方面（Coviello和Munro，1997；Andersen和Buvik，2002）证实开放环境对生产性服务贸易发展的影响。作为一国或地区对外开放并参与国际分工的重要组织模式，更直接探讨价值链分工所带来的贸易效应的研究在近年不断增多。而伴随全球服务贸易持续多年的快速增长，这一典型化事实引发人们逐渐将注意力转向全球价值链分工下的服务贸易发展问题研究。通过考察价值链分工下发展中国家的贸易状况，Arnold等（2006）发现，其制造业出口中的外国服务增加值份额在不断提升。这些服务内容或者表现为直接进口，或者是嵌入有形商品的服务输入。从已有文献来看，大多数给出较为肯定的观点，即全球价值链分工同样促进服务贸易增长。相关论证主要沿两个方向展开：第一类重点关注全球价值链分工影响服务贸易发展的具体表现形式。戴翔（2013）认为，相比发达国家，发展中国家在全球价值链分工下的服务贸易增长具有典型的粗放型特征，主要表现为"数量"扩张，价格和种类变化的边际贡献较小。聚焦贸易中的服务含量，程大中和程卓（2015）的研究证实，发展中国家贸易增长的服务含量在提升，但亦呈现"外进内退"特点。第二类侧重全球价值链分工下生产性服务贸易的收益分配和增值能力研究。以Koopman等（2012、2014）为代表，该类研究主要借助跨国投入—产出框架，测度贸易中的增加值来源或者部门上（下）游位置所体现的价值增值能力。

围绕全球价值链分工影响服务贸易发展内在机制的探讨，从需求角度出发，Linder（1961）强调国家间需求结构相似在影响双边贸易，尤其发展水平接近国家间贸易联系中的重要性。从生产角度出发，Helpman和Krugman（1985）强调较大市场规模创造所带来生产方面的报酬递增和多样化需求偏好创造效应，它们分别在集约边际和拓展边际两个方面促进服务贸易增长。Melitz（2003）新新贸易理论则认为，异质性企业生产率是决定出口"二元边际"的关键，其中效率因素是内生于企业技术条件和市场规模的。上述理论观点尽管机理不同，但不约而同强调了市场规模的重要性。应该说，市场规模不仅意味着需求潜能，同时也决定了分工专业化水平或者说生产的迂回度，进而决定了以贸易为外在表现形式的交易活动的水平。聚焦生产性服务业，Markusen（1989）将其发展归因为制造业企业服务职能的外部化。这一过程既增强了劳动力的流动和产业转移，同时也改变了跨区域乃至跨国分工联系和产业布局，并最终影响到商品交换和贸易发展（Duranton和Puga，2001）。同样强调制造业企业迂回生产作用，Francois（1990）侧重企业内部纵向网络扩张所带来的服务功能分化与服务贸易发展的可能。Melitz（2003）新新贸易理论则认为，生产效率是影响企业出口贸易决策的关键，但其适用性更多在制造行业得到验证。围绕其是否适用于解释服务贸易发展,存在两种不同的观点:一类观点认为,由于存在鲍莫尔"成本病",服务业发展会出现生产率"悖论",因此新新贸易理论并不适用(Görg 和 Hanley,2011);另一类观点则认为其是否有效,有赖于不同服务类型的合理区分(程大中,2004)。事实上,鉴于全球服务贸易尤其生产性服务贸易持续多年的快速增长和全球贸易占比的日渐提升,这在一定程度上支持了后一种观点。制造与服务活动基于生产或消费过程而形成的上、下游关联特性是解释服务贸易增长的又一重要观点。Coviello 和 Munro(1997)认为,企业—客户联系所带来的信息化外部性是驱动服务出口增长的关键。通过拓展企业—客户联系(同时包括企业—企业联系),Andersen 和 Buvik(2002)认为这一复杂网络可以提供大量有用市场信息、降低服务出口市场进入成本,同时有助于服务企业在国际市场签订新合约。Conti 等(2014)基于意大利微观企业数据的研究发现,受到目标市场沉没成本和激烈竞争的影响,无论何种商业服务企业,基于同制造部门的垂直需求关联来加入具有较好国际化发展背景的需求方网络圈,都是其提升贸易竞争力至关重要的基础。从微观企业角度构建生产网络联系并考察其贸易效应仍是近年来研究的主流趋势。与上面研究类似,Chaney(2014)比较了企业新建下游销售商联系(拓展边际)与现有销售商网络加强(拓展边际)对其国际市场销售的影响。

必须承认,企业网络化生产联系构成价值链分工可解构的微观基础,并较好地揭示了生产性服务贸易发展的微观机制。而伴随跨国投入产出表编制等技术瓶颈的突破,全球价值链分工下生产性服务环节的作用和生产性服务业贸易发展的特点得以更有效地呈现。基于经济合作与发展组织—世界贸易组织跨国投入产出表与 TiVA 增值数据库,程大中和程卓(2015)从增加值贸易角度测算了中国出口的服务内涵。研究证实传统国际收支平衡表统计口径下的服务贸易增值存在严重低估,研究还揭示我国贸易中的服务含量亦呈现"国外升、国内降"的特点。但遗憾的是,该研究没能进一步剖析"国内降"的原因。针对于此,刘志彪(2011)认为,在现有发达国家主导价值链分工体系下,发展中国家嵌入的代价是扭曲与本国发展阶段相适应的产业结构,还有本国要素禀赋的不合理空间配置。这意味着发展中国家虽然能够获得眼前较快的经济与贸易增长,但这可能是一种"杀鸡取卵"式的短视行为,甚至是"饮鸩止渴"式的发展战略。

既有理论在解释中国生产性服务业贸易发展方面的有效性偏弱。这一方面是因为中国整体仍处于工业化中后期,制造业在较长期内始终占据主体地位;另一方面,囿于体制原因,中国服务业,尤其是生产性服务业发展相对滞后。姚战琪(2014)的研究表明,外资的过度引入并不利于我国生产性服务业的高端化和技术水平的提升。这从根本上揭示的问题是,被动嵌入发达国家主导的外部价值链分工体系无法从根本上解决我国生产性服务贸易发展同样存在的低端"固化"问题。佘群芝和贾净雪(2015)的研究支持了上述论断。他们认为,在现行全球价值链分工体系下,中国作为下游生产者的参与度远高于作为上游供应者的参与度。在服务业发展方面,即表现为中国生产性服务业在全球价值链中总体还处于中下游位置,相对具有显性比较优势的主要是传统服务业(乔小勇等,2017)。由此可见,现行全球价值链分工中的角色定位,决定了中国生产性服务业及其贸易发展也具有粗放型特征,其增长更主要依赖数量扩张,价格和种类变化的边际贡献较小(戴翔,2013)。

综上,关注全球价值链分工对生产性服务业以贸易形式所体现的其发展的影响,依然是该领域研究的热点问题之一。较之既有研究,仍然值得深入探讨的方向可以概括为如下方面:其一,深入全球价值链分工所构建网络"黑箱",从空间异质角度将其划分为国内价值链和国际价值链,并在考察两者"竞合"关系演变的基础上,揭示全球价值链分工影响服务贸易发展的内在特点;其二,大量既有研究从本土市场效应角度间接考察国内价值链影响,但这种技术处理带来的空间割裂性弊端和估计的有偏性。能否更直接地考察国内价值链分工的贸易效应,同样变得重要。

2) 全球价值链分工的服务业技术效率增进作用

作为分工演进的高级阶段,全球价值链分工网络拓展的技术效率增进作用在微观企业和产业两个层面得到验证。微观角度,Dunning(1977)生产折衷理论认为,企业对外经营方式的选择取决于自身是否具备特定优势,具体包括所有权优势、内部化优势和区位优势。依据优势的不同,企业对外扩张构建内部或外部分工联系的方式选择会呈现各种情况。而出于降低治理成本的目的,Gereffi(1996)提出价值链治理及其在促进企业生产效率中的作用。虽然价值链治理更侧重企业尤其是跨国公司内部生产功能环节组织模式的探讨,该视角研究已经涉足网络分工"黑箱"。更重要的是,这使得更多研究开始思考网络分工解构的影响。通过将企业中间品采购决策模型化为 Frechet 极值分布,Eaton 和 Kortum(2002)的理论研究为更直接探讨微观企业价值链分工的经济影响奠定了重要基础。遵循该思路,Antras 和 Chor(2012)探讨了价值链分工下企业中间品贸易集约边际和拓展边际的效率增进作用。聚焦企业层面供应商—买家网络联系,Bernard 等(2019)揭示了价值链分工网络促进企业绩效改善的关键机制——低搜寻和采购成本促进企业扩大采购空间,这有助于企业同更高质量供应商建立分工联系,进而反过来降低企业生产的边际成本。从异质性企业选择最优供应商组合和其生产网络内、外部成本权衡的角度出发,Antras 等(2017)通过构建企业层面采购决策一般均衡模型并借助结构化估计,强调了服务中间投入在企业管理地理上分离生产过程中的必要性,进而服务中间投入所带来的效率增进的影响。

实证方面,以英美等发达国家外包为考察对象,Girma 和 Görg(2004)、Amiti 和 Wei(2009)发现非熟练劳动密集环节外包存在明显生产率提升作用,长期表现尤为突出。H. Egger 和 P. Egger(2006)证实,价值链分工可以通过提升行业内企业所获取中间投入品的质量和多样性来提升行业生产率。Conti 等(2014)基于意大利微观企业数据的研究表明,无论何种商业服务企业,基于同制造部门的垂直需求关联来加入具有较好国际化发展背景的需求方网络圈,这都是企业提升国际竞争力至关重要的基础。更多聚焦发展中国家的研究亦表明,企业通过嵌入发达国家价值链分工网络,一方面经由产品内贸易方式获得技术外溢,进而增进技术效率(Jeon,2013);另一方面,发达国家跨国公司还可以通过示范效应,促使发展中国家国内企业经由"干中学"机制获得技术效率提升(Odagiri 等,1997)。必须承认上述基于中间品外包、零部件贸易或跨国公司视角的研究都是揭示价值链分工网络影响企业技术效率的重要证据,但还不是考察该分工网络拓展影响的直接证据。得益于非竞争投入产出表的编制,国别或产业层面的直接比较和考察成为可能,并且网络分工的空间异质性特点也由此得到较好体现(Johnson 和 Noguera,2012;Koopman 等,2014;Baldwin 等,2015)。

价值链分工网络拓展的技术效率增进作用同样得到中国企业和产业层面诸多发展事实和理论研究的证实,特别是聚焦国际价值链分工网络作用的探讨。张小蒂和孙景蔚(2006)的研究发现,嵌入外部价值链分工网络可以通过劳动生产率和技术水平提升,增强我国相关产业部门竞争力。吕越和吕云龙(2010)的研究进一步证实,国际价值链分工嵌入所带来的生产率提升主要表现在技术密集型行业,价值链嵌入度越高,企业的效率提升越明显。伴随我国外包从制造向服务领域延伸,服务外包相对工业外包更突出的工业生产效率增进作用同样得到证实(姚战琪,2010)。通过区分离岸工业和服务中间投入、本土工业和服务中间投入,李国璋和威磊(2011)的研究也表明,两类服务中间投入对我国工业行业生产率提升的影响更大。注意到企业社会网络同时包含网络关系和网络结构两个维度,陈运森(2015)基于我国上市公司数据,考察并证实了企业所处"结构洞"位置的丰富程度对其技术效率的正向促进作用。如果说嵌入国际空间尺度价值链分工网络曾一度掩盖中国本土分工网络的重要性,则在后金融危机时代,随着国际分工格局重构下链内"锁定"效应的凸显,特别是发达国家"逆全球化"战略的推行,国际网络分工的影响变得愈发不确定。有鉴于此,转向国内价值链的构建获得更多学者的重视(李跟强和潘文卿,2016;倪红福和夏杰长,2016)。我们必须承认,对中国这样幅员辽阔的发展中大国而言,国内始终存在不同层级的分工网络,其与发达国家跨国公司所主导的分工网络体系并存和交织在一起(黎峰,2017)。只不过在中国对外开放过程中,国内分工网络主要处于"陪衬"位置,其较大程度上被国际分工网络的光芒掩盖(刘志彪和张杰,2009)。事实上,对包括技术效率提升在内的我国经济的高质量发展而言,已有研究指出国际与国内价值链双轨循环的重要性(洪俊杰,2018)。这可以视为对全球价值链分工网络不同空间尺度拓展及其影响特点存在的不可分割性乃至统一性认识的回归。

3) 全球价值链分工促进服务业发展的其他表现

全球价值链分工所带来的经济结构服务化转变效应被证实是其影响经济发展的另一个重要方面。经由价值链分工全球扩张,发达国家实现了将大量低端制造环节转移出去,进而经济结构转向较高水平的服务化发展模式。而在发展中国家,通过全球价值链分工联系的建立实现经济结构服务化进程最典型的一个例子是印度。20世纪90年代伊始,印度就开始大量承接发达国家跨国公司外包出来的低端、重复性服务活动。21世纪前10年,随着更多发展中国家低成本人力资源、技术能力和语言能力等优势的显现,他们又被定位为区域性的运营中心,其主要职能就是专业化处理某种类型的服务外包活动。Fernandez-Stark 等(2011)的研究表明,全球离岸服务外包2010年创造了2 520亿美元的收入,雇用人数超过400万,其中大多数在发展中国家。而为了更好利用发展中国家的高端创新型人才,发达国家跨国公司也开始将一些以知识密集型生产性服务环节为代表的核心业务转移出去。顺应上述变化,发展中国家所从事价值链分工下的复杂生产活动也由此增多。这不仅局限于制造环节或部门,还反映在知识密集型的生产性服务中间供给和生产性服务业发展方面。当然,在更多研究持肯定观点的同时,Rodrik(2018)研究也指出全球价值链分工下的技术进步存在明显的技术偏向性,即只是强化了发展中国家高技能劳动力的需求和就业。这会削弱发展中国家的相对比较优势,尤其体现在劳动密集型制造业领域。

全球价值链分工所带来的生产性服务业以增值能力等为特征的内涵式发展能力的提升同样得到了国内外相关学者的肯定。Poncet 和 Xu(2018)从中间品投入多元化角度证实,全球价值链分工促进了以产品质量提升为重要表现形式的中国企业内涵式发展能力的改善。李胜旗和毛其淋(2017)从打破上游垄断与提升中间品投入贸易自由化角度,揭示了全球价值链分工提升企业出口国内附加值的机制。得益于价值链分工测度方法的改进,更直接的讨论成为可能。相关结论方面,既有研究大多仍支持全球价值链分工能够带来行业或者企业内涵式发展某些方面特征的改善。戴翔和金碚(2014)研究表明,嵌入全球价值链分工带来我国企业出口技术复杂度的提升。张杰等(2013)聚焦于全球价值链分工下我国企业内涵式发展的价值增值表现,证实中国出口中源于国内的价值增值比重是不断提升的。

综上,前述文献同样构成本研究的重要支撑。但仍然存在的问题是,这些文献在论证过程中大多默认发达国家跨国公司是构建全球价值链分工的主体,我国是以"从属"身份嵌入该价值链分工循环的(刘志彪,2011)。这决定了相关论证也是以我国"从属"身份为前提展开的。本研究认为,这一假设存在的根本原因恰恰是因为相关研究未能更深入思考我国企业嵌入发达国家跨国公司所主导的价值链分工体系和我国企业完整价值链分工联系之间的差异。也可以认为,相关研究未能直接从我国企业出发,探究其价值链分工"黑箱"的解构特征及其影响的重要性。作为一个发展中大国,面对国际分工环境不确定性的日渐增强,已有学者强调以内需和本土生产联系为基础的国内价值链构建的重要性,相关研究或者基于微观企业调查数据(张杰等,2007)展开,或者基于我国跨区域投入—产出联系(黎峰,2016;潘文卿和李跟强,2018)展开。刘志彪(2011)甚至认为国内价值链分工循环不仅是全球价值链不可或缺的部分,更是我国实现经济高质量发展的关键依托。但在内涵式发展这一综合增长目标下,包括国内价值链分工在内的完整价值链分工的影响究竟是怎样的,仍不清楚。

2.2 价值链分工竞合的文献梳理

2.2.1 价值链分工竞合的内涵

由于全球价值链分工更细致、复杂的产品工序层面分工要求和共同创造价值的特点,这决定了在竞争和合作方面,合作是第一要义。在全球价值链可以划分为国际和国内价值链两部分的情况下,这首先反映在国际和国内价值链分工之间投入—产出联系的协调性要求和要素禀赋的更精细化互补方面。得益于价值链分工下生产专业化程度的提高,这使得任何企业或者国家可以免于在较为广泛的生产区段展开竞争,可以更充分发挥各自的比较优势。对于发展中国家而言,国内各行业领域领先的企业沿价值链攀升,对于增强其国际和国内价值链分工联系程度和联系水平都起到重要作用。对国内价值链构建而言,这些领先企业可以作为买方,增强对国内价值链分工的后向联系;对国际价值链拓展而言,这些企业可以作为卖方,增强同国际价值链分工的前向联系。国际和国内价值链分工的合作表现还体现在经济发展目标的一致性方面。对发达国家而言,其主导并推动价值链分工联系空间拓展的根本动机是为了在全球范围内继续发挥先发优势,创造有利于自身的更大的价值增值和财富。对发展中国家而言,尽管有观点认为全球价值链分工不过是新瓶装旧酒,是昔日发达国家所提倡的贸易和投资自由化的一种新方式。但大量证据也表明,这一新的分工方式确实改变了国家在全球经济中取得成功的决定因素(OECD,2013)。特别是全球价值链的任务和功能分离特性为发展中国家的参与提供了更多机会。发展中国家不必再开发完整产品或价值链,其可以通过全球价值链分工下发达国家的"需求—供给"贸易溢出效应和自身"干中学"效应(Baldwin,2012;Escaith,2014),获取更多外部先进知识,进而缩小与先进国家的发展差距。

价值链分工在生产方面存在着天然合作性的要求,在价值增值等增长目标方面也存在着一致性,但在利益共享和利益分配方面则存在着竞争关系。而这从根本上是由不同国别或地区所处的价值链分工位置或角色差异决定的。从微观企业角度出发,特别是对主要采取非垂直一体化方式进行生产整合的企业而言,其现在所处的价值链分工位置可能会在未来某一时期变成束缚发展的主要矛盾,即存在着嵌入价值链分工的"固化"风险。如果再考虑到价值链分工模式可以拓展到更大空间尺度,尤其是当这种分工模式突破国界,更强调产品工序分工和价值创造在不同国家间的实现,这一分工模式在较长期内同样会表现出对嵌入其中某些国家的"固化"影响。当然,我们还是不能因此否认,嵌入这一分工模式的部分国家或企业还是有一些能够实现价值链升级。无论具体方式是价值链分工位置的提升,还是Gereffi(1996)所认为的工艺流程等其他方式升级,可以肯定的是,这一升级过程不会一帆风顺,其中夹杂着处于不同生产区段企业间的竞争,也夹杂着扮演不同角色国家之间的竞争。国内与国际价值链分工下的竞争与合作始终都是很难完全剥离开来的。

国际和国内价值链分工之间的竞争与合作关系不仅局限于"链主"企业或国家与非"链主"企业或国家之间,还存在于非"链主"企业或国家(区域)之间。受此影响,发达国家跨国公司所主导的价值链分工循环开始将更多劳动密集型中间品进口从中国转向越南等更低劳动力成本的国家。例如在纺织品和服装领域,跨越多个工序的生产网络正在越南、孟加拉国、马来西亚、印度和印度尼西亚等国家进行整合。这同样构成发展中国家间在价值链分工某些环节存在竞争关系的典型化事实。当然从另外角度看,在这些中间品采购所代表的价值链分工区段上,美国和越南则形成了较好的合作关系。

值得注意的是,尽管价值链分工下的竞争与合作关系更主要表现在制造领域,这并不是意味着在生产性服务业领域就不存在上述表现。随着越来越多发展中国家进入该领域,服务功能环节供应商的来源地继续在全球范围内扩张。在这方面,尽管印度依然扮演着主要服务外包供应商的角色,其占全球市场离岸服务外包的份额也依然保持在45%左右,但亚太地区和拉丁美洲同样已经成为不容忽视的新供应商来源地(Magtibay-Ramos等,2008;Gereffi等,2009),甚至一些非洲国家近年来也逐步被视为潜在离岸服务供应商来源地(Radwan和Strychacz,2010)。这些变化表明,价值链分工下不同企业间、不同国家(区域)间的竞争与合作关系具有明显的动态特征,可以说是此一时、彼一时。由此还可以看出,竞争关系就是一个替代过程,包括对国家发展可能存在负面影响的替代,如价值链分工下环境方面的压力和污染转移等。伴随着这个过程的演进,一些国家(区域)相对变得更具有价值链分工下的主动权和掌控能力。在面对风险冲击的时候,这些国家(区域)风险承受能力和风险转嫁的主动权更有回旋余地;而另一些国家则在某一时期获得发展后,面临更大的固化风险和可持续发展能力方面的挑战。

综上,囿于全球价值链分工组织结构的复杂,这一分工体系至今仍存在"序贯"生产统一性要求同贸易规模、价值增值分配不均衡问题,以及结构扭曲等"痼疾"。特别是从空间异质性角度出发,全球价值链"黑箱"可以划分为国内价值链和国际价值链。但两者在资源配置、比较优势发挥、生产功能环节定位等方面会存在差异甚至冲突。本书所关注的价值链分工竞合,即是从国内价值链和国际价值链划分视角展开。相比国际价值链分工,国内价值链主要依托国内市场需求,由国内企业主导,整合国内供应、生产和销售各环节而形成的地域分工生产体系(刘志彪和张少军,2008)。就生产和价值增值的统一性而言,国内和国际价值链划分符合该条件,这也体现了两者间的合作要求;就国内和国际价值链在分工位置方面存在的"固化"与反"固化"博弈以及价值增值的分成而言,则存在着较为激烈的竞争。相比其他国家或地区,研究认为国内和国际价值链分工竞合关系的探讨对中国更加重要。这是因为中国自身有着庞大的国内市场和经济体量,不可能完全将自身经济发展依托于国际价值链。此外,中国经过近四十年持续高速增长,昔日由发达国家所主导并构建的国内和国际价值链分工格局依然发生深刻变化,需要重新审视与动态协调。因此,作为联结国内各地区之间产业关联和经济技术联系的重要纽带,国内价值链构筑的"体内"分工循环体系能否矫正全球价值链日益凸显的矛盾,最终成为研究的焦点。

2.2.2 全球价值链分工竞合的特征

1) 价值链分工竞合的理论探讨

如前所述,随着全球价值链的兴起,生产过程已经发生了根本性的改变。现在,商品和服务是通过结合不同国家、行业和地区许多参与者的共同努力生产出来的,这种方式利用了他们在任务而非产品层面的比较优势。正因为如此,一个国家的成功越来越依赖于非隶属于该国的各种因素(Baldwin,2012)。特别是随着任务或业务功能的分离与开放,这不仅给发达国家技术持有者将他们的创新与发展中国家拥有竞争力的其他要素禀赋相结合的机会,也促成了经济活动向新兴和发展中国家的重新配置,进而增进彼此间在更大选择集下紧密生产联系的建立和利益相关度的提升。然而,在可以将全球价值链划分为国际价值链和国内价值链分工的情况下,孰轻孰重却始终没有定论。国别发展阶段不同,相对所处角色定位不同,这些都使得国际价值链和国内价值链分工之间的竞争与合作关系必然会呈现复杂性。

发达国家跨国公司是价值链分工在全球范围内推行的主体和主导。源于国内市场规模和市场竞争等方面变化的需要,这些跨国公司很早就走了出去,并由此构筑起发达国家全球价值链分工体系。相比国内价值链分工联系,时至今日,无论在生产网络规模还是协调复杂性等方面,发达国家跨国公司国际价值链分工联系拓展的相应要求均更高。这实际上反映了一个基本规律——在不考虑国家边界的情况下,从国内价值链向国际价值链的拓展本质上还是一般事物演化的自然过程,即体现了高度专业化分工寻求在更大空间尺度扩张的特点。至少对发达国家而言,上述规律是成立的。这一规律也说明国内价值链是根本和依托,国际价值链分工联系的广泛建立则是进一步发展目标实现的手段。以国内价值链的优化和升级为目的,发达国家采取了以国际价值链构建为手段的全球化扩张。相对于国内价值链优化和升级这一核心甚至是单一目标,国际价值链拓展存在更多的不确定性和多样性选择,由此增强了国内价值链—国际价值链之间联系的动态复杂性。当然,随着发达国家国际价值链分工联系变得更加网络化,国内价值链分工网络的重要性似乎也在渐渐减弱。或者可以认为,发达国家所构建国际—国内价值链分工网络联系的边界影响更加模糊。现如今,发达国家跨国公司正尝试更多利用全球创新资源,并通过更适应东道国的本地化管理运营方式进行所谓的全球化生产。这都在一定程度上弱化了国际—国内价值链分工联系的国家边界影响。但仍然需要指出的是,尽管发达国家大多数工序已经高度分散到世界上的其他国家或地区,甚至包括一些管理服务和研发服务等,但核心增值的归属仍牢牢掌控在他们手里。

不同于发达国家,发展中国家大多是在发达国家价值链分工联系由国内拓展到国际市场至某个阶段以后,选择嵌入这一外部价值链分工联系并在较长期内维持此种生产关系的。后发劣势决定了发展中国家更多是通过国内生产分工联系的调整和资源配置扭曲,获得入链的可能性,进而获得相应的发展机会。也正因为如此,大多数发展中国家更关注的是国际价值链分工的嵌入程度,他们对自身国内价值链分工的关注度就此被长期掩盖。也可以认为,对大多数发展中国家而言,国际价值链对国内分工的作用具有明显的单向性。当然,对于国内市场规模较大的发展中国家而言,还是有学者对上述单向影响特点提出了质疑:一是发展中国家有没有必要构建自己的国内价值链分工体系;二是发展中国家国内价值链分工循环能否对发达国家主导构建的国际价值链分工联系产生反馈影响。就第二点而言,还包括一层含义,即发展中国家能否构建由其所主导的国际价值链分工循环。鉴于中国开放条件下的发展历程及其所取得的发展成就,这使得基于中国展开论证的研究日渐增多。注意到全球价值链分工下生产地和消费市场分离会产生特定额外成本的事实,戴翔等(2017)从全球价值链区位配置视角出发并证实,发展中国家本土市场规模扩大会诱发价值链高端生产环节的梯度转移,从而影响该国制造业部门的国际价值链地位攀升。易先忠和高凌云(2018)在外贸出口表现方面的研究给出的解释如下:其一,国际价值链分工深化并不必然弱化内需—出口关联,本土需求仍然是价值链分工格局下外贸优势的重要来源;其二,脱离本土需求融入国际价值链分工会抑制出口升级,而且脱离本土需求融入产品内分工带动的出口升级难以成为经济持续增长的驱动力;其三,脱离本土需求单纯融入国际价值链分工,难以通过贸易部门与本土产业部门的广泛生产关联带动国内生产率的整体改进。黎峰(2017)的研究观点进一步认为,国内价值链构筑的"体内"分工循环体系能够通过"需求—供给溢出"紧密的价值链关联,搭建起全球价值链参与度较高的发达地区和参与度较低的欠发达地区之间示范模仿、交流协作与空间协调的桥梁。这不仅有助于矫正全球价值链参与不平衡引起的发展差距,更可以通过国内价值链分工联系的增强"倒逼"国际价值链外溢。

在考虑不同国家发展阶段情况下,Mariscal和Taglioni(2017)从生产复杂性、产品类型或生产区段、市场结构、企业组织形式以及竞争方式等方面出发,归纳了一个国家或地区参与全球价值链分工演变轨迹的基本规律。这一规律同样构成揭示发展中国家国内价值链和国际价值链分工之间竞争与合作关系的理论基础。由表2.1可见,在低收入发展阶段,一国大量中小企业主要通过简单生产方式,基于建立同国际价值链分工的依存关系,并主要采取价格竞争方式,最终在低附加值区段实现利益分成。期间,国内价值链分工联系处于较低乃至萌芽发展阶段,其与国际价值链分工竞合关系呈现出的主要特点是被动式合作关系。在中等收入发展阶段,一国在价值链分工模式下制造环节的生产复杂度已经有了明显提升。伴随着国家内部不同行业领域内领先企业生产规模的逐步壮大和管理能力的提升,同时伴随国内市场更多中小企业专业化能力的增强,大企业牵头下的国内价值链分工网络及其层级组织结构已经形成。在此阶段,国内价值链与国际价值链之间的竞合关系开始越来越多地表现出基于非价格因素的竞争特点,当然完整价值链分工下的相对位置和角色定位差异决定了它们之间还是以"共生"合作关系为主。到了高收入阶段,一国先进制造和制造业服务化特点更加突出,大企业或企业集团市场整合下的国内价值链分工网络已经具备更高复杂性。国内价值链和国际价值链之间竞合关系的显性特征也由合作演变为高附加值环节的竞争。如此,两者之间的互动在更长时期内呈现螺旋式增长特点。

表 2.1 不同发展阶段国家参与全球价值链分工轨迹的演变规律

发展阶段	低收入阶段	中等收入阶段	高收入阶段
生产复杂性	简单	中等	复杂
产品类型或生产区段	农业或轻工业产品;低附加值服务	复杂制造业;商业服务	先进制造和服务;品牌设计等
市场结构和企业规模	小企业为主	中大型企业	复杂的市场结构与几家牵头公司和企业集团;大型企业居中心,中小企业位于边缘的互动
价值链中买卖双方关系依赖与治理	技术依存或俘获关系	关系模式;层级模式	高度模块化和复杂的纵、横向依存关系
企业组织结构与技能	组织层次较少;狭窄的功能集;劳动力分配高度偏向生产职能	中度复杂组织结构	大型企业或企业集团
竞争方式	价格—质量竞争	多元化;非价格竞争力	品牌和高增值功能环节竞争;高度专业化领域的技术前沿竞争

资料来源:根据 Mariscal 和 Taglioni(2017)的研究归纳并整理。

2) 价值链分工竞合的表现

伴随全球价值链分工联系水平整体上缓慢但持续地增强,较大区域空间尺度价值链分工联系的异质性构成其竞争与合作关系的主要表现形式之一。在全球范围内,一些区域的价值链分工联系建立更注重以中间品贸易为纽带的价值链分工联系建立,另外一些区域更依赖一体化方式拓展价值链分工联系。但无论何种形式,区域间在一体化深度上的明显差异是最主要的,其也在很大程度上主导着价值链分工竞合关系的动态演变。比较而言,欧洲的区域一体化程度最高。这决定了在该区域内和区域外价值链分工联系发展方面,区域内分工联系往往居于主导地位,发挥着更重要的影响。在竞争与合作表现方面,该大区域内成员国家间的价值链分工合作关系是主体,成员国家间的竞争方面表现相对居于次要地位。而从该大区域与其相对应外部价值链分工竞争与合作关系来看,均不是很突出。东亚区域价值链分工联系同样高于全球平均水平,这一区域内部不同国家间价值链分工竞争与合作关系的变化也最为剧烈。从东亚区域整体角度来看,这一大区域内部价值链分工则与外部国际价值链分工存在较为紧密的联系,合作关系特点居于更主导地位。当然,随着该区域内中国价值链分工地位的提升,其一定程度上加剧了东亚整体与外部价值链分工的竞争关系。相比较而言,南亚、中东和北非区域内部价值链分工联系虽有发展,但程度均明显偏低。以南亚国家印度为代表,其与国际价值链分工建立的较强联系在一定程度上提升了南亚区域整体合作联系,但外向依附性特点明显(世界银行,2019)。对这些区域而言,囿于域内价值链分工联系发展的相对滞后或薄弱,他们与国际价值链分工之间真正意义上的竞争与合作关系表现几乎是不明显的,更难说有高水平的竞争与合作表现。

就价值链分工竞合在时间维度的演变规律研究而言,主要呈现国际价值链分工拓展和国内价值链分工缩减的特征。Antras 等(2012、2014)通过构造衡量国内和国际关联度的指标,发现国内价值链的长度(供应链中的链接数)虽然下降,但国际价值链长度的增加则使得全球总价值链长度仍然在扩张。以上变化根本上是由国内和国际中间品投入之间替代性关系程度变化或者替代关系转移所致(Antras 等,2014;Blaum 等,2015;Bartelme 和 Gorodnichenko,2015)。当然也有研究认为,国内和国际价值链之间替代关系的存在并不意味着两者间不存在互补性。他们认为有两点值得注意:其一,这种替代关系存在着"错期"特征,即并非在同一时期内国内价值链即明显表现出对国际价值链的替代。更常见的情形是,对一个国家而言,其在某一时期国内或国际价值链拓展在将来某一个时期表现出对国际或国内价值链分工拓展的替代。也可以认为,在较长时期内,国内和国际价值链分工会呈现替代关系。其二,既有对国内价值链的衡量一般是从国内产出中源于国内投入的贡献来表示的。仔细思考不难发现,这一测度说明国内和国际价值链之间并非必然在机理上就是负相关的。

上面分析指出国内和国际价值链分工竞合在时间维度所呈现的国际价值链分工拓展趋势,但这并不意味着国内价值链分工联系不再重要。恰恰相反,对大多数国家或者区域而言,其仍然是完整价值链分工的主体构成。国家自身市场规模越大,表现越突出。作为这一判断的佐证,Donaldson(2010),Tombe 和 Winter(2015)以及 Leemput(2016)从各自角度研究均发现,通过降低国内贸易成本而增进的国内一体化显示出了可观的福利增进效应,特别是对贫困地区。结合美国州级数据并考虑部门异质性和投入—产出联系,Yilmazkuday(2017)分析表明,一个国家内某个地区的整体福利收益可以分解为贸易的国内福利收益与国际福利收益,源于同其他州国内贸易所带来的国内福利可以占到总体福利收益的91%。通过替代模型形式进一步估计,分析表明源于国内贸易所体现的国内分工联系所带来的国内福利贡献区间在72%~99%之间。针对发展中国家提升全球价值链分工定位的探讨,还有研究通过强调本土创新能力提升和本土市场规模效应在增强国内价值链分工与国际价值链分工循环之间竞合关系中的重要性。张幼文(2015)强调国内要素,尤其是人力资本素质提升的重要性。张宗庆和郑江淮(2013)强调要依托国内自主价值链分工下创新能力的提高等方式来促进国际价值链地位的攀升。UNCTAD(2013)针对全球价值链的一项调查研究报告也指出,本土需求是仅次于要素禀赋影响一国(地区)参与全球价值链的重要因素。

再具体就国内和国际价值链分工之间的竞争与合作表现来看,在竞争表现方面,不仅进口国外中间投入品企业的生产力有显著提升(Amiti 和 Konings,2007;Goldberg 等,2010;Topalova 和 Khandelwal,2011;Bas 和 Strauss-Kahn,2015;Halpern 等,2015),从本土采购中间品企业的生产率同样开始表现出提升。而这恰恰说明国内中间投入品市场竞争加剧所带来的变化和影响(Amiti 和 Konings,2007)。国内和国际价值链之间存在竞争关系,并不意味着其竞争关系导致的是不利经济影响。有学者指出,国际价值链分工参与可能会增加国内有限资源的竞争,导致国内企业重组。重组效应不仅局限于参与到国际价值链分工的国内企业,也可以影响到国内没有参与国际价值链分工的企业重组。最终,国际价值链分工可以通过竞争倒逼机制,提升国内部分企业的生产率水平。竞争关系还体现在两者间彼此存在的约束性方面。例如,作为提高全球价值链参与度的跳板,有学者认为国内价值链的重要性体现在作为制造业企业上游供应商、主要依托国内中间投入的服务部门的发展(Lopez-Gonzalez 等,2015)。然而,对很多发展中国家而言,服务部门相对开放程度偏低,这使得外国服务功能环节随制造环节的适度转移受限,进而外国服务中间投入作用受限。如果发展中国家在生产性服务领域的发展相对滞后,则随着其在制造环节嵌入发达国家主导价值链分工规模的扩大,在发展到一定水平后,服务中间投入不足愈发构成其"天花板"效应。由此必然会激化承接国进一步发展与转包国之间的矛盾。

接下来再关注国际和国内价值链分工的合作表现。有学者将其归结为各国经济结构在决定其参与国际价值链分工方面的重要性。例如在俄罗斯、澳大利亚和南美一些国家，丰腴的自然资源禀赋决定这些国家内部经济循环在与外部价值链循环形成合作交集的过程中，主要扮演价值链分工上游角色，或者为其他国家再生产提供加工的原材料。上述特点决定他们更倾向于在出口中拥有较高的国内附加值份额。而对中国、墨西哥等拥有强大制造能力的国家而言，出口中往往会有更高的国外附加值。特别是对像墨西哥或波兰这样的"工厂"经济体，往往依赖于与美国或德国等技术密集型"总部"经济的联系(Baldwin and Lopez-Gonzalez,2015)。注意到全球经济重心出现"东升西降"趋势，Jones(2011)的案例研究认为，这主要是由发达国家跨国公司正在调整其全球价值链布局策略，将诸如研发等高端价值链增值区段转移到新兴市场经济体国家所致。显然，这一所谓"逆向创新"战略至少增强了新兴经济体国家内部创新资源与外部创新资源的整合。更直接的探讨方面，Antras等(2014)模型分析结果表明，不管短期还是长期情况，也无论样本组成的行业和国家构成（发达还是发展中国家分组），功能性DVC（中国国内价值链）均显著促进GVC（全球价值链）整合，尤其是通过后向联系方式进行的整合。数值模拟显示，DVC每增加1%，GVC将提高0.5%。Beverelli等(2016)提供了这种互补性关系存在的进一步证据，通过外国中间品投入增值衡量GVC参与度，他们发现国内价值链分工联系拓展所体现的国内区域生产一体化程度每提高1%，GVC嵌入度就会在短期内通过后向联系提高0.5%。Kowalski等(2015)亦研究发现，在出口的国内增值方面，国家内部供应链需求增长和出口导向型增长模式下的外国中间投入增长均存在影响，并且两者是互补的。许和连等(2018)通过考察40个国家服务贸易网络的解构特征，揭示了承接国在离岸服务外包网络中的角色和地位对其在服务业全球价值链网络中地位的影响及作用机制。研究发现，承接国服务外包网络地位的提高促进了其在服务业各增加值网络中地位的跃升，且对返回的国内增加值网络影响更显著。

生产性服务业被视为全球价值链分工的"粘合剂"，其作为制造环节中间投入的相对作用和贡献度同样构成价值链分工竞合表现日益突出的一个方面。Lanz和Maurer(2015)就指出，服务业增加值占发达国家制造业总出口的近三分之一。相比之下，由于发展中国家国内价值链部分的服务含量较低，其制造业出口的服务含量仅为26%。由服务中间投入变动来看国内和国际价值链分工竞合变动特点，自1995年以来，发达国家制造业出口的服务中间投入增长超过4%，并且在各个行业都有所增加,国内服务中间投入构成主体。与此不同,发展中国家制造业服务中间投入中的外国服务含量大多是增长的,但国内服务中间投入份额或者保持稳定,或者显著下降。

价值链分工下竞争与合作关系表现也不仅仅局限于发达国家与发展中国家之间,其同样开始在"南—南"分工合作关系中有所体现。随着发达国家在一些生产性服务领域完成对发展中国家的离岸外包转移,这些发展中国家所面对的大型全球供应商竞争变得越来越少。这一过程不仅为发展中国家提供良好就业机会和与全球市场建立国际化联系可能,还有助于发展中国家生产性服务发展。伴随着国内价值链分工关联需求的扩张,这为先期从事服务外包承接活动发展中国家的中小企业提供了更多进入的机会,并可能通过这种方式实现价值链的升级。一旦这些国家企业升级到较高附加值活动,更低收入发展中国家也开始获得通过低端制造等生产环节嵌入延伸价值链的机会。特别是如果当地公司意识到外包带来的好处可以促进经济的增长,发展中国家的大型服务提供商同样可以在南方市场获得对他们生产性服务需求的快速增长。这种对南方国家生产性服务业中间投入需求的扩张,还凸显其应对金融危机的逆周期增长性质(Gereffi 和 Fernandez-Stark,2011)。例如,2008 年的全球性金融危机暴露了依托大宗商品和制造业发展经济的弊端(Borchert 和 Mattoo,2009)。为了降低交易成本,从而提高客户服务的竞争力,离岸生产性服务业在这一阶段反而持续增长。它不仅没有减缓自身行业的发展,更没有扭转对经济增长的贡献(Borchert 和 Mattoo,2010;Gereffi 和 Fernandez-Stark,2011)。

前述围绕价值链分工竞合表现的探讨更主要是在宏观或者产业角度,微观企业角度价值链分工竞合的表现同样存在。例如,为了能够获得更多的附加值,在计算机和电子产品领域,中国以华为为代表的本土企业正在努力突破复杂智能芯片制造瓶颈。综上分析说明,全球价值链分工竞合的表现形式是复杂的,两者关系的剖析也需要辩证看待。

3) 中国嵌入全球价值链分工的竞合表现

围绕中国国内价值链构建和国际价值链分工嵌入之间竞争与合作关系表现的争论,依据研究视角的不同,可以归纳为三类:

在强调学习并吸收发达国家先进技术和生产管理经验的观点下,第一类着重聚焦国际价值链分工嵌入对我国国内价值链或者其相关方面表现特征发展的影响,相关研究大多肯定国际价值链分工嵌入对国内生产分工联系拓展和企业竞争力提升的促进作用(戴翔,2013;姚战琪,2014)。但在以跨国公司为主导的国际价值链生产布局中,中国企业或相关产业发展也面临着"要你做什么,就必须做什么"和"难以做什么"的困境(任保全等,2016)。

对中国等发展中国家而言,从内需或本土市场规模角度探讨价值链攀升问题的重点是如何依托本土市场支持相关产业发展提高参与价值链分工的能力,进而为分工地位的提升奠定国内基础。刘志彪(2012)就指出,面对扭曲的生产环节和资源禀赋配置,仅关注生产体系的完善性和技术表现难免会导致失衡,而适宜的本土市场需求和生产联系才是构建嵌入全球价值链分工联系的"受力点"。有鉴于此,第二类侧重从国内统一市场建设、市场分割和国内不同区域投入—产出生产联系等角度入手,并由此部分涉及国内价值链和国际价值链竞争与合作表现的探讨。具体而言,市场分割会导致企业的中间品贸易成本上升,进而使低效率的生产环节难以从生产链中充分剥离出来。这种专业化分工不足会造成企业生产低效,如劳动生产率偏低、市场份额下降等(Legros 和 Newman,2013)。李嘉楠等(2019)通过构建理论模型,诠释了贸易成本引起的国内区域之间的市场分割是如何导致中间品贸易渠道受阻,进而影响企业的垂直专业化分工的。研究结论认为,国内跨地区贸易成本的下降能够显著提高市场整合度,这最终可以有效提高企业生产的专业化程度。相比于国有企业较低的市场分割敏感性,外资企业的垂直专业化受市场整合的影响最为明显。李跟强和潘文卿(2016)通过拓展 Koopman 等(2012)的模型,首次将国内价值链和国外价值链整合到一个统一的逻辑框架下,从垂直专业化生产、增加值供给偏好和区域再流出三个维度,最终落脚于中国各区域对全球价值链的嵌入模式比较。研究发现中国各区域 1997—2007 年逐渐由内向型垂直专业化转向外向型垂直专业化生产,沿海区域的垂直专业化程度显著高于内陆区域;在增加值供给偏好方面,沿海区域偏好于国外区域,而内陆区域有明显的邻近"向极性"供给偏好;区域再流出这一嵌入模式在国内区域贸易中比较普遍。总之,随着国内统一市场的建立与高水平发展,这不仅有助于本土企业突破跨国公司结构性封锁和价值链低端锁定,依托本土企业的国内价值链构建,内生地培养起本土企业掌控和主导价值链的能力,继而以"链主"的身份从国内走向国际,直接从高端切入全球价值链,实现国内价值链和全球价值链的互动和协调发展(吴福象和蔡悦,2014;刘志彪,2012)。事实上,国内价值链分工联系增强的影响效果已经显现——超越将进口原材料组装成最终产品的阶段就是重要体现。中国现在可以直接在国内生产许多中间产品,并在其国内供应链中进行更多的高附加值活动。据世界银行报告(2019),得益于庞大国内市场在生产和需求两个方面的有效整合,更多在国内从事的中间品生产使得中国出口对进口零部件的依赖显著降低,中国商品中间进口占出口比例从1990年代的50%比例下降到2015年的30%左右。

从研究国际和国内价值链分工竞合视角的完整性要求角度而言,第三类更加重要。这类研究的出现源于围绕一国拓展全球价值链分工联系内在机制的探讨。构建国际价值链是企业"走出去"多样化形式的综合体现,也是企业"走出去"的较高级阶段。Dunning(1977)生产折衷理论认为,企业对外经营方式的选择取决于自身是否具备特定优势,具体包括所有权优势、内部化优势和区位优势。而注意到企业同时存在的纵向和横向一体化发展特点,特别是注意到企业日益复杂的生产边界扩张行为,Gereffi(1996)从网络化生产体系构建和网络化组织模式选择角度,阐明了企业国际化扩张的"多元化"本质。宏观角度,Kojima(2010)认为,为了给国内产业结构升级或价值链分工地位攀升腾出更广阔的市场空间和资源,一国必须进行产业或者工序的国际梯度转移。这意味着产业或者工序的跨国转移既是国内与国际分工联系的重要表现形式,也是决定国内与国际分工联系存在的原因之一。

必须承认,企业"走出去"微观机理的探讨更好地揭示了国际价值链分工拓展的本质。而在实证方面,微观企业生产率提升(田巍和余淼杰,2012)、创新等战略资源的获取(戴翔,2013)和服务中间投入(Amiti和Wei,2009;周霄雪,2017)等因素获得了较多关注。这些研究虽有价值,但其或者是基于企业生产非联系角度的考察,或者只是间接角度局限于企业生产某些功能环节联系的考察。因为忽视了企业生产和价值链分工内在逻辑的统一性,这些研究无法更有效地揭示企业生产活动的组织性及其空间布局的层次性和关联性。我们必须注意,价值链活动强调不同参与者之间的关系,其不仅体现在企业内部各环节之间,也体现在价值链中企业之间的关联性上。当然,鉴于微观企业网络化生产组织结构的较高复杂度,再加上微观企业完整价值链下代表性功能区段的科学定义与有效测度存在较大难度,以上两点原因决定了直接角度考察的文献仍不多。比较接近的研究中,结合世界500强跨国公司不同职能分支机构全球分布数据,国内学者徐康宁和陈健(2008)、陈健(2010)将每家跨国公司完整价值链分解为研发设计、生产制造和营运管理等职能部门,并由此考察了跨国公司不同功能区段在中国和全球市场的空间区位选择问题。基于中国在沪部分上市公司数据,吴亮和吕鸿江(2015)以各企业历年在别国的子公司或分支机构数测度并考察了其网络外部性。张天顶(2017)结合商务部《境外投资企业(机构)名录》,考察了多国嵌入性对中国企业重构全球价值链治理模式选择的影响。当然,后面两类研究的不足之处也是明显的,其无法有效区分企业海外分支机构所对应的价值链功能环节。同样结合企业层面微观数据,李磊等(2017)通过区分外商投资的水平、前向和后向溢出,证实了"引进来"对内资企业

"走出去"的促进作用。研究还发现,三种溢出效应尤其增进国内企业向以中、高收入国家或地区投资为表现形式的国际价值链拓展;商贸服务、研究开发和垂直生产型对外直接投资构成内资企业拓展国际价值链分工的主要功能环节。

与微观企业价值链分工的较难测度形成鲜明对比,随着一国内部跨地区、跨行业或者跨国别、跨行业投入产出表的编制成为可能,宏观角度揭示价值链分工空间分布及其交互影响的文献反而日渐增多。聚焦国内价值链对国际价值链分工的影响分析,Beverelli等(2015)研究证实,国内生产联系增强既可以通过降低协调成本促进产品分化,也可能通过强化功能环节单一化"锁定效应"而使一国(地区)国际价值链分工拓展面临较高转换成本。其最终作用效果如何,取决于两种作用机制的相对大小。相比发达国家,囿于发展中国家不具有产业结构高级化的先决条件和优势,学者们围绕发展中国家展开的研究多集中于探讨其国内企业参与发达国家主导全球价值链分工的动因与升级可能(戴翔,2013)。但对中国而言,经过多年的累积与发展,其已经具备"走出去"拓展国际价值链分工的内部条件与外部环境。针对中国国内价值链构建重要性的讨论,已经引起学者们的浓厚兴趣。代表性文献中,裴长洪和樊瑛(2010)明确指出,对中国而言,相比微观机制所强调的企业特定优势,本土市场效应等国家特定优势能更好地解释中国企业的对外直接投资行为,进而揭示中国企业拓展国际价值链分工联系的根本动因。张少军和刘志彪(2013)的研究表明,中国国内价值链(DVC)与全球价值链(GVC)主要呈负相关关系。分析认为,要实现 DVC 与 GVC 良性互动,关键是利用中国大国优势和在位优势延长全球价值链的国内环节。延伸至国内八大区域价值链层面,倪红福和夏杰长(2016)研究认为,中国各区域通过发挥自身比较优势并专业化于不同生产区段而促进了 DVC 的整合,并由此提升中国整体参与 GVC 的水平和升级空间。通过将 DVC 划分为嵌套于 GVC 的国内价值链分工(DVC1)和基于内生能力的国内价值链分工(DVC2)两类,黎峰(2017)研究指出,进口产品结构优化与内资企业成长是增强 DVC1、DVC2 正向互动联系的关键机制。

2.2.3　全球价值链分工竞合的影响

1) 分工竞合影响的文献梳理

将全球价值链分工解构为国际价值链和国内价值链,并由此探讨两者竞合对一国经济发展的影响,这从根本上还是反映了全球价值链分工作用的复杂性。一方面,成为全球价值链的一部分可以创造更多的就业机会,特别是能够为发展中国家丰腴劳动力禀赋创造更多适宜自身比较优势的岗位(UNCTAD,2013)。例如,中国的 iPhone 组装业务,菲律宾和印度的呼叫中心业务,越南的耐克鞋生产以及墨西哥和泰国的汽车零部件生产。通过嵌入全球价值链分工,发展中经济体不再需要拥有完整的生产能力和技术条件,他们只需要把比较优势集中在全球价值链分工某些区段的生产方面(Kowalski等,2015)。全球价值链分工还可以通过本地学习方式为发展中国家提供技术转移或技术溢出的机会(Pietrobelli等,2011;Kawakami等,2012)。

然而另一方面,一直以来,任何国家嵌入全球价值链分工的收益都不是轻易获取的,收益份额和绝对水平高低始终夹杂着国家间乃至不同国家企业间的激烈竞争。一个国家处于全球价值链分工的高端位置还是低端位置,这会在较大程度上影响其参与全球价值链的收益,并且会有很大的不同。至于加入全球价值链的成本和风险,发达国家和发展中国家之间始终存在着对立和矛盾(Baldwin等,2014)。由于全球价值链中各国的比较优势存在差异,发达国家更有可能位居价值链高端位置和从事高增值生产区段,如制造前端的研发设计和品牌建立,以及后端的营销策划服务。但发达国家也担心由于大量中间制造环节被剥离出去,或者说其就业更偏向高技术密集型环节,导致本国经济结构的完整性受到冲击。不同于发达国家,发展中国家更有可能从事制造和装配等低端环节或具体的生产活动。但他们比较担心的是,自己是否正在从事从长远来看是错误的工作。发展中国家经济发展被锁定在"微笑曲线"底部的风险究竟有多大,这还取决于其自身经济体规模、所处的发展阶段和价值链整合方式等。相关实证研究中,Bazan和Navas-Alemán(2004)发现,尽管巴西制鞋业已融入全球价值链,但真正带动该行业实现功能升级的则是依托国内市场和参与国家价值链构建的企业。通过区分本土与国际价值链,刘志彪(2011)从理论上阐明了国家价值链构建对中国转型升级的重大意义。针对发展中国家在全球价值链分工下普遍存在的链内"锁定"风险,还有学者从本土市场效应角度剖析了其在改善贸易条件(徐康宁和郑义,2011)、提升贸易质量方面(戴翔,2015)的重要性,甚至认为其是发展中国家在现有全球价值链体系下实现链内升级的关键(刘志彪和张杰,2009)。

聚焦中国的探讨方面,价值链分工竞合对宏观经济发展模式,特别是国内增值能力的影响获得更多关注。国内价值链分工联系的考量多是通过间接方式体现的,特别是从市场分割角度的考量,进而从对外贸易联系角度反映国际价值链分工联系。相关研究中,周黎安(2007)指出,虽然我国整体的市场一体化进程不断改善,但省与省之间"以邻为壑"的地方保护主义依然存在,并导致了地区间的市场分割。这显著提升了跨区域交易成本,甚至造成国内生产交易成本还要高于国际生产交易成本。上述问题的存在,再加上国内融资便利性等方面存在的不足,叠加效应最终使得国内很多企业宁愿在低端环节同发达国家跨国公司建立分包—代工关系并由此赚取低廉加工费,也不愿意同国内企业建立生产分工联系。通过将国内市场分割引入Melitz(2003)模型,朱希伟等(2005)即从该角度揭示了中国国内贸易下降、对外贸易快速增长背后的一个重要原因。研究发现国内市场分割导致企业无法依赖于本国巨大的市场需求,并迫使企业通过出口服务于国外市场。贺灿飞和马妍(2014)的研究也表明,我国本土市场的过度分割严重削弱了本土企业生产能力方面的规模经济性,国际价值链分工存在对国内生产分工联系的较强替代。吕越等(2018)在构建市场分割影响中国企业附加值贸易的理论框架基础上,采用2000—2013年中国海关贸易数据库和中国工业企业数据库的整合数据,从微观企业层面实证检验市场分割对企业出口国内附加值率的影响。该研究也从间接角度揭示了国内价值链和国际价值链分工竞合对企业增值能力的影响。研究发现,市场分割所体现的国内价值链发展的不充分,将明显对企业出口国内附加值率产生了不利影响。影响机制检验表明,市场分割会强化国际价值链分工联系对国内价值链分工联系的替代,进而通过促进中间品进口、抑制创新和提高加工贸易占比三个渠道降低企业出口的国内附加值率。国际价值链分工下的中间品贸易自由化程度越高、国际市场上游跨国公司垄断势力越强,国内市场分割对企业出口国内附加值率的负向影响越严重。

2)分工竞合对服务业发展的影响

围绕国际价值链和国内价值链分工竞合影响下的服务业发展问题,经典理论侧重从微观企业功能分化或制造与服务关联角度揭示其本质。垄断竞争与规模报酬递增框架下,Francois(1990)主要从制造业企业迂回生产中的内部网络扩张与控制角度,阐明了服务功能分化及其需求增长实质。然而,此处服务活动还只是纵向一体化结果,仍未表现为外在经济结构的变化(Pananond,2013)。注意到市场"厚度"影响下的专业化组织分工演化,Grossman和Helpman(2002)强调其在服务职能"外部化"中的关键作用。侧重产业关联角度的考察,Markusen(1989)也认为生产性服务业增长主要源于制造业企业服务职能的外部化。具体到价值链分工框架下的理论探讨,从异质性企业选择最优供应商组合和其生产网络内、外部成本权衡角度出发,相关研究通过构建企业层面采购决策一般均衡模型并借助结构化估计,阐明了服务中间投入在企业管理地理上分离生产过程中的必要性,进而阐明了服务中间投入所带来的效率增进、价值增值能力提升等方面的影响机理(Antras等,2017)。

围绕主旨,理论基础上的实证研究可以归结为三个方面:

(1) 聚焦国际价值链分工联系下,我国以服务外包为主要形式的服务贸易增长(江小涓,2008)、出口质量改善(Fan等,2015)、服务业技术复杂度提升(李惠娟和蔡伟宏,2017)和增值能力的考察(Koopman等,2014)。这些研究是重要的,它们较好地揭示了起点相对较低的中国服务业发展的可能性和具体方面,进而为探讨服务业高质量发展奠定了基础。然而有必要认识到,国际价值链分工通过割裂中国制造业与服务业的联系,导致服务业严重缺乏制造中间需求的有效支撑(刘志彪,2012),甚至造成服务业对主要产业部门投入的停滞(Dallas,2014)。特别是在国际价值链体系中,服务高附加值环节依然被发达国家牢牢掌控,这与我国制造环节处于"微笑曲线"底端没有实质区别。现实情况决定了聚焦于国际价值链分工的探讨存在其局限性,无法从根本上改善我国服务业质量提升的主动性,甚至造成服务业尤其生产性服务业发展的严重滞后(任保全等,2016)。

(2) 突出本土化因素,诸如市场一体化(程大中,2006)、跨区产业转移(顾乃华等,2006)和本土规模效应(刘志彪,2012)等的影响。也可以认为,这方面研究具有的共性是其从不同角度直接或间接点明国内价值链构建的重要性。Hirschman(1958)曾指出发展国内跨行业联系对经济增长的重要性。他认为企业间国内生产联系的增强可以通过专业化分工促进生产力提升,后者反过来促进企业作为买方(后向联系)或者卖方(前向联系)进一步拓展价值链分工。由于服务业具有内需性强但可贸易性差的特点(Navas-Alemán,2011),这决定可通过国内价值链构建来驱动制造生产环节跨地区转移,进而带动生产性服务业需求扩张和空间布局调整(毕斗斗等,2015)。注意到不同行业存在的关系特指属性差异化,Nunn(2007)指出在国家之间建立投入—产出生产联系或者采购关系存在编纂和传播隐性知识方面的必要成本支出。如果将其视为沉没成本,而且国外比国内要大,则行业关系特指属性越高,该行业发展越是依托国内价值链。由此,该行业或者生产环节发展会表现出国内价值链整合对国际价值链分工整合的替代。相比产品标准化程度较高的制造行业,生产性服务业产品非标准化程度较高的特点决定了其关系特指属性较强,编纂和传播隐性知识成本要求更高。如果生产性服务业的发展主要依托国内生产联系,则其可能会导致服务业嵌入国际生产循环的滞后,甚至变成一种阻碍。为了验证这一点,Nunn(2007)实证研究构建了国内价值链分工水平与行业虚拟变量交互项,结果表明关系特指属性会显著抑制国内价值链的积极作用,不利于生产性服务业拓展国际价值链分工联系。Beverelli等(2016)也证实,拟通过前向或后向联系寻求与他国企业建立国际生产网络关系的国家,应考虑到其相对优势行业的关系特指属性。具体就中国而言,被认为是参与全球价值链分工并获得较多发展机会的国家之一,参与全球价值链分工曾一度掩盖中国本土市场存在的重要性(邱斌和尹威,2010)。随着国际价值链分工导致中国链内"锁定"效应的凸显,相关学者也从强调积极参与国际价值链转到更重视本土市场效应或者本土价值链的构建(刘志彪和张杰,2007)。就概念角度而言,本土市场效应和国内价值链均强调一国内部市场的重要性,强调在现行全球价值链分工体系中的适度"自我"回归,这是两者的共同点。区别在于,前者侧重从国内市场规模角度阐明其作用机制,后者更强调国内生产网络体系的构建及其完备性。再就技术处理而言,本土市场效应更多是从需求或生产总值角度加以衡量,国内价值链分工则需要依托行业间投入产出联系来展现。相比后者,前者掩盖了不同行业间的国内分工联系(李瑞琴和孙浦阳,2018)。

尤其在本轮全球性金融危机冲击影响下,发达国家在自身过去所主导的全球价值链体系下的"窘迫"与中国日益强调本土价值链构建下的"稳速提质"经济增长特点形成了鲜明对比。我国国内价值链分工究竟达到了怎样的水平呢?张杰等(2013)和刘维林(2015)各自基于工业企业微观数据的分析均表明,我国国内增加值率在1997—2007年间不断提升,占比已超过一半。从增加值流转视角出发,李跟强等(2016)首次将国内价值链和国际价值链整合到统一逻辑框架,并从垂直专业化生产、增加值供给偏好和区域再流出三个维度,揭示了我国各区域对全球价值链分工的嵌入模式和相对重要性。黎峰(2016)、苏庆义(2016)分别从中国八大区域和省际角度证实了中国本土价值链构建的重要性;后者围绕出口附加值来源分解的考察证实,本地增加值份额是最高的。刘瑞翔等(2017)更明确指出,本土中间投入与需求结构变化是决定中国在全球价值链中嵌入位置变化的主要原因。然而,中国过去较长期发展经验又表明,本土这类因素推动服务业高质量发展的效果总体比较缓慢(江小涓,2011)。特别是具体到服务贸易发展的本土市场效应,相关研究认为服务业面临更为严重的市场条块分割,这导致其发展的本土市场规模效应并不理想。毛艳华和李敬子(2015)也指出,虽然提高服务贸易质量的关键点在于本地市场效应的发挥,但中国庞大的本地市场效应一直没能释放。不难理解,在现有全球价值链分工体系下,发达国家是以"最终消费者"和价值链分工核心环节"掌控者"的双重身份参与其中,发展中国家则是以"打工仔"的身份参与其中。由此决定既有研究所认为的市场的重要性,较大程度上取决于发达国家的市场规模。对发展中国家而言,强调国内价值链或本土市场效应重要性的还只是发展中大国(易先忠和欧阳晓,2018)。

(3) 依然遵照斯密分工专业化理论,其强调市场规模在决定分工中的重要性。

作为这一经典论断的重要支撑，Krugman(1980)在较高理论高度证实开放条件下本土市场规模效应的存在性与作用。其核心观点认为，一国内需规模大小可以通过影响生产的规模经济性和生产率水平而改进对外经济联系状况，尤其是出口表现。然而在全球分工体系下，市场规模既来源于一国或地区的国内市场贡献，也来源于国际市场贡献，甚至国内和国际市场本就是统一的。尤其在全球价值链分工体系下，市场需求的全球化扩张与生产的全球化拓展本就是并行不悖的。有鉴于此，或者说针对国际价值链或国内价值链局部探讨的片面性，特别是过多聚焦国际价值链分工研究的局限性，还有研究为开创"第三条道路"提供了重要启示。在考察中间品采购对企业生产率影响的研究中，Goldberg 等(2010)和 Boler 等(2014)从不同角度研究均发现，国际和国内中间品投入的作用呈不完全替代关系。相比仅参与国际价值链分工的"单链"企业，Aleman(2011)认为"多链"企业更容易在价值链分工模式下升级，进而提升一国产业或整体高附加值活动的空间。实证方面，由于采用的测度指标不同，或者研究对象国不同，相关结论不完全一致。有研究认为国内价值链和国际价值链之间存在较强替代性(Antras 等，2014)，这尤其表现在发展中国家间制造环节激烈竞争方面；有的认为两者具有互补性，突出表现在位居供应链上游的发展中国家国内市场一体化所带来的下游发达国家增值能力的提升(Blaum 等，2015)。Beverelli 等(2016)则将一国国内价值链视为全球价值链拓展必须依赖的国内基础。微观机理分析认为，企业间国内联系的增强促进企业专业化生产能力提升，进而效率增进，由此增强企业通过后向一体化方式拓展全球价值链的可能。

针对我国的实证研究方面，吴福象和蔡悦(2014)注意到我国东部地区在国际价值链与国内价值链间"二传手"功能的缺失，并指出其是导致发展质量不高的重要原因。余群芝和贾净雪(2015)进一步阐明我国本地市场效应不强的根源。研究指出，中国在国际价值链中的"下游生产者"身份定位远高于作为"上游供应者"的角色定位。一方面，中国过度参与到国际价值链体系，外部生产导向严重扭曲了本土市场要素的配置；另一方面，中国"下游生产者"的角色定位决定其各部门的产业关联带动功能不强。要扭转这种不利格局，孙军和梁东黎(2010)认为开放条件下的"干中学"与母市场效应的结合至关重要。事实上，在异质性企业价值链分工理论框架下，Bernard 等(2019)已经指出，企业无论是选择本地中间品采购策略，还是考虑扩大供应商来源，拓展更远地区乃至国际市场，这根本上取决于企业的生产率水平。这从企业生产率角度揭示了不同空间尺度价值链分工联系本质上的统一性。尽管重点关注的是国内价值链对地区间技术差距缩减的影响，邵朝对和苏丹妮(2017)的研究还是证实国内价值链和国际价值链互动存在的显著生产率外溢效应。特别是在从贸易角度纳入国际价值链后,研究发现国内价值链对中国国际价值链嵌入不平衡所带来的技术差距具有矫正作用(邵朝对和苏丹妮,2019)。而注意到中国存在的"国内需求—本土供给—出口结构"非有效衔接问题,易先忠和高凌云(2018)强调指出,出口部门所体现的外部价值链分工联系与本土产业部门的联动发展是大国更好地实现国内需求"国家特定优势"影响所必须遵循的基本原则。

综上,相关研究从不同角度阐明双重价值链互动的特点,但对双链互动所带来的经济发展影响的探讨仍然不足。特别是在生产性服务业内涵式发展概念范畴下,在围绕双链"竞合"作用特点的探讨方面,既有研究还没有给予很好的解答。

第三章 价值链分工竞合影响生产性服务业发展的理论基础

在全球价值链分工理论框架下,本章研究内容主要是构建国内和国际价值链分工"竞合"影响生产性服务业发展的理论基础。具体论证包括三个部分:其一,从理论角度阐明全球价值链分工下服务功能嵌入的一般性逻辑及其对产业发展影响的演变升级机制;其二,遵循微观企业利润最大化原则,通过将企业最优外包决策拓展至多国家、多区域情形,特别是区分国内和国际市场中间品采购,探讨了国内和国际价值链分工之间竞争与合作的本质和特点。其三,仍然从微观企业存在中间品国际和国内采购的角度出发,研究剖析了国内和国际价值链分工竞合影响产业部门发展的基本规律。

3.1 全球价值链分工下生产性服务业发展的逻辑

3.1.1 生产性服务功能嵌入与服务业价值链分工

全球价值链分工模式不仅增强了最终产品及其部件的专业化分工水平,也增强了生产性服务环节及其任务分工水平。类似制造业企业一样,生产性服务业企业更多选择在全球范围内获取它们需要的中间投入。例如,金融服务企业将它们的数据管理和分析业务外包出去;建筑设计公司在完成基础性的设计工作后,将更细节的设计分包出去;医疗影像拍摄也逐步由非医院的特种摄像机构完成,医院里的医生只负责提供放射影像的诊断和分析服务。当然,就价值创造的方式而言,服务商品还是不同于有形产品。服务价值链中的价值创造可能以活动网络的形式出现,而不是遵循从上游到下游简单线性流程实现(Miroudot, 2016)。在形成最终产品或组件时,多个中间服务环节会组合在一起形成一个最终产品或部件;或者通过其他模式创造价值,例如通过连接客户(如保险或银行金融服务)和提供具体解决方案(解决客户问题来创造价值)。

生产性服务功能环节首先是全球价值链分工的纽带,或者说是全球价值链的"粘合剂"(Low,2013),这也是更多研究将全球价值链中某些生产性服务功能环节与商品分开的原因。一个典型化事实是,随着运输、物流、信息和通信技术服务等方面的进步,公司管理地理上分散生产过程的成本显著降低,在更大空间尺度,尤其是跨国生产合作与管理协调变得越来越便捷(Jones 和 Kierzkowski,2001)。全球价值链分工下生产性服务业嵌入和发展的必然性还体现在其作为产品生产过程中的外包投入方面,一些服务中间投入甚至超越于此。例如,对企业绩效和竞争力的改善而言,获得高质量、低价格和多样化的生产性服务投入是重要的。针对发达国家制造类跨国公司全球生产布局的相关研究表明,高质量服务中间投入的获取更多是来自发达国家本国配套服务供应商的直接投资和服务人员流动。产品完整价值链的开端多是研发、设计和工程活动,这些决定了后续制造的内容。价值链的另一端还有其他一些生产性服务,如营销和分销等,这些则决定产品被市场最终认可的程度。因此,生产性服务嵌入及其生产联系可以看作是生产过程中更广义中间投入的一部分,它们不仅是完整价值链中的一些环节,还可能是关键生产区段中的关键投入(Miroudot,2016)。理论层面,有学者就指出,在不考虑服务中间投入的情况下,企业或产业发展的生产力水平是没有得到充分衡量的,尽管衡量服务中间投入的生产力存在困难(Grassano 和 Savona,2014)。当然,作为完整价值链的中间投入,服务环节还可以超越以市场为基础的交易,通过作为企业内部职能部门的方式实现投入的内部化。Kelle(2013)就指出服务中间品不仅可以由独立服务公司提供,还可以由制造公司生产,例如制造公司向其附属生产部门提供各种总部服务。当然,这种对企业内部活动的解构,还是需要考虑其程度。因为过度的情况下,所有任务都可以被视为服务区段,这可能会模糊商品和服务之间的界限。

生产性服务业嵌入和发展的必然性还体现在其本身就是全球价值链分工拓展日渐依赖的创新活动方面:首先,价值链开端的研发和设计活动是服务投入。即使研发是在企业内部进行的,也是通过服务(培训、教育)来维持必要的人力资本水平。其次,技能改善表现方面,咨询服务和其他类型的商业服务可以提高价值链中任何区段的企业生产率。再者,产品创新方面,越来越多的公司正是通过在有形商品生产中嵌入更多差异化服务,以此提升产品附加值。还有,从客户需求角度出发,他们需要的不仅仅是有形产品,还需要以有形产品为载体、量身定制的整体服务。上述方面决定了现代企业经营不应只是出售产品,更需要注重提供系统性的产品解决方案。也正因为如此,借助强大客户服务中心为消费者提供更多样的增值服务,已经成为企业高水平发展战略决策不可分割的部分。

最后,作为全球价值链分工下生产性服务业发展和服务功能嵌入并体现重要影响的佐证,我们可从不同国家在全球价值链中角色定位的相对差异和升级一般规律看出这一点(见图 3.1)。具体而言,尽管各国参与全球价值链的方式不同,但在全球价值链一体化的类型和升级方式上则存在一定的规律性。通过对全球 146

个国家1990—2015年数据分析,世界银行研究报告认为,这些国家参与全球价值链分工角色可以归结为四种类型:商品、有限制造、先进的制造业和服务业、创新活动。其中,发展中经济体,如坦桑尼亚等,专门从事低技术含量的简单制造业;较发达经济体,如中国、墨西哥和斯洛伐克等,主要从事中等技术含量的制造业;还有一些国家,如印度、新加坡等,他们主要从事全球价值链分工服务功能环节;最后,还有一小部分非常发达的经济体,如德国、日本和美国,他们主要负责提供创新性的商品和服务。在沿着价值链分工实现角色定位提升表现方面,中国、捷克、爱沙尼亚、印度、立陶宛、菲律宾、波兰、葡萄牙、罗马尼亚、泰国和土耳其被认为是最具有潜能实现从有限制造业全球价值链转向先进制造业和服务业价值链分工角色的。由此国别比较,我们还可以看出一点重要特征,即服务环节的离岸外包向发展中国家转移的趋势将是永久性的,这一结构性变化将会得到进一步巩固(Fernandz-Stark等,2011),尽管这一趋势在发达国家曾面临一定程度的政治阻力(Mankiw和Swagel,2006),但在21世纪初,这一发展特点变得更加明显。例如在2008年经济危机之前,发展中国家服务外包年复合增长率高达24%(OECD,2008)。

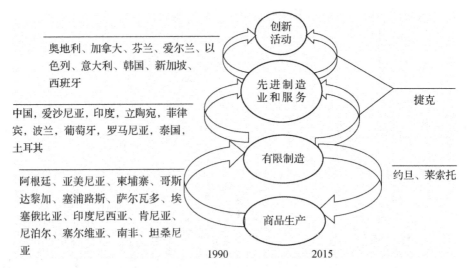

图3.1 全球价值链分工下不同国家角色差异及其升级路径

资料来源:世界银行2020年度发展报告《在全球价值链时代以贸易促发展》。

3.1.2 价值链分工下生产性服务业发展的逻辑

在经典国际贸易理论中,产业发展、升级或者竞争力提升意味着其生产能够转向更高价值的商品。但随着全球价值链分工的发展,这增加了新的内涵——因为商品是经由特定价值链中具体任务组合方式生产出来的,因此中间的每个任务都为创造商品价值做出贡献。发展、升级或者竞争力提升主要表现为向价值链分工的高附加值环节移动,或者是使得所在价值链分工区段的相对重要性得到提升。无论采取何种方式,企业或者国家通常只是占据价值链分工下的有限项任务。

如果说创造更多附加值是价值链分工下生产性服务业发展的根本目标,则这一目标实现的一种方式是功能升级。因为要向价值链分工的更高价值增值部分转移,需要更高的技能和生产率水平,而功能升级往往与更高的生产率联系。作为一个典型的例子,中国纺织品行业的功能升级值得关注。中国纺织品出口的外国增值份额从1995年的43%下降到2011年的26%,国内增值份额则相应提升。形成这一相对变化的主要原因是伴随中国自身纺织业的发展,一些外国中间品逐步被本土更高效率的中间商取代,后者日渐成为该行业发展最大的贡献者。而随着中国企业越来越多占据纺织行业全球价值链分工的其他环节,中国纺织产业对全球纺织品行业发展的贡献也进一步提升。如果说在企业层面,功能升级主要意味着企业在价值链分工下进入更高增值环节,那么在国家层面,功能升级还表现为企业进入新市场,特别是通过与主导型跨国公司建立生产联系,企业得以间接方式进入国际市场。在此过程中,领先国家企业可以通过技术和人力资本的溢出效应促进后进合作国家企业效率提升。当然,企业所能够获得增值能力的提升依然是判断其所处价值链分工位置的根基。这里同样需要注意的一种情况是,升级可能还涉及相对劳动生产率较低但利润较高的价值链环节,特别是相比制造环节,生产性服务业的效率提升总体还是缓慢的。这决定了在利用单一效率指标评价生产性服务业的沿价值链升级表现方面,还是需要小心。

价值链分工下生产性服务业发展的另一种方式是通过生产更高价值的产品,实现所谓产品升级。就微观企业角度而言,这一方式的内在逻辑如下:为了增加在价值链分工下的增值能力,企业并不必然需要转移到价值链分工下的其他区段,其还可以通过销售更高质量的中间产品来实现增值目标。具体实现方式包括通过价格而非(进口)替代效应来提高国内附加值,或者是提高劳动生产率。价值链分工下生产性服务业发展的另一种方式是流程升级,或者叫工艺升级。其主要强调生产方法的改进,特别是通过生产工艺或新技术的创新,更有效地将中间投入转化为最终产品(Humphrey和Schmitz,2002)。从理论上讲,因为此种方式的产业升级需要的中间投入相对更少,特别是如果创新活动主要与能够获得较高租金提取的知识密集型资本相关联的情况下,因此,该种方式在生产中能够带来更高的国内价值增值和劳动生产率提升。其也可以表现为经常应对国外生产商竞争的国内上游供应商的升级。

除了可以从价值链分工下功能升级、产品升级和流程升级角度讨论生产性服务业发展的内在逻辑和必然性，下面再结合 Mariscal 和 Taglioni(2017) 构建的、更具针对性的理论框架展开讨论。该分析框架将企业与全球价值链的联系视为企业能力在一个连续生产体系中不断发展的动态过程。如图 3.2 所示，该框架下的第一个维度（x 轴）反映的是全球价值链中的采购、生产和销售等各环节，第二个维度（y 轴）反映了全球价值链分工参与度或者说参与特点，包括最初期阶段的原型连接(Proto-connecting)、中间阶段的升级性连接，再到高级阶段的成熟连接。由底部延伸向左边的曲线表示买方参与价值链分工的发展路径和拓展空间，由底部延伸向右边的曲线表示卖方参与价值链的发展路径和拓展空间。需要说明的是，无论是以简单方式嵌入全球价值链分工还是以复杂方式嵌入，也无论以买方身份还是卖方身份嵌入，这都只是为了分析的方便，其目的不是为了刻意将其依据某些方面差异而进行区分并归为某个阶段。

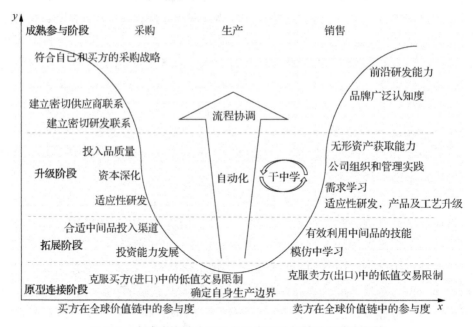

图 3.2　全球价值链分工下企业发展升级的阶段演进规律
资料来源：笔者根据 Mariscal 和 Taglioni(2017)的研究整理得到。

全球价值链分工嵌入可以原型连接阶段为起点，最小交易规模的实现在该阶段对于买卖双方功能的发挥和生产联系的保持而言是必需的。这也意味着企业要与国际市场或领先企业建立生产联系必须具备一些基础能力要求（如生产或管理能力以及获得生产中关键中间投入较便捷渠道的能力）以及正确评估和利用企业基础能力的能力。从买方角度来看,企业如果能够较便捷、有效地连接中间品市场,并由此提高产品生产的互补性,则其生产过程和产品范围会由此而变得更合理化。从卖方角度来看,能否通过生产流程的不断改进来更好地适应整个生产分工体系,进而使其自身目标与实际或潜在买家目标保持一致,这一点尤为重要。总而言之,在原型连接阶段,企业参与全球价值链分工所建立的生产联系并不是一种稳定的情况,很容易受到外部市场变化的冲击。正因为如此,能够发挥较好匹配作用的中间生产组织的发展同样重要。

企业一旦克服原型连接阶段的挑战,则他们的学习能力和吸收能力会变得更强。例如,在向全球买家销售产品过程中不断学习,学习如何依据进口中间品可能选择集来优化产品范围的能力,等等。在此阶段,企业希望所生产的产品能够更好为人所知并认可其价值贡献的诉求明显增强,由此决定需求方面因素的影响开始变得重要。尽管该阶段下的市场竞争主要还是基于价格因素而非产品质量,但扩大市场需求的努力已经成为必要条件。随着这个阶段的深入推进,过程创新和产品创新将变得重要,企业的管理组织机构也会随之调整,中层管理的位置将比纯生产过程管理的位置更加靠前;公司也越来越关注其核心能力的提升,一方面大量非核心业务被分包出去,另一方面不具备比较优势且还无法剥离任务环节的利用能力提升要求变得更高。

对处于全球价值链分工下第三阶段的企业而言,其发展目标就是向价值链分工最复杂的区段迈进。此时,企业已经具备与领先公司、关键供应商、具备较高控制能力的贸易公司或全球市场大买家直接建立联系的能力,甚至他们自己就已经是领先企业。期间,买卖双方的生产联系不再是简单市场化互动的结果,而是更趋向于模块化互动。公司通过直接和间接方式获得管理和组织生产方法的改进,并由此与技术领域高度相关买家建立紧密合作关系,这些买家大多具有良好的学习潜力和正向外溢影响。得益于这些方面的改进,企业所生产产品的复杂程度变得更突出,产品所包含的价值增值也得以提升到更高水准。

通过前述微观企业生产、组织管理和产品增值在全球价值链分工下演变过程和各阶段特点的剖析可见,这些方面都是在具体条件和因素得到满足的情况下逐步发展起来的。对应于此,这一发展过程同样在企业所依赖的经济体中存在平行的表现。而当一个国家的网络生产体系能够形成并演变升级的时候,这个国家的相关产业部门乃至整体经济发展也将随之演进。具体而言,为了发挥比较优势,低收入国家企业一般倾向于参与资源性产业和制造业等复杂程度有限、价格竞争比非价格竞争普遍的行业的全球价值链分工。在这些行业中,买家和卖家之间的分工联系或者是保持较短距离的各自独立、或者是俘获关系。尤其当领先企业在技术上高度依赖供应商而后者竞争能力偏弱,并且交易过程的标准化程度较强的情况下,他们之间很容易形成俘获关系。在这个阶段,因为企业规模对能否嵌入没有限制条件,因此即便是小企业,也很容易参与进来。一旦国家步入中等收入阶段,相关企业开始尝试在先进制造业和现代生产性服务环节嵌入全球价值链,特别是努力突破生产前向和后向高附加值服务环节所面临的不利分工地位。全球价值链分工下的诸多买方—卖方关系往往既表现出关系密切特点,也具有相互牵制性或等级分层性质,其间也不乏大量技术转移特征。相比规模较小的企业,中大型企业参与全球价值链分工的意向更强烈,特别是制造型企业(Cusolito等,2016)。对这些企业发展而言,相比其在全球价值链分工下的位置及由此所决定的位置租金获益能力,企业自身能力发展是他们更加看中的。企业之间的竞争越来越基于非价格因素,如质量、定制服务、响应速度和交付及时性等。最后,如果国家达到高收入发展水平,企业参与全球价值链分工的领域将主要集中在管理协调生产和高附加值服务方面,如研发和品牌运营等。一国的相关企业主要扮演大量中间制造和服务投入的购买者和产品终端市场销售者的双重角色,或者参与并主导模块化生产关系的构建与维持。

3.2 价值链分工竞合理论模型

3.2.1 基本设定与两阶段生产

本章3.2和3.3节旨在通过理论模型的构建和符号推导关系的讨论,一方面揭示全球价值链分工解构下国内价值链和国际价值链分工拓展所表现出的竞争与合作关系的本质和一般规律;另一方面,揭示国内和国际价值链分工竞合对生产性服务业发展所表现出的差异化影响特点。

在一个多国家、多区域情境下,模型首先通过区分全球价值链分工下的国内市场中间区段采购和国际市场中间区段采购,重点从微观企业利润最大化目标下的最优外包决策角度,探讨国内价值链和国际价值链分工互动影响的内在机理。考虑一国国内不包括自身的其他市场可以划分为 M 区域,国际市场可以划分为 M^* 区域。每个区域均存在两个部门,即生产性服务业部门 S 和制造业部门 MF。前者具有垄断竞争特征和规模报酬递增性,后者处于完全竞争市场并具有规模报酬不变特性。假定任何一个区域市场上的消费者都面临如下拟线性效用:

$$U = \mu \ln S + (1-\mu) MF \qquad (3-1)$$

生产性服务业产品集合满足如下CES形式:

$$S = \left(\int_0^N s_i^\rho \, di\right)^{\frac{1}{\rho}} \tag{3-2}$$

其中，s_i 代表最终生产性服务业部门 i 提供的差异化产品，$\rho(0<\rho<1)$ 表示最终产品多样化偏好。

鉴于最终服务产品 s_i 的生产有赖于 k 种不同类型复合品投入，对任意区域 $r \in (M+M^*+1)$ 内的最终服务生产商而言，可以将其生产过程分解为两个阶段：第一阶段是利用各类中间品 $j_k \in [0,1]$ 构造 k 种复合品，中间品 j_k 既可以从一国所属 $M+1$ 区域内购，也可以从国际市场 M^* 区域外购。在每个区域，假定仅有一家代表性中间商从事第 K 种复合品中 j_k 中间品的实际供应。由此，对任何一种复合品 K 而言，均存在与之相对应、隶属 $[0,1]$ 范围的一系列中间品投入。从区域角度理解，这意味着任意区域 r 都具备 $K \times [0,1]$ 中间品生产能力。对最终服务品生产企业而言，其可以在 $M+M^*+1$ 区域范围内确定 K 种复合品生产所需各差异化中间品 j_k 的所有最优中间商。

具体而言，最终品生产企业 i 通过如下 CES 函数生产 s_{ik} 单位复合品 K：

$$s_{ik} = \left(\int_0^1 s_{ik\_jk}^{\frac{\sigma_k-1}{\sigma_k}} djk\right)^{\frac{\sigma_k-1}{\sigma_k}} \tag{3-3}$$

其中，s_{ik_jk} 表示生产复合品 K 所需中间品数量；σ_k 表示中间品替代弹性。不等式条件 $\sigma_1 > \sigma_2 > \cdots > \sigma_k$ 成立，这意味复合品 K 的关系特指属性是逐渐增强的。

第二阶段，生产性服务业企业 i 按照如下改进型 C-D 函数，将 K 类复合品组装成最终品：

$$s_i = \varphi_i \prod_{k=1}^K (s_{ik}/\beta_k)^{\beta_k} \tag{3-4}$$

其中，φ_i 表示最终品生产企业 i 生产率，β_k 表示复合品 s_{ik} 的投入份额。

3.2.2 异质生产率下的市场结构

在全球价值链分工模式下，假定只有最终产品生产商具有议价能力，中间商没有。对最终品生产商而言，其中间品采购决策需要解决三个方面问题：确定企业 i 复合品 k 生产所必需中间投入的可能采购区域 Ω_{ik}；对生产任意复合品 K 相关的中间品 $j_k \in [0,1]$，在区域集合 Ω_{ik} 中，进一步确定能够获得最低价格的区域子集；对各类能提供最低价格中间品 j_k 的供应商，权衡维持稳定生产关系的必要协调成本增加及其总成本抵消作用。对中间品供应商而言，在各中间投入品 j_k 均按照最低价被采购的基本假定下，其后续决策是在现有技术条件下，确定中间品生产率水平 z。

由于同一中间品 j_k 在 $M+M^*+1$ 区域有很多供应商，甚至在同一区域即存在某一中间品的大量供应商。对任意最终产品采购商而言，在前述成本支出构成特点下,其一定会选择效率最高的中间品供应商。鉴于这本质上是一个效率极值搜寻过程,借鉴Eaton和Kortum(2002)的研究,可以认为$M+M^*+1$区域内中间商生产率服从Fréchet极值分布,对应累积分布为:

$$F_k(z) = e^{-T_k z^{-\theta_k}} \tag{3-5}$$

其中,T_k、θ_k分别是z的位置和形状参数,代表了技术条件及其差异度。

再来关注企业采购成本。对最终品企业i而言,无论国内其他区域还是国际市场采购,均面临受地理距离d_{ir}和复合材料类型K影响的"冰山"运输成本$\tau_k[d_{ir}]$;企业在任何区域寻找潜在最低成本供应商还必须支付固定搜寻成本$f_k[d_{ir}]$。当然,对企业所在区域,则可视"冰山"运输成本和搜寻成本为零。受Antràs等(2014)的研究启发,本研究认为服务企业间、企业与客户间需要更频繁的沟通,这决定沟通协调成本$m_k[d_{ir}]$不仅存在,而且很重要。再考虑到产品质量对生产成本的影响,从采购商与供应商联系强度角度出发,定义同样会影响生产成本的高质量中间品采购率为q_{ikr}。

综上,可以将中间品采购价格表述为:

$$p_{ik}[j_k] = w_r\, c_k\, \tau_k[d_{ir}]\, e^{m[d_{ir}]q_{ikr}}/z \tag{3-6}$$

其中,w_r为仅与区域r相关的劳动力成本,c_k表示仅与复合品K类型相关的生产成本。

综合式(3-4)~式(3-8),可得第K类复合品价格的概率分布:

$$G_{ik}[p] = 1 - e^{\varphi_{ik} p^{\theta_k}} \tag{3-7}$$

其中,

$$\varphi_{ik} = \varphi_{ik0} + \sum_{r=1}^{M+M^*} \varphi_{ikr} = T_{k0}(w_{k0}\, c_{k0})^{-\theta_k} + \sum_{r=1}^{M+M^*} T_{kr}(w_{kr}\, c_{kr}\, \tau_k[d_{ir}])^{-\theta_k}\, q_{ikr}^{\frac{\theta_k \rho_k}{\rho_k - 1}}\, e^{-\theta_k m[d_{ir}]q_{ikr}} \tag{3-8}$$

进一步,可知第K类复合品价格$p_{ik} = \gamma_k\, \varphi_{ik}^{-1/\theta_k}$。其中,$\gamma_k = \Gamma\left[\dfrac{1+\theta_k-\rho_k}{\theta_k}\right]^{\frac{1}{1-\rho_k}}$是$\Gamma$函数,满足条件$\rho_k < 1 + \theta_k$。

由式(3-8)可知,源自一国内部区域r的复合品K采购比例为$\dfrac{\varphi_{ik0}}{\varphi_{ik}}$,源自区域$r$以外的采购比例为$\dfrac{\sum_{r=1}^{M+M^*} \varphi_{ikr}}{\varphi_{ik}}$,后者可再分解为国内其他区域采购比例$\dfrac{\sum_{r=1}^{M_r} \varphi_{ikr}}{\varphi_{ik}}$和国际市场采购份额$\dfrac{\sum_{r=1}^{M^*} \varphi_{ikr}}{\varphi_{ik}}$。

式(3-8)还可以推导出如下关系:

$$\frac{\varphi_{ikM}}{\varphi_{ikM^*}} = \frac{M}{M^*} \frac{T_{kr}}{T_{kr^*}} \left(\frac{w_r{}^* \, \tau_k[d_{ir^*}]}{w_r \, \tau_k[d_{ir}]}\right)^{\theta_k} \left(\frac{m[d_{ir^*}]}{m[d_{ir}]}\right)^{\frac{\theta_k \sigma_k}{\sigma_k - 1}} \tag{9}$$

式(3-9)表明,国内中间商采购区域 M 越多、平均技术水平 T_{kr} 越高,国内市场中间品采购可能性越大;国内相对国际市场工资水平 w_r 越低、相对通勤成本 $\tau_k[d_{ir}]$ 和管理协调成本 $m[d_{ir}]$ 越低,也越有利于拓展国内中间品采购市场。由式(3-9)还可推知,关系 $\partial(\varphi_{ikM}/\varphi_{ikM^*})/\partial\sigma_k < 0$ 成立,这意味着各类复合品 K 之间替代弹性越强,企业 i 越倾向于从国际市场采购中间品。鉴于替代弹性和关系特指属性负相关,上述关系同时表明,复合品 K 的关系特指属性越强,其越是靠近最终品的复合品,其所需中间品的国内采购倾向越大。

3.2.3 利润与最优采购策略

对任何最终品生产企业 i 而言,其某些功能环节究竟选择在企业内生产还是外包,究竟是选择国内区域外包还是国际市场采购,主要取决于能否获得最大化利润。在已知一系列复合品 K 价格的基础上,生产 s_i 单位最终品所需复合品 K 的数量为:

$$s_{ik} = \frac{\beta_k \, s_i}{\varphi_i \, p_{ik}} \prod_{k=1}^{K} p_{ik}^{\beta_k} \tag{3-10}$$

最终产品价格:

$$\psi_i = \frac{1}{s_i} \sum_{k=1}^{K} p_{ik} \, s_{ik} = \frac{1}{\varphi_i} \prod_{k=1}^{K} p_{ik}^{\beta_k} = \frac{1}{\varphi_i} \prod_{k=1}^{K} \gamma_k^{\beta_k} \varphi_{ik}^{\frac{\beta_k}{\theta_k}} \tag{3-11}$$

由式(3-11)可得生产性服务业企业 i 的利润:

$$\pi_i[\varphi_i] = B \psi_i^{1-\sigma} - \sum_{k=1}^{K} \delta_{ir}\left(f_c + \sum_{r=1}^{M+M^*} f_k[d_{ir}]\right) \tag{3-12}$$

其中, $B = \frac{1}{\sigma}\left(\frac{1}{\sigma-1}\right)^{1-\sigma} P^{\sigma-1} E$,一般价格水平 $P = \left(\int_0^n \left(\frac{\sigma \psi_i}{\sigma-1}\right)^{1-\sigma} d_i\right)^{\frac{1}{1-\sigma}}$; f_c 表示所在区域内固定成本; δ_{ir} 是虚拟变量,如果企业在区域 r 有外购,则赋值为1,否则为0。

式(3-12)对 φ_i 求偏导,可得 $\frac{\partial \pi_i[\varphi_i]}{\partial \varphi_i} > 0$,即在条件 $\varphi_i < \varphi_i'$ 满足的情况下, $\Omega_{ik}[\varphi_i] \subset \Omega_{ik}[\varphi_i']$ 关系成立。这表明其他条件不变,无论是建立国内还是国际价值链分工联系,效率提升能够增强生产性服务业企业拓展价值链分工联系的决策。式(3-12)还表明关系 $\Omega_{i1} \supseteq \Omega_{i2} \supseteq \cdots \supseteq \Omega_{ik}$ 成立,即相比拓展低附加值生产区段价值链分工联系,随着地理距离的增加,拓展高附加值生产区段价值链分工联系会使企业边际收益降低的速率更快。这也可以理解为在其他条件不变的情况下,高附加值

生产区段保留在最终品企业所在区域是最理想选择,其次是通过拓展国内价值链分工联系来保障其供给,最后才是建立国际价值链分工联系。

下面再从利润最大化角度讨论如下三个更一般的情形①:

情形一:区域 r 内最终品生产企业 i 为获得复合品 K' 所需中间品投入,其增加其他区域 r' 至采购区域集合 Ω_{ik} 的利润函数变化。这一情形的关系推导如下:

$$\pi_i[\varphi_i]|\Omega_{ik\cup(r')} - \pi_i[\varphi_i]|\Omega_{ik} \approx \frac{(\sigma-1)\beta_k}{\theta_k}\pi_i[\tilde{\varphi}_i]\frac{\varphi_{ik'r'}}{\varphi_{ik'r'}+\varphi_{ik'}} - f'_k[d_{ir'}] \quad (13)$$

其中,$\pi_i[\tilde{\varphi}_i] \equiv B\varphi_i^{1-\sigma}\prod_{k=1}^{K}\gamma_k^{\beta_k(1-\sigma)}\varphi_{ik}^{-\beta_k(1-\sigma)/\theta_k}$。可见,增加新区域 r' 作为复合品中间品 K' 投入新采购来源地,这会增加额外搜寻成本 $f'_k[d_{ir'}]$。但同时,企业也获得拓展国际价值链分工联系所带来的边际生产成本降低的好处。总之,如果其他条件不变,无论可变交易成本还是固定搜索成本降低,它们均有助于企业拓展国际价值链分工联系。

情形二:考虑最终品生产企业拓展同类中间品生产区段国际价值链分工联系 r^*(或者国内价值链分工联系 r^d),其对既存国内价值链分工网络(或国际价值链分工网络)关系下企业利润的影响,推导关系如下:

$$(\pi_i[\varphi_i]|\Omega_{ik\cup(r^*,r^d)} - \pi_i[\varphi_i]|\Omega_{ik\cup(r^d)}) - (\pi_i[\varphi_i]|\Omega_{ik\cup(r^d)} - \pi_i[\varphi_i]|\Omega_{ik})$$

$$\approx \frac{\beta_k(\sigma-1)}{\theta_k}\left(\frac{\beta_k(\sigma-1)}{\theta_k}-1\right)\pi_i[\tilde{\varphi}_i]\frac{\varphi_{ikr^d}}{\varphi_{ik0}+\sum_{r=1}^{M+M^*}\varphi_{ikr}}\frac{\varphi_{ikr^*}}{\varphi_{ik0}+\sum_{r=1}^{M+M^*}\varphi_{ikr}} \quad (3-14)$$

式(3-14)表明,企业如果在某一相同生产区段拓展国际(或国内)价值链分工联系,其对企业基于既存国内(或国际)价值链分工网络所实现利润的影响取决于 $\sigma-1$ 和 θ_k/β_k 的关系。具体而言,如果 $(\sigma-1) > \theta_k/\beta_k$,这意味着如果企业拓展某一相同生产区段国际(或国内)价值链分工联系,这会促进企业基于既存国内(或国际)价值链分工网络从事生产所实现的利润。在这一判断标准下,国际和国内价值链分工彼此之间表现为合作或者说互补关系。更进一步,如果给定 σ,则中间生产区段技术水平差异度 θ_k 越小,复合品 k 份额 β_k 越大,拓展国际(或国内)价值链分工联系对企业基于既存国内(或国际)价值链分工网络从事生产所实现的利润的增进作用也越大,即国际和国内价值链分工拓展依然是互补的。反之,如果 $(\sigma-1) < \theta_k/\beta_k$,这则表示企业拓展国际(或国内)价值链分工联系会削弱企业基于既存国内(或国际)价值链分工网络从事生产所实现的利润,即国际和国内价值链分工拓展

---

① 为便于直观比较,式(3-13)—(3-15)推导结果最终给出的都是利润差值函数经一次或两次泰勒级数展开后的一阶项。

彼此间存在着替代关系。

情形三：将情形二中企业拓展国际（或国内）价值链分工联系的中间品生产区段假定为不同区段情况。推导关系如下：

$$(\pi_i[\varphi_i]|_{\Omega_{ik1\cup(r^*)},\Omega_{ik2\cup(r^d)}} - \pi_i[\varphi_i]|_{\Omega_{ik1},\Omega_{ik2\cup(r^d)}}) - (\pi_i[\varphi_i]|_{\Omega_{ik1},\Omega_{ik2\cup(r^d)}} - \pi_i[\varphi_i]|_{\Omega_{ik1},\Omega_{ik2}})$$
$$\approx \frac{\beta_{k1}(\sigma-1)}{\theta_{k1}} \frac{\beta_{k2}(\sigma-1)}{\theta_{k2}} \pi_i[\tilde{\varphi}_i] \frac{\varphi_{ik1r}^d}{\varphi_{ik0} + \sum_{r=1}^{M+M^*}\varphi_{ik1r}} \frac{\varphi_{ik2r^*}}{\varphi_{ik0} + \sum_{r=1}^{M+M^*}\varphi_{ik2r}} \quad (3-15)$$

式(3-15)始终大于零，这意味着企业如果是拓展价值链分工不同区段生产联系，则无论其是通过拓展国内价值链分工联系还是国际价值链分工联系实现，这均有助于增强企业基于既存国内（或国际）价值链分工网络从事生产所实现的利润，即国际和国内价值链分工之间表现为互补关系。

3.3 价值链分工拓展影响产业发展的理论模型

前面3.2节侧重从微观企业价值链分工模式下中间品的国际和国内采购角度出发，揭示了价值链分工解构及其国内和国际价值链分工竞合的本质和特点。在此基础上，下面理论探讨仍将从微观企业角度出发，剖析不同国家在价值链分工下差异化分工角色的动态演变及其对产业部门发展的作用规律。

3.3.1 基本设定

在全球价值链分工模式下，任何最终产品的生产均需要经过一系列中间区段（中间任务），每一个区段都对应不同数量国内或者国际中间品供应商。给定任意国家 $i(n)$ 最终消费品集合 Ω_i，其消费者面临如下效用函数：

$$U_i = \int_{\omega \in \Omega_i} \alpha_i(\omega) \log y_i(\omega) d\omega \quad (3-16)$$

其中，$y_i(\omega)$ 代表 i 国最终品 ω 的消费数量；$\alpha_i(\omega)$ 是某一类最终品的消费比例或消费偏好，其满足条件 $\int_{\omega \in \Omega_i} \alpha_i(\omega) d\omega = 1$。最终品 ω 的支出均衡为：$p_i^Y(\omega) y_i(\omega) = \alpha_i(\omega) L_i \omega_i$，其中，$L_i \omega_i$ 表示国家 i 劳动力总收入，p_i^Y 表示最终品价格。

从完整价值链中的任务分解角度出发，下面首先描述企业或国家在其中的相对分工角色和位置。对任何制成品 ω，其都需要经历一系列中间环节或任务，用区间 $[0,1]$ 表示，这些中间环节或任务由不同国家的不同企业 f 遵照一定的顺序参与生产。对它们进行排序，用 $i(n,\omega)$ 表示最终产品 ω 价值链中位居 n 位置的国家 i，例如，$i(1,\omega)$ 表示产品 ω 价值链中位居最下游位置的国家，$i(N,\omega)$ 表示位居价值链中最上游位置 N 的国家。进一步，用 $F_n(\omega)$ 表示第 n 个国家中参与价值链分工差异化生产区段的所有企业，每个企业只从事有限区段生产活动，因此再设定任一企业在内部完成的工序数为 $s_{nf}(\omega)$。显然，参与制成品 ω 价值链分工的所有国家 $i(n)$、隶属不同国家所有企业完成的生产区段合计应该等于1，即：

$$\sum_n \int_0^{F_n(\omega)} s_{nf}(\omega)\,df = 1 \tag{3-17}$$

定义 $S_n(\omega) = \int_0^{F_n(\omega)} s_{nf}(\omega)\,df$，其表示在第 n 国完成的所有生产区段。进而，公式 (3-17) 形式可以简化为：$\sum_n S_n(\omega) = 1$。

接下来从成本和收益的权衡角度出发，关注影响企业全球价值链分工拓展的两类重要成本因素，即协调成本和交易成本。由于企业必须在不同的任务间协调人员及分工，还有可能从事自身不具备竞争力的生产工序，这导致其所生产中间品的单位成本会随着生产规模的扩大而增加。研究将这些成本定义为在企业内部发生的协调成本。参考 Chaney 和 Ossa（2013）的类似研究，假定除进口中间品以外，劳动力是国家 n 参与价值链分工的唯一生产投入。为了分析方便，设定国家 n 一个代表性企业 df 需要一个标准单位进口中间品和 $c_n(s,\omega)df$ 单位劳动力，劳动力投入是企业生产边界 s 的凸函数：

$$c_n(s,\omega) = a_n(\omega) \frac{s^{\theta_n(\omega)+1}}{\theta_n(\omega)+1} \tag{3-18}$$

其中，$a_n(\omega)$ 可以视为围绕产品 ω 相关区段生产所投入的劳动力的质量参数，$\theta_n(\omega)$ 是影响企业内部所从事的生产工序范围 s 的协调成本因子。式(3-18)总体表明，企业所需标准劳动力投入一方面随着劳动力质量要求的提升而增加，另一方面会随着企业生产边界 s 的增大而增加。进一步给定劳动力成本 w_n，式(3-18)表明，任何参与价值链分工国家或者企业价值增值的最终来源都是由差异化劳动力创造的，任何生产区段代表性企业 df 的价值增值为 $w_n c_n(s,\omega)df$（该部分也可视为生产成本）。式(3-18)还表明，企业沿着价值链分工拓展新生产区段可能会对其核心能力造成冲击，特别是随着 s 的增大，这会加剧企业内部专业劳动力转移带来的效率损失。而当企业需要管理并协调更大范围的生产任务时，其面临的 $\theta_n(\omega)$ 也可能变大，这同样会对生产造成不利影响。

不同于主要存在于企业内部的协调成本，建立在价值链分工下企业和企业间的生产联系会产生交易成本。受到 Costinot 等（2013）所提出的生产次品率概念启发，考虑用 $q_{n,f}(\omega)$ 表示 n 国某企业 f 生产最终产品 ω 所需要的中间品数量，企业 f

对应的上游企业用 $f+\mathrm{d}f$ 表示,上游企业在给下游企业提供中间品时,必须考虑产品损耗 $\gamma_n \mathrm{d}f$。上、下游企业间的生产关系可以表述为:

$$q_{n,f+\mathrm{d}f}(\omega) = q_{n,f}(\omega)(1+\gamma_n \mathrm{d}f) \quad (3-19)$$

式(3-19)表明,价值链分工下企业 f 生产中间品的数量取决于交易成本 γ_n 和企业在分工链条中的位置。显然,在一国内部分工链条中,企业所处位置越偏上游,其所生产的中间品数量也越多。在考虑国内所有企业序贯生产联系后,上述产能关系会呈现指数形式:

$$q_{n,f}(\omega) = \mathrm{e}^{\gamma_n f} q_{n,0}(\omega) \quad (3-20)$$

从国内价值链分工联系的讨论推进到跨越边境的国际价值链分工,和一般贸易情境下基于冰山贸易成本理论的讨论类似,分析认为在价值链分工中生产位置相邻的两个国家之间进行的中间品贸易满足以下关系:

$$q_{j,0}(\omega) = \tau q_{n,F_n}(\omega) \quad (3-21)$$

其中,$\tau(\tau>1)$ 表示冰山运输成本;对位居最终品 ω 完整价值链上游国家而言,其所从事生产区段中最下游企业的中间品数量为 $q_{j,0}(\omega)$;而对位居下游的国家,其所从事生产区段中最上游企业的中间品数量为 $q_{l,F}(\omega)$。

假定市场结构是完全竞争的,生产具有规模报酬不变特性。在此约束条件下,价值链分工链条中任何环节中间产品生产的价格都等于其边际成本,后者不仅包括下游企业引致的所有上游企业各区段所生产的中间品交易成本,还包括其自身区段生产的劳动力投入成本。参考 Costinot 等(2013)的研究,设定国家内部中间品价格满足如下微分方程:

$$P_{nf}(\omega) = w_n c_n(s_{n_f})\mathrm{d}f + (1+\gamma_n \mathrm{d}f)p_{n_f} + \mathrm{d}f(\omega) \quad (3-22)$$

其中,$c_n(s_{n_f})$ 决定国家 n 在价值链分工区段 f 从事中间品 s_{n_f} 生产而产生的劳动力成本。

进一步考虑跨境分工联系下的生产成本关系:

$$p_{j,F(\omega)} = \tau p_{n,0}(\omega) \quad (3-23)$$

类似 3.2 节中的讨论,对于价值链分工中的任何下游企业,其采购决策的关键依据是上游生产区段内相关企业的生产率水平是否最低,进而由此决定中间品采购成本是否最低。根据 Eaton 和 Kortum(2002)的研究,假设劳动生产效率是一个从各个中间品供给集合和国家集合中进行选择的独立随机过程。对国家 n 而言,其人工成本参数 $a_n(\omega)$ 可以从 Weibull 极值分布中推导出来,即 a_n 的累积分布函数为:$\mathrm{Proba}(a_n < a) = 1-\mathrm{e}^{-T_n a^\xi}$。其中,位置参数 T_n 代表国家 n 的平均生产率水平,形状参数 ξ 反映了生产率水平的分散程度。

在国家间劳动力不存在差异且劳动力不存在跨境流动的情况下,任何国家的劳动力供给都是无弹性的。劳动力需求仅来源于每个生产工序下的中间品生产过程,其市场出清条件为:

$$\int_\omega \int_f q_n f(\omega) C_{nf}(s_{nf},\omega) = L_n \quad (3-24)$$

3.3.2 国家内部的局部均衡

在前面小节相关设定基础上,本节主要通过国家内部价值链分工均衡分析来确定其最优生产区段和价值链分工位置,并由此探讨一国在价值链分工下的效率和价值增值表现。

为了讨论的方便,设共有 N 个国家参与产品 ω 的价值链分工,各个国家的价值链分工位置以 $n(k)$ 表示,$n(1)$ 为最下游国家,$n(N)$ 为最上游国家。完整价值链分工的最优化目标是在已知约束条件 $P_n = \left[\int_0^{F_n} e^{\gamma_{n(k)}f} c_{n(k)}(s_{nf}) \mathrm{d}f + e^{\gamma_{n(k)}F_n}\tau P_{n+1}\right]$,$S_n = \int_0^{F_n} s_{nf} \mathrm{d}f$,$\sum_{n=1}^N S_n = 1$ 的前提下,实现最终产品价格 P_1 的最小化。其中,P_{n+1} 代表相对完整价值链中国家 $n(k)$ 所面对的上游国家进口中间品价格。显然,如果价值链分工的所有区段均在一国封闭条件下完成,即自给自足,则模型的最优解为:$S_n = 1$,$P_{n+1} = 0$。这里具体讨论中,遵循先聚焦国家内部价值链分工及其所体现的局部均衡的分析,再推广到全球一般均衡分析。这一问题可以表述为在给定要完成区段任务 $\int_0^{F_n} s_{nf} \mathrm{d}f = S_n$ 和上游进口中间品价格的前提下,使得国家 n 最后区段生产的中间品价格 $\widetilde{P}_n$ 最小:

$$\widetilde{P}_n(S_n, P_{nM}) = \min_{s_{nf},F_n} \left[\int_{f=0}^{F_n} e^{\gamma_n f} w_n c_n(s_{nf}) \mathrm{d}f + e^{\gamma_n F_n} P_{nM}\right] \quad (3-25)$$

通过对目标函数(3-25)在前面约束条件下构建拉格朗日乘数函数,并分别对 s_{nf} 和 F_n 求一阶条件,可得两个恒等关系:

$$e^{\gamma_n f} w_n c'_n(s_{nf}) = \lambda_n \quad (3-26)$$

$$e^{\gamma_n F_n} w_n c_n(s_{nF_n}) + e^{\gamma_n F_n} P_{nM} \gamma_n = s_{nF_n} \lambda_n \quad (3-27)$$

式(3-26)、(3-27)表明,价值链分工下国内企业的生产边界 s_{nf} 和序贯分工企业数 F_n 取决于相应生产区段的影子成本 λ_n,或者说最优中间品价格。式(3-26)也为理解企业异质性与价值链分工相对位置的关系提供了一个视角。它表明在企业向价值链分工上游环节攀升(f 值增大)的过程中,其对中间品的需求量 $e^{\gamma_n f}$ 也会随之增长,进而导致劳动力成本上升。为了维持均衡状态,这必然要求企业的边际成本 $c'_n(s_{nf})$ 降低。因为 $c'_n(s_{nf})$ 是凸函数,这同时也说明价值链分工下的上游企业数越多,企业的生产边界 S_{nf} 越小,其可能创造的产品附加值空间越低。

将式(3-26)、(3-27)针对 λ_n 构建联立方程,并带入约束条件 $\int_0^{F_n} s_f \mathrm{d}f = S_n$ 推导和化简,可以依次得到参与国内价值链分工上游和下游企业最优生产边界 S_{nF_n} 和 S_{n0},进而得出影子成本 λ_n 的解析解[①]:

$$S_{nF_n} = \left[\frac{(\theta_n+1)\gamma_n}{\theta_n}\frac{P_n^M}{a_n w_n}\right]^{\frac{1}{\theta_n+1}} \quad (3-28)$$

$$S_{n0} = \frac{\gamma_n S_n}{\theta_n} + S_{nF_n} \quad (3-29)$$

$$\lambda_n = w_n a_n \left[\frac{\gamma_n S_n}{\theta_n} + \left(\frac{(\theta_n+1)\gamma_n}{\theta_n}\frac{P_n^M}{a_n w_n}\right)^{\frac{1}{\theta_n+1}}\right]^{\theta_n} \quad (3-30)$$

结合式(3-28)和(3-29),分别针对成本参数 γ_n 和 θ_n 求偏导关系,可得:

$$\frac{\partial S_{nF_n}}{\partial \gamma_n} = \frac{(\Lambda)^{\frac{1}{1+\theta_n}}}{\gamma_n(1+\theta_n)} > 0$$

$$\frac{\partial S_{n0}}{\partial \gamma_n} = \frac{S_n}{\theta_n} + \frac{(\Lambda)^{\frac{1}{1+\theta_n}}}{\gamma_n(1+\theta_n)} > 0$$

$$\frac{\partial S_n F_n}{\partial \theta_n} = -\frac{(1+\log[\Lambda]\theta_n)(\Lambda)^{\frac{1}{1+\theta_n}}}{\theta_n(1+\theta_n)^2}$$

$$\frac{\partial S_{n0}}{\partial \theta_n} = -\frac{S_n \gamma_n (1+\theta_n)^2 + (1+\log[\Lambda])^{\frac{1}{\theta_n}}}{\theta_n^2 (1+\theta_n)^2}$$

其中,通配符 $\Lambda = \frac{P_{nM}\gamma_n(1+\theta_n)}{a_n \theta_n w_n}$。综合式(3-28)、(3-29)以及四个偏导关系,它们实际上揭示了一国国内价值链分工拓展的几个方面特点:其一,$\frac{\gamma_n S_n}{\theta_n}$ 反映了国家 n 中最下游和最上游企业的生产边界差异,其构成影响国家价值链分工"厚度"和企业异质性的来源之一。随着 S_n 的增大,国家 n 能够承担的价值链分工区段将更多,其分工联系的复杂性也越强。其二,交易成本 γ_n 越高,上、下游企业生产边界的异质性也越大。其三,内部协调成本 θ_n 越大,上、下游企业内部生产边界拓展的可能性越低。其四,这里由式(3-28)和(3-29)还可知,无论是国内价值链分工最上游还是最下游企业,它们生产边界的变化都是按照比例关系 $\frac{P_{nM}}{a_n w_n}$ 进行的。这背后的逻辑在于当进口中间品价格相对较高时,国家 n 中参与价值链分工企业选择外包的成本会提高,因而其会考虑在企业内部从事更多工序活动,由此拓展生产的可能性边

[①] 详细推导过程在文中没有列示,这里仅给出关键推导关系并说明推导基本思路。

界,并最终使得价值增值更多在企业乃至国家内部被创造出来($\partial S_{n0}/\partial P_{nM}>0$);反之,如果国内劳动力成本相对提高,则本土企业会选择缩减生产区段并转由国际价值链分工下的企业进行($\partial S_{n0}/\partial w_n<0$)。

在全球价值链分工下,参与不同区段中间品生产且具有序贯性质的企业数量(或者说生产分割长度)也是衡量价值链分工特点的重要指标。上面分析已经表明,每个企业承担的生产边界具有内生性,因此价值链分工下的生产分割长度也由企业内生决定,而不是简单地表现为与国家 n 涉及的总工序 S_n 成比例变化。在已知进口中间品价格 P_n^M 和企业生产总工序 S_n 的情况下,根据公式(3-28)和(3-29),可以进一步得到序贯分工企业数:

$$F_n = \frac{\theta_n}{\gamma_n}\log\left[1+\frac{S_n}{\theta_n+1}\left(\frac{A_n w_n}{P_{nM}}\right)^{\frac{1}{\theta_n+1}}\right] \quad (3-31)$$

$$\frac{\partial F_n}{\partial \theta_n} = -\frac{\log\theta_n(1+2\theta_n+\theta_n^2+S_n(\Delta)^{\frac{1}{1+\theta_n}})}{\gamma_n^2(1+\theta_n)^2} \quad (3-31a)$$

$$\frac{\partial F_n}{\partial \theta_n} = \frac{1}{\gamma_n(1+\theta_n)^3}\left(\log\left(1+\theta_n^3+S_n(\Delta)^{\frac{1}{1+\theta_n}}+\theta_n^2\left(3+\log\left[\gamma_n\left(1+\frac{1}{\theta_n}\right)\right]S_n(\Delta)^{\frac{1}{1+\theta_n}}\right)+\right.$$
$$\left.\theta_n\left(3+\left(\log\left[\gamma_n\left(1+\frac{1}{\theta_n}\right)\right]-\log[\Delta_1]^{\frac{1}{1+\theta_n}}\right)S_n(\Delta)^{\frac{1}{1+\theta_n}}\right)\right)\right) \quad (3-31b)$$

$$\frac{\partial F_n}{\partial P_{nM}} = \frac{-\log S_n \theta_n(\Delta)^{\frac{1}{1+\theta_n}}}{P_{nM}\gamma_n(1+\theta_n)^2}<0 \quad (3-31c)$$

$$\frac{\partial F_n}{\partial w_n} = \frac{\log S_n \theta_n(\Delta)^{\frac{1}{1+\theta_n}}}{\gamma_n(1+\theta_n)^2 \omega_n}>0 \quad (3-31d)$$

$$\frac{\partial F_n}{\partial S_n} = \frac{\log(\Delta)^{\frac{1}{1+\theta_n}}\theta_n}{\gamma_n(1+\theta_n)}>0 \quad (3-31e)$$

其中,通配符 $\Delta = \dfrac{\alpha_n\left(\gamma_n\left(1+\dfrac{1}{\theta_n}\right)\right)^{\theta_n}\omega_n}{P_{nM}}$。基于式(3-31)得到的一组偏导关系表明,参与国内价值链分工企业间交易成本的降低会驱使分工细化和序贯分工企业数的增加,这一关系是比较确定的,但企业内部协调成本降低的影响却存在很大的不确定性。结果还表明,序贯分工企业数与进口中间品价格呈现负相关关系。因为进口中间品价格攀升会增加跨境交易成本,进而降低国家内部企业选择分工细化的程度,其也意味着国家内部生产分割阶段数的降低。国内工资水平的上升、总生产工序数的增加,也都会驱使序贯分工企业数的增加。

仍然由式(3-31)出发,在视国家内部序贯分工企业数 F_n 或者说生产分割长度给定的前提下,还可以探讨国内价值链分工相关特点对效率水平的影响。

$$\frac{\partial A_n}{\partial F_n} = \frac{P_{nM}\gamma_n(1+\theta_n)^2}{\log S_n \theta_n \omega_n}(\chi)^{\theta_n} > 0 \qquad (3-31f)$$

$$\frac{\partial A_n}{\partial P_{nM}} = \frac{1}{\omega_n}(\chi)^{1+\theta_n} > 0 \qquad (3-31g)$$

其中，通配符 $\chi = \frac{(1+\theta_n)(F_n\gamma_n - \log\theta_n)}{\log S_n \theta_n} > 0$。结果可见，国内生产分割水平的提升有助于增强企业效率水平；但国际价值链分工下中间品价格上涨，这反而不利于企业效率水平的提升。

3.3.3 跨境价值链分工与价值分配

前面3.3.2节主要在一国范围内讨论了国内价值链分工拓展下的任务分配、生产分割特点及其价值增值来源和分解特点。在此基础上，本小节进一步探讨跨境价值链分工拓展、生产区段分布和价值增值表现。特别是从价值增值分配产生的影响角度出发，探讨国内和国际价值链分工拓展所表现出的竞争与合作关系特点。

沿用上面分析框架和论证思路，综合关系式(3-28)～(3-31)并将其代入式(3-25)化简处理，可得国家 n 所生产的最低中间品价格的解析解：

$$P_n = \widetilde{P}_n(S_n, P_{nM}) = \left[\frac{S_n}{\theta_n+1}(A_n\omega_n)^{\frac{1}{\theta_n+1}} + (P_{nM})^{\frac{1}{\theta_n+1}}\right]^{\theta_n+1} \qquad (3-32)$$

进一步在约束条件 $P_n = \widetilde{P}_n(S_n, \tau P_{n+1})$ 和 $\sum_{n=1}^{N} S_n = 1$ 下，不难知道经历完整价值链分工后的价格最优化问题即是如何最小化最终产品的价格 P_1。

通过式(3-32)迭代，可以得到如下反映价值链分工某些区段 x 在相邻国家间配置变化情况的函数关系式：

$$m(x) = \frac{(S_n - x)}{\theta_n + 1}(A_n\omega_n)^{\frac{1}{\theta_n+1}} + \left[\frac{(S_{n+1}+x)}{\theta_{n+1}+1}(A_{n+1}\omega_{n+1}+1)^{\frac{1}{\theta_{n+1}+1}}\right.$$
$$\left. + (\tau P_{n+2})^{\frac{1}{\theta_{n+1}+1}}\right]^{\frac{\theta_{n+1}+1}{\theta_{n+1}+1}} \qquad (3-33)$$

通过推导式(3-33)一阶条件 $m'(0) = 0$，可得相邻国家间考虑生产成本和运费等的中间品价格关系；再通过相邻三国一阶条件，可以确定位于中间位置国家 n 的所有生产工序①：

$$\tau P_{n+1} = (A_n\omega_n)^{\frac{\theta_{n+1}+1}{\theta_{n+1}-\theta_n}}(\tau A_{n+1}\omega_{n+1})^{\frac{-(\theta_n+1)}{\theta_{n+1}-\theta_n}} \qquad (3-34)$$

$$\frac{S_n}{\theta_n+1} = \left(\frac{A_{n-1}\omega_{n-1}}{\tau A_n\omega_n}\right)^{\frac{1}{\theta_n-\theta_{n-1}}} - \left(\frac{A_n\omega_n}{\tau A_{n+1}\omega_{n+1}}\right)^{\frac{1}{\theta_{n+1}-\theta_n}} \qquad (3-35)$$

---

① 此处详细推导过程同样没有列示。

通过对关系式(3-32)~(3-35)进行迭代处理,可以进一步得到国家 n 参与所有生产工序所投入的劳动力创造的价值增值占其最终生产、供下游国家 $n-1$ 使用的中间品价格的比例关系:

$$\frac{I_n\omega_n}{P_n} = 1 - \left(\frac{A_n\omega_n}{\tau A_{n+1}\omega_{n+1}}\right)^{\frac{1}{\theta_{n+1}-\theta_n}} \left(\frac{\tau A_n\omega_n}{A_{n-1}\omega_{n-1}}\right)^{\frac{1}{\theta_n-\theta_{n-1}}} \quad (3-36)$$

式(3-36)更好地反映了国家 n 参与价值链分工过程中价值增值和与其存在上、下游生产分工联系的国家间的关系。通过迭代处理,最终还可以得到国家 n 参与价值链分工所创造的价值增值占最终品总价值的比例情况:

$$\frac{I_n\omega_n}{P_1} = \left(\frac{P_1}{A_1\omega_1}\right)^{\frac{1}{\theta_1+1}} \left[\left(\frac{A_{n-1}\omega_{n-1}}{\tau A_n\omega_n}\right)^{\frac{1}{\theta_n-\theta_{n-1}}} - \left(\frac{A_n\omega_n}{\tau A_{n+1}\omega_{n+1}}\right)^{\frac{1}{\theta_{n+1}-\theta_n}}\right] \quad (3-37)$$

基于推导公式(3-37),下面通过一系列偏导关系的比较,主要揭示国内和国际价值链分工竞合影响。首先假定国家层面生产率水平 A 外生给定,如下三个一阶偏导关系是成立的。它们表明,其他条件不变,在全球价值链分工体系下,处于中间位置的国家 n 国内价值链分工下效率水平的提升对其单位产品价值增值反而存在不利影响;其他条件不变,上游国家 $n+1$ 和下游国家 $n-1$ 效率水平的提升反而有利于中间国家 n 单位产品增值能力的提升。

$$\partial\left(\frac{I_n\omega_n}{P_1}\right) = -\left(\frac{P_1}{A_1\omega_1}\right)^{\frac{1}{1+\theta_1}} A_n^{-1}(\Delta_1 + \Delta_2) < 0 \quad (3-37a)$$

$$\frac{\partial\left(\frac{I_n\omega_n}{P_1}\right)}{\partial A_{n+1}} = \left(\frac{P_1}{A_1\omega_1}\right)^{\frac{1}{1+\theta_1}} A_{n+1}^{-1}\Delta_2 > 0 \quad (3-37b)$$

$$\frac{\partial\left(\frac{I_n\omega_n}{P_1}\right)}{\partial A_{n-1}} = \left(\frac{P_1}{A_1\omega_1}\right)^{-\frac{1}{\theta_1+1}} A_n - 1\Delta_1 > 0 \quad (3-37c)$$

其中,通配符 $\Delta_1 = \dfrac{\left(\dfrac{A_{n-1}\omega_{n-1}}{\tau A_n\omega_n}\right)^{\frac{1}{\theta_n-\theta_{n-1}}}}{Q_n - Q_{n-1}} > 0$,$\Delta_2 = \dfrac{\left(\dfrac{A_n\omega_n}{\tau A_{n+1}\omega_{n+1}}\right)^{\frac{1}{\theta_{n+1}-\theta_n}}}{\theta_{n+1} - \theta_n} > 0$。

再来关注如下两个二阶偏导关系式(3-37d)和(3-37e)。它们表明,尽管中游国家自身效率水平提升会不利于其单位产品价值增值能力提升,但如果国际价值链分工上游国家效率水平同时提升,则中游国家自身效率水平的提升还是能够增进该国参与价值链分工的价值增值水平;而如果是下游国家效率水平同时存在提升,则中游国家效率提升仍然存在不利作用。

$$\frac{\partial^2\left(\frac{I_n\omega_n}{P_1}\right)}{\partial A_n\partial A_{n+1}} = \left(\frac{P_1}{A_1\omega_1}\right)^{\frac{1}{1+\theta_1}} (A_nA_{n+1})^{-1} \frac{\Delta_2}{(\theta_{n+1}-\theta_n)} > 0 \quad (3-37d)$$

$$\frac{\partial^2\left(\frac{I_n\omega_n}{P_1}\right)}{\partial A_n \partial A_{n-1}} = \left(\frac{P_1}{A_1\omega_1}\right)^{-\frac{1}{1+\theta_1}} (A_n A_{n-1})^{-1} \frac{\Delta_1}{(\theta_n - \theta_{n-1})} > 0 \quad (3-37\text{e})$$

放松国家层面效率水平为外生的约束条件,下面重点考察国内价值链和国际价值链分工下单一因素(例如交易成本等)的变动对位居中游的国家 n 价值增值能力的影响。式(3-37f)主要考虑交易成本变化的作用。链式法则推导结果表明,在不考虑国际价值链分工竞合作用的情况下,或者给定国际价值链分工下国家交易成本不变的情况下,价值链分工中间位置国家自身交易成本的降低有助于增强其单位产品价值增值能力。二阶偏导关系式(3-37g)和(3-37h)进一步表明,如果国际价值链分工上游国家交易成本同时降低,则国内价值链分工下交易成本的降低反而不利于国内企业增值能力的提升;如果是国际价值链分工下游国家交易成本同时降低,则国内价值链分工下交易成本的降低仍然表现为促进作用。

$$\frac{\partial\left(\frac{I_n\omega_n}{P_1}\right)}{\partial \gamma_n} = \frac{\partial\left(\frac{I_n\omega_n}{P_1}\right)}{\partial A_n} \frac{\partial A_n}{\partial \gamma_n}$$

$$= -\left(\frac{P_1}{A_1\omega_1}\right)^{-\frac{1}{1+\theta_1}} A_n^{-1} (\Delta_1 + \Delta_2) \alpha_n (1+\theta_n) \left(\frac{\gamma_n(1+\theta_n)}{\theta_n}\right)^{-1+\theta_n} < 0 \quad (3-37\text{f})$$

$$\frac{\partial^2\left(\frac{I_n\omega_n}{P_1}\right)}{\partial \gamma_{n+1} \partial \gamma_n} = \frac{\theta_n \theta_{n+1} \left(\frac{P_1}{A_1\omega_1}\right)^{-\frac{1}{1+\theta_1}} \psi_1}{\gamma_n \gamma_{n+1} (\theta_n - \theta_{n+1})^2} > 0 \quad (3-37\text{g})$$

$$\frac{\partial^2\left(\frac{I_n\omega_n}{P_1}\right)}{\partial \gamma_{n-1} \partial \gamma_n} = -\frac{\theta_{n-1} \theta_n \left(\frac{P_1}{A_1\omega_1}\right)^{-\frac{1}{1+\theta_1}} \psi_2}{\gamma_{n-1} \gamma_n (\theta_{n-1} - \theta_n)^2} < 0 \quad (3-37\text{h})$$

其中,通配符 $\psi_1 = \left[\frac{\alpha_n\left(\gamma_n\left(1+\frac{1}{\theta_n}\right)\right)^{\theta_n}\left(\gamma_{n+1}\left(1+\frac{1}{\theta_{n+1}}\right)\right)^{-\theta_{n+1}}\omega_n}{\tau\alpha_{n+1}\omega_{n+1}}\right]^{\frac{1}{\theta_n - \theta_{n+1}}} > 0, \psi_2 =$

$\left[\frac{\alpha_{n-1}\left(\gamma_{n-1}\left(1+\frac{1}{\theta_{n-1}}\right)\right)^{\theta_{n-1}}\left(\gamma_n\left(1+\frac{1}{\theta_n}\right)\right)^{-\theta_n}\omega_n}{\tau\alpha_n\omega_n}\right]^{\frac{1}{\theta_{n-1}-\theta_n}} > 0$。

类似上面分析思路,研究还进一步关注了国内和国际价值链分工下工资水平、劳动力质量提升和协调成本三个因素的变动对位居中游国家 n 价值增值能力的影响。分析发现,国际价值链分工上游国家和国内价值链分工下工资水平的"双升"不会导致国内价值链分工下单位产品价值增值能力的降低,反而存在促进作用(式(3-37i));但国际价值链分工下游国家和国内价值链分工下工资水平的"双升"则存在削弱影响(式(3-37j))。劳动力质量提升的作用规律和工资提升结论类似(式

(3-37k)),但协调成本变动的影响却无法得出明确结论(式(3-37l))。

$$\frac{\partial^2\left(\frac{I_n\omega_n}{P_n}\right)}{\partial\omega_{n+1}\partial\omega_n} = \frac{\left(\frac{P_1}{A_1\omega_1}\right)^{-\frac{1}{1+\theta_1}}\psi_1}{(\theta_n-\theta_{n+1})^2\omega_n\omega_{n+1}} > 0 \qquad (3-37\text{i})$$

$$\frac{\partial^2\left(\frac{I_n\omega_n}{P_n}\right)}{\partial\omega_{n-1}\partial\omega_n} = -\frac{\left(\frac{P_1}{A_1\omega_1}\right)^{-\frac{1}{1+\theta_1}}\psi_2}{(\theta_{n-1}-\theta_n)^2\omega_{n-1}\omega_n} < 0 \qquad (3-37\text{j})$$

$$\frac{\partial^2\left(\frac{I_n\omega_n}{P_n}\right)}{\partial\alpha_{n+1}\partial\alpha_n} = \frac{\left(\frac{P_1}{A_1\omega_1}\right)^{-\frac{1}{1+\theta_1}}\psi_1}{\alpha_n\alpha_{n+1}(\theta_n-\theta_{n+1})^2} > 0 \qquad (3-37\text{k})$$

$$\frac{\partial^2\left(\frac{I_n\omega_n}{P_n}\right)}{\partial\alpha_{n-1}\partial\alpha_n} = -\frac{\left(\frac{P_1}{A_1\omega_1}\right)^{-\frac{1}{1+\theta_1}}\psi_1}{\alpha_{n-1}\alpha_n(\theta_{n-1}-\theta_n)^2} < 0 \qquad (3-37\text{l})$$

考虑的第二类情形是国际价值链分工下上游或下游国家某一因素变动和国内价值链分工下另一因素变动,对国内价值链分工下单位产品相对增值贡献的影响。首先关注国际价值链分工上游国家工资水平上升和国内价值链分工交易成本降低的影响。式(3-37m)和式(3-37n)比较结果显示,如果是两者双升,其联合作用为正;然则"前升后降",双链竞合对国家 n 国内价值增值的影响为负。照此推理,在国际价值链分工下游国家工资水平上升和国内价值链分工交易成本降低的情况下,双链竞合的价值增值作用则为正。再关注该类情形下的第二种情况,即国际价值链分工区段下工资水平上升和国内价值链分工区段下劳动力质量提升所反映的双链竞合影响。式(3-37o)和式(3-37p))比较结果表明,国际价值链分工上游国家 $n+1$ 和国家 n 间协同变动下的双升作用为正,下游国家 $n-1$ 和国家 n 间协同变动下的双升作用则为负。第三种情况讨论的是国际价值链分工区段下交易成本下降和国内价值链分工区段下劳动力质量提升所反映的双链竞合影响。式(3-37q)和式(3-37r)比较结果表明,如果国际价值链分工上游国家交易成本下降,则国内价值链分工下劳动力质量提升反而不利于国内企业增值能力的提升;但下游国家交易成本降低则有助于释放国内价值链分工下劳动力质量提升对价值增值的促进作用。

$$\frac{\partial^2\left(\frac{I_n\omega_n}{P_1}\right)}{\partial\omega_{n+1}\partial\gamma_n} = \frac{\theta_n\left(\frac{P_1}{A_1\omega_1}\right)^{-\frac{1}{1+\theta_1}}\psi_1}{\gamma_n(\theta_n-\theta_{n+1})^2\omega_{n+1}} > 0 \qquad (3-37\text{m})$$

$$\frac{\partial^2\left(\frac{I_n\omega_n}{P_1}\right)}{\partial\omega_n\partial\gamma_{n-1}} = -\frac{\theta_{n-1}\left(\frac{P_1}{A_1\omega_1}\right)^{-\frac{1}{1+\theta_1}}\psi_2}{\gamma_{n-1}(\theta_{n-1}-\theta_n)^2\omega_n} < 0 \qquad (3-37\text{n})$$

$$\frac{\partial^2\left(\frac{I_n\omega_n}{P_1}\right)}{\partial \omega_{n+1}\partial \alpha_n}=\frac{\left(\frac{P_1}{A_1\omega_1}\right)^{\frac{1}{1+\theta_1}}\psi_1}{\alpha_n(\theta_n-\theta_{n+1})^2\omega_{n+1}}>0 \qquad (3-37\text{o})$$

$$\frac{\partial^2\left(\frac{I_n\omega_n}{P_1}\right)}{\partial \omega_{n-1}\partial \alpha_n}=-\frac{\left(\frac{P_1}{A_1\omega_1}\right)^{\frac{1}{1+\theta_1}}\psi_2}{\alpha_n(\theta_{n-1}-\theta_n)^2\omega_{n-1}}<0 \qquad (3-37\text{p})$$

$$\frac{\partial^2\left(\frac{I_n\omega_n}{P_1}\right)}{\partial \gamma_{n+1}\partial \alpha_n}=\frac{\theta_{n+1}\left(\frac{P_1}{A_1\omega_1}\right)^{\frac{1}{1+\theta_1}}\psi_1}{\alpha_n\gamma_{n+1}(\theta_n-\theta_{n+1})^2}>0 \qquad (3-37\text{q})$$

$$\frac{\partial^2\left(\frac{I_n\omega_n}{P_1}\right)}{\partial \alpha_n\partial \gamma_{n-1}}=-\frac{\theta_{n-1}\left(\frac{P_1}{A_1\omega_1}\right)^{\frac{1}{1+\theta_1}}\psi_2}{\alpha_n\gamma_{n-1}(\theta_{n-1}-\theta_n)^2}<0 \qquad (3-37\text{r})$$

3.4 本章小结

本章主要通过理论模型构建,从微观企业拓展全球价值链分工联系的角度出发,阐明了国内和国际价值链分工"竞合"的微观机理和特点,以及双链"竞合"影响产业发展的微观基础。国内和国际价值链分工"竞合"的微观机理分析表明,企业所需中间品之间的替代弹性越强,其拓展国际价值链分工联系的可能性越大;中间品的关系特指属性越强,企业越倾向于建立国内价值链分工联系;无论是效率提升,还是可变交易成本或者固定搜索成本降低,它们对企业拓展国内和国际价值链分工联系均同时表现为促进作用。以企业利润最大化或利润增进为判断准则,针对三种情况的讨论证实,企业拓展相同区段国际(或国内)价值链分工联系究竟对既存国内(或国际)价值链分工网络产生互补还是替代作用,这取决于中间品替代弹性和中间品生产技术差异度、中间品份额之间的关系。而对于企业拓展不同区段国际(或国内)价值链分工,国际和国内价值链分工之间的"竞合"关系相对较为明确,即主要呈现互补特征。

结合我国参与全球价值链分工的阶段性发展特点,通过放松国内和国际价值链分工循环下单一因素或者差异因素,进一步理论研究重点从增值目标层面出发,探讨了价值链分工"竞合"影响产业部门发展的基本规律。结论性观点表明:在给定国际价值链分工条件下,国内价值链分工循环下交易成本的降低有助于增强国内企业单位产品价值增值能力;放松此条件,其作用方向完全相反,这取决于究竟是国际价值链分工上游还是下游国家的交易成本下降。国际价值链分工上游国家和国内价值链分工下工资水平的"双升"不会导致国内价值链分工下单位产品价值增值能力的降低，反而存在促进作用；但国际价值链分工下游国家和国内价值链分工下工资水平的"双升"则存在削弱影响。再者，国际和国内价值链分工下差异因素变动影响分析表明，在国际价值链分工下游国家工资水平上升和国内价值链分工交易成本降低的情况下，双链竞合的价值增值作用为正；而在国际价值链分工区段工资水平上升和国内价值链分工区段劳动力质量提升的情况下，上（下）游国家所代表国际价值链分工和国内价值链分工协同变动下的双升作用为正（负）；在围绕国际价值链分工交易成本下降和国内价值链分工劳动力质量提升情况的讨论方面，上（下）游国家交易成本降低反而不利于（有助于）释放国内价值链分工下劳动力质量提升对价值增值的促进作用。

第四章 生产性服务业内涵式发展的指标构建、测度与状况描述

本章重点聚焦生产性服务业内涵式发展水平的量化考察。具体论证从界定生产性服务业内涵式发展概念入手，在综合比较并借鉴国内外相关学者对产业高质量或者内涵式发展能力所进行的测度基础上，分别从产业和企业两个层面构建了符合本书研究关注对象的系统性评价体系，进而从多样角度揭示了我国生产性服务业内涵式发展能力的基本特点和演变规律。

4.1 服务业内涵式发展研究评述

4.1.1 服务业内涵式发展的概念

在围绕经济或产业发展方式的讨论中，马克思和恩格斯曾将其概括为两种类型，即将各类生产要素禀赋投入的简单增加视为经济的外延式增长，而将要素禀赋使用效率的提升视为内涵式增长的主要特征。可以认为，上述观点构成内涵式发展概念的重要依据，其更明确地指出效率增进是内涵式发展的主要方面。随着社会发展以及学界研究的不断深入，经济或产业内涵式发展概念变得更加丰富。这可以归纳为如下方面：其一，产业内涵式发展的有效性。有效性是产业内涵式发展的本源，即任何产业发展所产出的物质产品和服务产品都必须符合社会需要，这种需要同时体现在量和质两个方面。从量的规定性看，所产出的物质产品和服务产品必须具有符合社会正常需要的使用价值总量；从质的规定性看，所产出的物质产品和服务产品必须具有符合社会所需要的使用价值。相对于量的直观性，质的层面不易进行一般化描述。这也是在理论探讨方面需要继续改进的。当然，作为具有重要借鉴意义的文献，在国际贸易领域，从单一测度方面体现产品或者产业层面发展的探讨已经有了很好进展。经典贸易理论认为，不同国家间要素禀赋差异是形成各自比较优势的根源，其中产品质量就是比较优势的一个重要方面。一国在其具有比较优势的行业上，所生产的产品质量会更高。按照新新贸易理论，企业的生产效率是决定企业进出口行为的重要因素（Melitz，2003；Bernard 等，2007），企业间生产效率异质性的一个重要来源就是生产过程中的质量差异（Fan 等，2015）。其二，产业内涵式发展的经济性。经济性是商品生产活动的本质性要求，是市场经

济社会企业生产经营活动的通行规则。经济性主要体现在生产过程中的投入—产出效率方面,即在一定的生产要素投入条件下,创造更多的产品价值和盈利;或者在创造一定的产品价值和盈利条件下,生产所占用和耗费的要素禀赋等更少。值得强调的是,尽管经济性不是产业内涵式发展的唯一要求,却是非常重要的一点。其三,产业内涵式发展的创新性。创新性是指产业内涵式发展的创新性表现。大多数产品或行业的发展都是存在生命周期的,特别是面对激烈的市场竞争和不断变化的需求,产品或行业的生命周期变得越来越短。因此,行业的创新性或产品的创新特质在决定产品或产业发展的市场竞争力方面以及在决定产品或行业发展的可持续性方面扮演着日益重要的作用。其四,产业内涵式发展的协调性。在宏观经济分析中,协调性主要指经济、社会、环境和资源等方面的有序、动态发展关系。但在产业层面,协调性更侧重指产业在转型升级过程中所表现出的有序生产联系。Gereffi(1999)认为产业升级是指企业和产业部门提升其综合生产能力的过程,这或者体现在最终行业盈利能力方面,或者体现在复杂且技术密集型的生产联系方面。产业升级也表现在更多企业或者关键领导企业开始提供更高增值服务或产品方面。而在价值链分工下,产业升级则表现为由需求方企业寻求高级服务或中间品投入驱动,或者表现为供给端企业在行业内寻求更多创新机会(Athreye 和 Hobday,2010;Wadhwa,2010)。

结合我国发展实践来看,任何产业部门的内涵式发展都体现为动态变迁过程。首先是从有没有到好不好的转变,这体现了从数量向质量转变的过程和要求。在我国处于大多数产品尤其工业品短缺的年代,"有没有"和"有多少"就是产业内涵式发展的主要方面。随着我国产品短缺的结束和市场竞争加剧,内涵式发展的重点已经由"有没有"转向"好不好",品牌和质量等影响的重要性显著提升。而对现阶段处于深化转型攻坚阶段的中国而言,宏观视角探讨产业的内涵式增长获得了更多关注。相较于外延式发展对数量增长、规模扩张或空间拓展的重视,相关学者认为内涵式发展更强调在内部因素驱动下,经由效率增进或创新实现结构优化、资源整合和质量提升(金碚,2018)。落脚于微观企业,姜波克和刘沁清(2010)认为,不同于外延式增长主要通过企业生产要素的简单消耗和生产活动所包含的"成本转移"实现,内涵式发展更侧重通过劳动者知识和技能的运用,实现以物质生产资料为载体的新价值的创造。

我们必须承认,发展阶段特点决定了在较长期内,更多研究还是聚焦工业,尤其制造业内涵式或者高质量发展问题展开探讨,针对生产性服务业内涵式发展的研究仍不多。然而随着我国整体经济发展步入工业化中后期阶段,特别是面对过度工业化和工业化质量仍不高并存的问题,已有为数不多的研究开始强调并思考服务业高质量发展的重要性。来有为和陈红娜(2017)从四个方面总结了我国服务业发展质量有所提高的主要表现:一是现代服务业和生产性服务业发展提速,这优化了我国服务业的内部结构;二是我国服务出口快速增长,服务贸易地位提升;三是我国离岸服务外包业务结构稳步优化;四是我国服务业企业积极开展商业模式创新,进行信息化改造,通过互联网实现线上和线下融合发展,基于大数据、云计算、物联网的服务应用和创新日益活跃。而在国家政策方面,围绕服务业内涵式或者高质量发展的探讨可以给研究更多启示。通过梳理我国自1992年以来的一些重要文件,可以发现它们对服务业在不同时期内涵式发展的具体要求和主要目标做出了更精确的阐述。这里将其归纳如下,详见表4.1。

综合理论探讨与政策指导,生产性服务业的内涵式发展就是要从以产品生产为导向、以价格和数量为手段、以市场份额为目标的阶段,发展到以追求高质量、可持续发展以及产业高度融合为特征的价值创造阶段。

表4.1 推动我国服务业内涵式发展的政策及其观点梳理

时期	发展质量要求和目标	重要政策文件
1992	要求:争取用十年左右或更长一些时间,逐步建立起适合我国国情的社会主义统一市场体系、城乡社会化综合服务体系和社会保障体系 目标:第三产业增长速度要高于第一、第二产业,第三产业增加值占国民生产总值的比重和就业人数占社会劳动者总人数的比重,力争达到或接近发展中国家的平均水平	《中共中央国务院关于加快发展第三产业的决定》
2007	要求:坚持以人为本、普惠公平,进一步完善覆盖城乡、功能合理的公共服务体系和机制,不断提高公共服务的供给能力和水平;坚持市场化、产业化、社会化的方向,促进服务业拓宽领域、增强功能、优化结构;坚持统筹协调、分类指导,发挥比较优势,合理规划布局,构建充满活力、特色明显、优势互补的服务业发展格局;坚持创新发展,扩大对外开放,吸收发达国家的先进经验、技术和管理方式,提高服务业国际竞争力,实现服务业又好又快发展 目标:到2010年,服务业增加值占国内生产总值的比重比2005年提高3个百分点,服务业从业人员占全社会从业人员的比重比2005年提高4个百分点,服务贸易总额达到4 000亿美元;有条件的大中城市形成以服务经济为主的产业结构,服务业增加值增长速度超过国内生产总值和第二产业增长速度。到2020年,基本实现经济结构向以服务经济为主的转变,服务业增加值占国内生产总值的比重超过50%	《国务院关于加快发展服务业的若干意见》

续表 4.1

时期	发展质量要求和目标	重要政策文件
2012	要求：将推动服务业大发展作为调整经济结构的重要突破口，以市场化、产业化、社会化、国际化为方向，加快发展生产性服务业，大力发展生活性服务业，营造有利于服务业发展的良好环境，全力推动服务业发展提速、比重提高、水平提升 目标：到 2015 年，服务业增加值占国内生产总值的比重较 2010 年提高 4 个百分点，成为三次产业中比重最高的产业。推动特大城市形成以服务经济为主的产业结构。培育一批具有核心竞争力的大企业大集团，创建一批具有国际影响力的著名品牌，建设一批主体功能突出、辐射范围广、带动作用强的服务业发展示范区。到 2015 年，服务业就业人数占全社会就业人数的比重较 2010 年提高 4 个百分点，服务业从业人员素质明显提高	《服务业发展"十二五"规划》
2014	要求：以产业转型升级需求为导向，进一步加快生产性服务业发展，引导企业进一步打破"大而全""小而全"的格局，分离和外包非核心业务，向价值链高端延伸，促进我国产业逐步由生产制造型向生产服务型转变 目标：现阶段，我国生产性服务业重点发展研发设计、第三方物流、融资租赁、信息技术服务、节能环保服务、检验检测认证、电子商务、商务咨询、服务外包、售后服务、人力资源服务和品牌建设	《国务院关于加快发展生产性服务业促进产业结构调整升级的指导意见》
2019	要求：深化服务业供给侧结构性改革，支持传统服务行业改造升级，大力培育服务业新产业、新业态、新模式，加快发展现代服务业，着力提高服务效率和服务品质，持续推进服务领域改革开放，努力构建优质高效、布局优化、竞争力强的服务产业新体系 目标：到 2025 年，服务业增加值规模不断扩大，占 GDP 比重稳步提升，吸纳就业能力持续加强。服务业标准化、规模化、品牌化、网络化和智能化水平显著提升，生产性服务业效率和专业化水平显著提高，生活性服务业满足人民消费新需求能力显著增强，现代服务业和先进制造业深度融合，公共服务领域改革不断深入。服务业发展环境进一步改善，对外开放领域和范围进一步扩大，支撑经济发展、民生改善、社会进步的功能进一步增强，功能突出、错位发展、网络健全的服务业高质量发展新格局初步形成	《关于新时代服务业高质量发展的指导意见》

4.1.2 产业内涵式发展相关特征初探

1) 全要素生产率表现

在基于系统性指标体系构建来考察生产性服务业内涵式发展水平之前，这里先通过一些能够反映行业不同方面发展特征的代表性指标展开初步分析。作为一个能够反映产业综合效率的指标，全要素生产率（Total Factor Prodcutivity，简记为 TFP）获得了更多关注，通过它来展开前期分析是合适的。基于 DEA-Malmquist 指数计算全要素生产率，分析中的要素投入分别是生产性服务业各行业历年从业人员数和固定资产累积投资额（用 2000 年为基期的固定投资价格指数进行通货膨胀处理),后者计算采用永续盘存法和 7% 折旧率计算得到;产出指标用各细分行业增加值表示(用 2000 年为基期的消费价格指数进行消胀处理)。

结合图 4.1 生产性服务业全要素生产率(TFP)水平在时间维度的演变情况来看,一方面,其在大多数年份均保持在 1 以上,这说明我国生产性服务业发展的综合生产率水平表现是比较突出的。另一方面,其演变存在两个较为明显的提升期,分别是 2003—2007 年和 2012—2017 年。第一阶段是在我国加入 WTO 以后,期间,中国全面嵌入全球价值链分工的特点明显提升。特别是在制造业领域,中国承接了发达国家大量外包生产活动。由此经由产业关联形成的间接影响,我国生产性服务业的 TFP 水平由 0.869 较快提升到 1.225,其中,尤以 TFP 解构下技术进步的显著提升为主体。第二阶段 TFP 提升持续的时间更长,但相对较为缓慢。这一阶段下,我国整体经济增长开始步入中低速,全球价值链分工整合和经济高质量发展要求得到更多重视。发展阶段特点和内源性高质量发展目标决定了生产性服务业在经济增长中的重要性进一步增强,我国经济结构的服务化特点也由此变得更加明显。期间,生产性服务业 TFP 水平从 0.9 稳步增长到 1.15;较之第一阶段,该阶段形成了技术进步和技术效率"双轮"驱动 TFP 提升的特点。

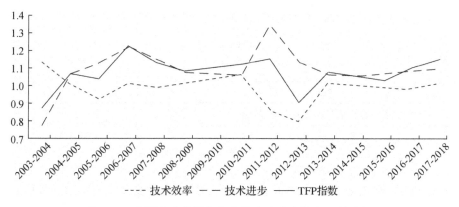

图 4.1 中国生产性服务业全要素生产率指数及其分解

数据来源:笔者根据《中国统计年鉴》整理并计算得到。

再从表 4.2 细分行业 TFP 值的比较来看,多数行业演变趋势与生产性服务业总体一致。所有年份的均值比较中,交通运输、仓储和邮政业的 TFP 均值水平最高(1.203),其次是批发和零售业(1.198)。这两个行业与国计民生,尤其制造业部门生产存在更加紧密的联系,由此决定它们的系统生产率表现相对最突出。这也表明,我国在传统生产性服务业具有生产力优势。以信息传输、软件和信息技术服务业(1.182),租赁和商务服务业(1.189)以及科学研究和技术服务业(1.174)为代表的技术密集型生产性服务业的TFP水平均居中,同传统劳动密集型生产服务业之间的TFP水平差距不断缩小。这三类生产性服务业子类与技术密集型制造业部门存在更加紧密的生产联系,在新一轮全球价值链分工格局调整和我国深化服务领域改革进程中,都是重点发展的对象。比较而言,金融业全要素生产率水平是最低的,相对增幅也比较靠后。这与我国金融服务业仍然较高的行业垄断程度有直接关系。

表4.2 我国生产性服务业细分行业全要素生产率水平比较

年份	批发和零售业	交通运输、仓储和邮政业	信息传输、软件和信息技术服务业	金融业	房地产业	租赁和商务服务业	科学研究和技术服务业
2000	0.784	0.954	1.003	0.951	0.842	0.878	0.917
2005	0.956	1.169	1.050	1.108	1.016	0.939	1.039
2010	1.041	1.094	0.977	0.937	1.048	1.010	1.008
2015	1.102	1.114	1.037	1.312	1.207	1.113	1.087
2016	1.209	1.21	1.136	1.209	1.176	1.198	1.106
2017	1.189	1.289	1.147	1.356	1.276	1.213	1.242
2000—2008均值	1.134	1.114	1.115	1.083	1.143	1.112	1.115
2009—2017均值	1.240	1.262	1.226	1.142	1.192	1.241	1.213
阶段增幅	0.093	0.133	0.100	0.054	0.043	0.116	0.088
总体均值	1.198	1.203	1.182	1.118	1.172	1.189	1.174

数据来源:笔者根据《中国统计年鉴》整理并计算得到。

2) 价值增值能力表现

如果说全要素生产率更侧重反映的是产业内涵式发展中的综合生产效率表现,则下面价值增值能力的考察主要揭示的是生产报酬表现。其中,增加值作为衡量产业价值创造能力的显性指标,较好地反映了经由生产过程创造的新增价值或固定资产的转移价值(沈利生和王恒,2006)。然而,我们也必须承认在较长期内,生产性服务业的价值增值能力通常是被掩盖的,或者在统计上主要被计入制造业。技术处理方面,这也是为何在没有更完善跨国或者跨行业投入-产出表的情况下,很难剥离生产性服务业价值增值贡献的主要原因。当然,这一技术面问题现在已经得到较好解决。并且得益于此,相关研究更好地揭示了服务业在价值创造中的重要性。例如,Lanz和Maurer(2015)就发现,自20世纪90年代以来,尽管全球贸易中服务业的比重只在20%左右,但在世界范围内的国民账户中,服务增加值占

GDP 的比重平均则高达 70%。

在国际上,目前较为流行的是采用 OECD 发布的增加值率或增加值贸易(Trade in Value Added,简称 TiVA)衡量。图 4.2、图 4.3 和图 4.4 即以该数据库为基础,描绘了中国生产性服务业在贸易领域的增加值表现。绝对增值水平方面,我国生产性服务业经由贸易形式所体现的增加值从 2005 年的 67 373.1 万美元增长到 2017 年的 244 433.06 万美元,十年左右时间增长了 2.63 倍。特别是 2010 年以来,其平均增速变得更快,达到 10% 的水平。占比构成方面,生产性服务业增加值占我国所有行业总贸易增加值的比重在近十年始终稳定在 8%~9% 区间,占全球生产性服务业增加值的比重则从 6.23% 增长到 9.74%。

再从中国和美国生产性服务业经由贸易形式实现增加值情况的比较可见,两个国家还是存在较大差距。美国的贸易增加值最高时候占到世界总水平的 48.7%,相比之下中国的占比虽有增长,但还没有超过 10%。绝对规模方面,美国在 2017 年时候已经超过 1 万亿美元,中国只有 2 444.3 亿美元,前者仍至少是中国的 4 倍。当然,从增速表现来看,中国则要明显高于美国,两者分别为 10.8% 和 5.8%;同期世界平均水平是 7.7%,这说明中国该方面表现同样快于世界上绝大多数国家。此处比较说明一个事实:在全球价值链分工格局下,以美国为代表的发达国家仍然在服务功能环节具有较强的掌控力,以中国为代表的新兴发展中国家仍主要在制造环节形成较强的竞争力(图 4.4)。这一格局的形成得益于发达国家和新兴发展中国家在全球价值链分工第一阶段奠定的分工联系。伴随两者在生产性服务业领域分工与合作关系的强化,特别是再考虑到中国已经具备的完整制造体系和强大制造能力,在国家内部以制造—服务生产关联为主要表现形式的价值链分工网络拓展的共同影响下,中国生产性服务业的增值表现仍有较大的发展空间。

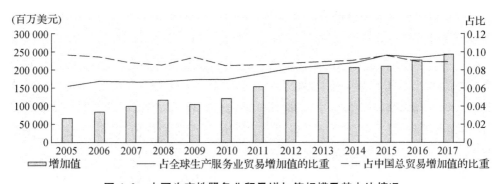

图 4.2　中国生产性服务业贸易增加值规模及其占比情况

数据来源:根据 OECD 发布的 TiVA 数据库整理并计算得到。

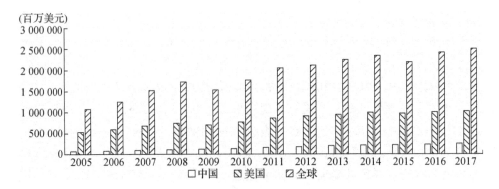

图 4.3　中、美生产性服务业贸易增加值规模比较

数据来源：根据 OECD 发布的 TiVA 数据库整理并计算得到。

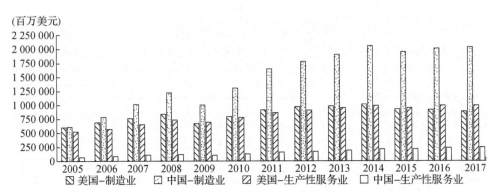

图 4.4　中、美制造业和生产性服务业领域贸易增加值的规模比较

数据来源：根据 OECD 发布的 TiVA 数据库整理并计算得到。

3) 贸易竞争力表现

较之全要素生产率和价值创造能力角度的考察，生产性服务业贸易竞争力方面的表现可以更直接地反映其内涵式发展能力中的开放型特征。本小节结合贸易竞争力指数 TC 和显示性比较优势 RCA 指数加以考察。其中，贸易竞争力指数 (TC) 是指一个国家某一行业（产品）进出口贸易差额占该行业（产品）进出口贸易总额的比重，TC 指数越接近 1，竞争力越大；TC=0，表示竞争力处于国际平均水平；TC=-1 时，表示竞争力非常弱。显示性比较优势指数 (RCA) 是一国某产品出口额占该国出口总额的比重与世界该产品出口比重的比值，其可以反映一国某服务产业在世界服务中的竞争地位。

首先从贸易竞争力指数来看（图 4.5），我国生产性服务贸易 TC 指数在 2005—2018 年间始终为负，这表明其整体仍然处于竞争劣势。随着我国生产性服务贸易出口规模的相对更快增长,其贸易竞争劣势在考察期内不断缩小,并且震荡攀升趋势明显。特别是从 2013 年开始,这一增长速度变得更快。再通过图 4.6 细分行业 RCA 指数的比较可见,我国以交通运输为典型的劳动密集型生产性服务业的显示性贸易比较优势不断下降,在 2010 年之后,该趋势更加明显。技术和知识密集型服务行业 RCA 值的整体表现偏低,但以通信、计算机和信息服务业为代表的行业则在考察期内保持了良好的增长趋势。截至 2018 年,其所对应的 RCA 值已经达到 2.1。其他商业服务业 RCA 水平从 2008 年开始同样表现出较好增长趋势,保险和养老金服务业的震荡下行特点更加明显,金融服务业的 RCA 值则始终低于 1,这表明其国际竞争力更弱。

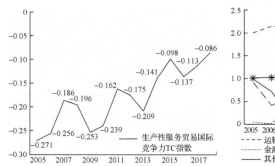

图 4.5 生产性服务业 TC 指数演变情况　　图 4.6 细分行业 RCA 指数演变情况比较

数据来源:根据 UNCTAD 贸易数据库 BPM6 标准贸易数据计算得到。

4.2 生产性服务业内涵式发展测度

4.2.1 产业内涵式发展指标体系构建

类似 4.1 节概念角度的剖析,针对产业内涵式发展体系的构建,现有文献大多也主要聚焦工业部门。从测度方法来看,相关文献不一而足。从单一指标角度出发,相比直接采用主要反映产业规模增长、结构变化或者简单效率的指标,沈坤荣(1998)、蔡昉(2013)等均认为采用全要素生产率(TFP)进行度量更加合理。这主要是因为该单一指标包含了较好的综合信息,即 TFP 可以进一步解构为技术进步、技术效率、规模效率和配置效率等。然而也有文献指出,由于忽略了要素禀赋的跨期影响,该指标会造成较大偏差。并且,TFP 衡量方式也无法反映资源配置是否存在扭曲等问题(郑玉歆,2007;林毅夫和任若恩,2007)。随着经济和产业部门深化发展,我国在 2011 年颁发了《工业转型升级规划(2011—2015)》。在确定未来五年工业转型升级主要目标方面,该规划在保留了生产率、结构等方面发展目标的基础上,同时首次提出对工业增加值率指标进行实际监测。2015年,我国又颁发了《中国制造2025》,其中再次提到中国制造业高质量发展的增加值率目标,该指标甚至被放在基于历史数据可获得和可量化性构建指标体系的首位加以强调。在学界,鉴于增加值率指标受到的关注日益增强,特别是其能够较好地从最终产出增值贡献这一角度体现产业发展的质量和水平,已有学者在研究中采用该单一测度指标(范金等,2017)。而随着研究的深入,对产业内涵式发展其他方面特征的考察也开始增多,这突出体现在企业产品质量(Manova和Zhang,2012)、产品多样性(武力超等,2016)、成本加成(诸竹君等,2017)、生产技术复杂度(戴翔和金碚,2014)和价值增值能力提升(高翔等,2018)等方面。

然而即便如此,相比单一指标,从综合指标体系角度考察产业发展质量的文献还是占据大多数。当然,由于存在产业内涵发展概念界定方面的差异,具体指标体系构建差异在所难免。甚至面对同样的内涵界定,最终指标体系的构建也会存在差异。通过梳理并比较近年来具有代表性的文献,表4.2将不同研究所构建的指标体系及其基本结论汇总如下:

表4.2 产业内涵式发展指标体系构建及其演变基本结论

作者	年份	行业部门	具体指标	结论
陈凯	2014	服务业	增长结构;增长稳定性;增长的福利变化与成果分配;增长的资源利用	上升
单元媛,朱冰清	2015	生产性服务业	经济规模、产业结构、发展潜力	上升
刘奕,夏杰长	2018	服务业	产业融合;服务创新;转型升级	上升
魏敏,李书昊	2018	工业+服务业	效率提升(劳动生产率、资本生产率、能源生产率);创新驱动(创新产出、研发强度、技术投入强度)	上升
唐晓华,张欣钰,李阳	2018	工业+服务业	产业规模;经济效益;成长潜力;社会贡献	上升
史丹,李鹏	2019	工业	产出效率;结构优化;产品需求;技术创新;出口创汇与竞争力;就业吸纳;资源环境;基础设施	上升
辛国斌	2019	制造业	供给侧结构性改革水平;制造业创新能力;先进制造模式;公平竞争市场环境	上升
高远东,张卫国,阳琴	2019	工业+服务业	效率表现(单位工时劳动生产率等);质量表现(产品质量满意度等);公平表现(区域发展差距等);可持续性表现(空气质量等)	上升
姜长云	2019	服务业	服务质量;客户价值;客户满意度	上升
王佳元,李子文,洪群联	2019	服务业	民间固定资产投资;贸易逆差规模;服务供给;监管思路和监管手段	上升
鲁朝云,刘国炳	2019	服务业	投入效率(产业规模、技术结构、组织绩效);产出质量(产品结构、开放程度、生态文明)	上升

综上,鉴于产业内涵式发展水平难以用实际数据直接观测,因此如何将这一不可观测对象转换成可观测变量和可测度参数,成为研究其特征的重要前提。此外,通过观察产业内涵式发展能力对生产和消费两个方面的影响可以发现,在消费层面,产业内涵式发展水平可以通过影响消费决策和消费行为,影响消费者的预算约束;在生产层面,产业内涵式发展水平会影响企业生产成本。这意味着产业内涵式发展水平在理论上应该同时从生产和消费两个层面体现,但本文只侧重生产角度的剖析,原因在于消费层面所反映的产业内涵式发展能力表现根本上还是取决于生产过程。再者,通过第三章的理论探讨也不难发现,从生产角度刻画产业内涵式发展水平的优点还在于可以将该方面特征内生化,进而构建其决定过程的理论基础。通过不同角度研究的比较,还有一点需要说明,这里对包括生产性服务业在内的所有服务业内涵式发展能力的测度没有考虑宏观经济和环境效应。原因有两点:其一,尽管服务业的社会经济影响很重要,但相比工业尤其制造业部门,我国该行业发展的规模和水平仍有限,这决定其影响面不可同日而语;其二,不同于工业部门,服务业发展带来的环境污染负效应相对也要低很多。

具体产业层面测度指标体系的构建方面,参考相关实证和理论研究,同时考虑到我国发展阶段特点,本研究认为包括生产性服务业在内的所有服务业内涵式发展的关键是突破三个方面:其一,结构的升级,即从劳动密集型服务行业为主向技术密集型服务行业占主体转变;其二,服务业增值能力的增强;其三,服务业效率水平的提升。再考虑到服务业的规模表现仍然是其内涵式发展的基础,最终量化分析确定从规模表现、结构特征、增值能力和效率特征四个方面构建系统评价指标体系。对每个二级指标,均选择四个可测指标加以衡量。规模表现方面,分析主要考虑以劳动力和资本为代表的要素禀赋投入、获得国际市场资金利用规模情况以及产出规模特征反映。其中,劳动力和资本投入分别用生产性服务业细分行业城镇单位就业人员数和剔除价格因素(用 2000 年为基准率的固定资产投资价格指数处理)的固定资产投资额表示;国际市场资金利用情况以外商投资项目实际使用金额表示;产出规模则以剔除价格因素(用 2000 年为基准率的消费价格指数处理)的各细分行业增加值反映。

结构特征方面,综合劳动者技能结构、行业所有制结构、行业集中度和资源配置结构四个方面体现。其中,劳动者技能结构用各细分行业研究生以上学历工人占比表示;行业所有制结构用非公有制企业数量占比表示;行业集中度用根据各行业从业人员数计算得到的赫芬达尔指数反映;资源配置结构重点关注的是劳动资源的配置效率,根据转移份额分析法(Shift-Share Analysis)计算并用其中第二项资源配置效率表示。具体而言,转移份额分析法通过对生产性服务业增长率情况加以分解,可以得到三个具有经济学含义的组成部分:(1)组内增长效应体现为不存在结构变动的情况下,各服务行业自身劳动生产率增长对整个服务业生产率增长的影响;(2)配置效应体现为劳动生产率不变的情况下,劳动向最初具有较高生产率水平的服务行业转移对整个服务业生产率增长的影响;(3)交互效应主要体现为劳动力向目前具有更高劳动生产率增长的行业转移对总生产率增长的影响,即同时表现出劳动生产率增长和行业结构改善。分解公式如下:

$$\frac{P^1-P^0}{P^0}=\frac{\sum_{i=1}^n(P_i^1-P_i^0)S_i^0}{P^0}+\frac{\sum_{i=1}^n(S_i^1-S_i^0)P_i^0}{P^0}+\frac{\sum_{i=1}^n(P_i^1-P_i^0)(S_i^1-S_i^0)}{P^0}$$

(4-1)

其中:P 表示考察服务业整体劳动生产率状况;S 表示服务细分行业从业人员占比情况;上标 1 和 0 分别表示基期和滞后一期;下标 i 代表具体服务行业;n 为行业数。

增值能力表现重点从各细分行业在全球价值链分工下的相对重要性以及生产关联影响角度考察。参考 Koopman 等(2014)的研究,结合世界投入产出表计算得到我国生产性服务业价值增值贡献、其在价值链分工下的增加值平均传递步长和价值链分工上游度;产业关联强度重点结合我国非竞争投入产出表计算得到生产性服务业同制造业部门的平均关联强度[①]。

效率特征方面,综合分析部门劳动力和资本投入下的生产率、全要素生产率、组内增长效率三个方面体现。其中,各细分行业劳均生产率和单位固定资产增值分别用剔除价格因素的服务业产值除以总从业人员和总固定资产投资表现;全要素生产率则采用随机前沿方法,以总从业人员和剔除价格因素的固定资产投资表示投入,以剔除价格因素的总产值表示产出,在残差项服从正态分布设定下估算得到;生产率组内增长效应值即是前面转移份额分解公式(4-1)中的第一部分。

针对系统性指标的权重确定,学术界常用的定量评价方法有两类:一类是基于专家经验对各指标进行打分赋权的主观评价法,如层次分析法等,但该方法的主观性较强。另一类客观评价法则是根据变量的变动特征来确定。这包括熵权法、主成分分析法和 TOPSIS(Technique for Order Preference by Similarity to an Ideal Solution)法等。为避免主观打分方法的过于随意性,研究结合无量纲化处理数据,

---

① 增值能力指标中的增加值平均传递步长和价值链分工位置测度根据国际标准行业分类划分统计。这里以我国《国民经济行业分类标准》(2003)为参照,对前者进行整合。细分行业对照关系见附表1。

主要采用了熵权法赋值。最终,各细分指标和二级测度指标的权重分布情况见表4.3第二、三列。从构成情况可见,二级指标中服务业规模和结构特质是其高质量发展倚重的两个"基石",而增值能力和效率表现仍有待提升。此外,还进行了针对测度指标的信度检验,各二级指标对应的信度值分别为0.824、0.871、0.765和0.793,目标层检验值为0.892,它们均满足信度方面要求。

表4.3 服务业高质量发展评价体系构建和熵权赋值情况

目标层	二级指标(权重)	测度指标	均值	权重	符号
行业内涵式发展水平	规模表现(0.384)	城镇单位就业人员数(万人)	491.34	0.109	+
		产值(亿元)	15 123.89	0.056	+
		固定资产投资(亿元)	9 081.39	0.115	+
		外商投资项目实际使用金额(亿美元)	190.55	0.104	+
	结构特征(0.228)	研究生以上学历工人占比(…)	0.16	0.020	+
		非公有制企业占比(…)	0.35	0.101	+
		赫芬达尔指数(…)	0.05	0.049	—
		劳动配置效率(…)	0.10	0.058	+
	增值能力(0.145)	贸易增加值(百万美元)	27 676.14	0.055	+
		增加值平均传递步长(…)	1.22	0.032	+
		上游度水平(…)	1.15	0.046	+
		产业关联强度(…)	0.35	0.012	+
	效率特征(0.243)	部门生产效率值(万元)	246 518.11	0.046	+
		全要素生产率(…)	1.02	0.021	+
		组内增长效应值(…)	0.11	0.033	+
		单位固定资产增值(十万元)	8.01	0.143	+

数据来源:《中国统计年鉴》《中国第三产业统计年鉴》和WIOD数据库,并经计算得到。

由表4.4服务业内涵式发展水平二级指标分位统计情况可见,结构特征在大多数分位下的均值都是最大的,其次是规模表现,增值能力和效率特征表现在较高分位(如75%和95%分位)才有较为明显的提升。标准差反映了各二级指标值的离散程度,这里规模表现的离散程度相对最大,结构特征表现相对更加集中。表4.5到表4.8是各二级指标测度进一步聚焦于生产性服务业细分行业层面的比较。规模表现方面,批发和零售业,交通运输、仓储和邮政业,房地产业的不同分位值均高于其他四个,这说明规模属性特征在决定这些行业内涵式发展方面的相对重要性更突出。房地产业较低的离散程度更表明,该行业内涵式发展有着很高的资金要求①。

表 4.4 服务业内涵式发展水平二级指标的分位统计

	5%分位	25%分位	50%分位	75%分位	95%分位	标准差
规模表现	0.012	0.038	0.060	0.110	0.284	0.073
结构特征	0.072	0.085	0.116	0.138	0.163	0.031
增值能力	0.016	0.027	0.040	0.092	0.141	0.039
效率特征	0.001	0.012	0.020	0.042	0.161	0.040

数据来源:《中国统计年鉴》《中国第三产业统计年鉴》和 WIOD 数据库,并经计算得到。

结构特征表现方面,技术相对密集的信息传输、软件和信息技术服务业,租赁和商务服务业在多数分位的均值表现更突出,当然这两个行业的结构特征集中度相对也是最高的,分别为 0.019 和 0.015。增值能力中,批发和零售业,交通运输、仓储和邮政业两个劳动相对密集型服务业的表现更加突出,其次是金融业、科学研究和技术服务业。结构特征表现较为突出的两个技术密集型行业,它们的增值能力表现都不高。综合效率特征方面,金融业最为突出,技术相对密集服务行业中,仅信息传输、软件和信息技术服务业的效率特征表现尚可,租赁和商务服务业,科学研究和技术服务业的相应表现都比较靠后。

表 4.5 内涵式发展水平之规模表现的分位统计情况

行业	5%分位	25%分位	50%分位	75%分位	95%分位	标准差
批发和零售业	0.150	0.156	0.162	0.174	0.190	0.013
交通运输、仓储和邮政业	0.122	0.124	0.152	0.182	0.198	0.028
信息传输、软件和信息技术服务业	0.038	0.042	0.050	0.059	0.067	0.010
金融业	0.059	0.067	0.079	0.085	0.109	0.015
房地产业	0.280	0.283	0.288	0.290	0.295	0.005
租赁和商务服务业	0.054	0.064	0.072	0.079	0.099	0.012
科学研究和技术服务业	0.022	0.026	0.030	0.034	0.038	0.005

数据来源:《中国统计年鉴》《中国第三产业统计年鉴》和 WIOD 数据库,并经计算得到。

---

① 围绕房地产行业是否可以归为生产性服务业子类,既有研究观点不一。在我国 2015 年生产性服务业细分行业最新统计中,房地产行业并不是一个独立子类,而是包含在其他服务类别中,例如建筑工程服务大类下的房地产业。本书一方面考虑该子类具有双重属性,另一方面也出于比较和保证样本的需要,最终予以保留。

表 4.6　内涵式发展水平之结构特征的分位统计情况

行业	5%分位	25%分位	50%分位	75%分位	95%分位	标准差
批发和零售业	0.099	0.100	0.111	0.123	0.132	0.013
交通运输、仓储和邮政业	0.072	0.074	0.080	0.091	0.102	0.010
信息传输、软件和信息技术服务业	0.123	0.143	0.148	0.173	0.185	0.019
金融业	0.114	0.118	0.129	0.136	0.140	0.010
房地产业	0.137	0.150	0.154	0.157	0.160	0.007
租赁和商务服务业	0.127	0.151	0.161	0.165	0.176	0.015
科学研究和技术服务业	0.122	0.127	0.131	0.140	0.146	0.008

数据来源:《中国统计年鉴》《中国第三产业统计年鉴》和 WIOD 数据库,并经计算得到。

表 4.7　内涵式发展水平之增值能力的分位统计情况

行业	5%分位	25%分位	50%分位	75%分位	95%分位	标准差
批发和零售业	0.137	0.140	0.142	0.144	0.145	0.003
交通运输、仓储和邮政业	0.099	0.102	0.109	0.117	0.118	0.007
信息传输、软件和信息技术服务业	0.037	0.039	0.049	0.063	0.065	0.012
金融业	0.090	0.091	0.104	0.114	0.115	0.011
房地产业	0.024	0.024	0.025	0.026	0.030	0.002
租赁和商务服务业	0.078	0.079	0.082	0.083	0.086	0.003
科学研究和技术服务业	0.087	0.093	0.099	0.107	0.114	0.008

数据来源:《中国统计年鉴》《中国第三产业统计年鉴》和 WIOD 数据库,并经计算得到。

表 4.8　内涵式发展水平之效率特征的分位统计情况

行业	5%分位	25%分位	50%分位	75%分位	95%分位	标准差
批发和零售业	0.037	0.042	0.046	0.050	0.054	0.005
交通运输、仓储和邮政业	0.012	0.014	0.016	0.017	0.017	0.002
信息传输、软件和信息技术服务业	0.031	0.032	0.034	0.037	0.040	0.003
金融业	0.156	0.159	0.162	0.163	0.175	0.006
房地产业	0.036	0.044	0.051	0.052	0.053	0.006
租赁和商务服务业	0.017	0.018	0.019	0.023	0.033	0.005
科学研究和技术服务业	0.015	0.018	0.020	0.023	0.024	0.003

数据来源:《中国统计年鉴》《中国第三产业统计年鉴》和 WIOD 数据库,并经计算得到。

4.2.2 企业内涵式发展指标体系构建

围绕微观企业内涵式发展测度指标体系构建,可资参考的文献主要有两类:第一类依然是宏观经济或产业层面内涵式发展指标体系构建。相关研究主要聚焦经济增长速度与效率、结构优化与产业升级、科技创新、资源配置与动力变革、生态环境与绿色发展、福利分配与社会和谐等维度展开(任保平和李禹墨,2018;李金昌,2019)。第二类更直接关注微观企业高质量发展或竞争力评价体系的构建。相关研究主要聚焦企业收入和盈利能力、生产效率和运营能力、资产规模和管理能力、创新能力和国际化发展等方面(金碚,2003;张进财和左小德,2013)。结合我国发展的实际情况来看,较大市场需求决定了规模优势依然是企业内涵式发展能力构建可资依托的基础条件,而效率增进则是企业在较长期内追求发展能力提升的一个主要目标(王一鸣,2017)。鉴于内、外部环境的重大变化正在深刻影响我国转型经济发展及其演进规律,特别是在当前以供给侧改革为标志的关键期,创新能力和组织管理能力提升所体现的"内延式"能力构建已然成为影响企业内涵式发展能力不可或缺的新要求(李巧华,2019)。综上,以既有相关文献研究为基础,特别是以微观企业层面指标体系的构建为参考,同时考虑到我国现阶段深化发展对企业能力提升的更高要求,这里首先遵循指标选取的科学性和主导性原则,将微观企业内涵式发展能力主要归结为发展规模、运营效率、创新能力和管理能力四个二级指标层。再者,遵循指标体系构建的层次性和可得性要求,本着有利于明显提升 Cronbach α 信度值为目标,进一步甄别三级指标对应的评价要素和测度指标。具体而言,对企业发展规模能力的考察,这里重点用体现企业需求规模和生产规模的相关指标加以考量;对企业运营效率的考察,重点突出要素禀赋利用的单效率或综合效率表现;对企业创新能力的考量,主要从创新投入、创新产出和生产过程创新三个维度反映;最后,对企业管理能力的考量,重点从企业整体战略管理以及运营、主业及国际化拓展等具体事务或部门角度体现。测度指标体系更详细的说明如表 4.9 所示。

三级指标不同含义决定了其测度值在绝对水平和正、负特性方面存在较大差异,为避免这些问题对估计造成的干扰,这里采用"极差化"方式对所有测度指标进行无量纲归一化处理。针对量表权重的赋值,考虑到熵权法相对专家打分法具有的客观性优势,本研究即用此方法确定各测度指标权重[①]。在完成数据标准化处

[①] 测度指标中,计算随机前沿生产效率的产出指标是总销售额,投入指标是雇员数、资产总值和包括能源消耗在内的物料投入。

理和权重确定后,一方面利用 SPSS 20.0 软件对企业内涵式发展能力指标体系进行信度检验。由 Cronbach α 系数值可见,不仅各项二级指标分别达到 0.936、0.902、0.874 和 0.835,而且目标层检验值也达到 0.917。鉴于它们都大于该方法给定的最低可接受标准值 0.7,这说明测度量表的设计能够满足信度方面的要求。另一方面,通过对评价体系中二级指标权重的比较可见,发展规模和运营效率是企业内涵式发展倚重的两个"基石",这在一定程度上佐证了前文选择依据所描述的基本判断。创新和管理能力影响也都接近或者超过 10%,但它们的影响仍需拓展。

表 4.9 企业内涵式发展评价体系及其熵权赋值情况

目标层	二级指标(权重)	三级指标	测度指标(单位)	均值	权重
企业内涵式发展水平	发展规模(0.394)	销售规模	总销售额(百万元)	124.47	0.099
		渠道规模	产品销售规模以上经销商数量(个)	4.6	0.104
		资产规模	生产相关机械和设备的资产价值(百万元)	112.70	0.119
		员工规模	签订合同关系的雇员数(人)	539.77	0.072
	运营效率(0.355)	生产效率	随机前沿效率(…)	0.302	0.010
		劳均效率	人均销售额(百万元)	5.68	0.181
		资本效率	单位资产销售额(万元)	1.966	0.146
		政府服务效率	与政府就行政监管等每月打交道天数(天)	15.282	0.018
	创新能力(0.153)	人力资本	高技术人员占比(%)	1.001	0.010
		工艺创新	是否有新的生产工艺流程改进	0.316	0.046
		管理创新	生产中是否引入新的质量控制体系	0.491	0.028
		产品创新	新产品销售额所占比重(%)	8.072	0.069
	管理能力(0.098)	战略规划能力	高级职称人员占比(%)	50.97	0.068
		主业经营能力	主营业务占总销售额的比重(%)	83.702	0.002
		运营管理能力	工程和服务型员工占比(%)	1.084	0.014
		外联管理水平	出口占总销售额的比重(%)	1.126	0.014

注:根据世界银行中国微观企业调查数据整理得到。

表 4.10 给出企业内涵式发展能力四个二级指标不同分位的构成情况,在较低的 5% 和 25% 分位上,运营效率和管理能力两个方面相对表现更突出;而在较高分位上,创新能力在决定企业内涵式发展水平中的相对重要性变得更加突出。无论在何种分位条件下,发展规模水平在内涵式发展能力中的相对表现始终偏低,这一点与产业层面的考察截然不同,但并不矛盾。因为任何产业部门的发展都是由众多从事该行业领域的微观企业构成的,这样的企业越多,则表明该产业发展的市场

需求规模越大,同时也意味着在不同行业的比较中,该产业拥有良好的市场竞争表现。但对单个企业而言,虽然相对较大企业规模意味着其在所处行业内可能居于领先位置,甚至具有一定市场垄断能力,但规模表现毕竟只是运营效率、创新能力乃至管理能力等企业更直接能力发展的结果。况且,在日益激烈的市场竞争中,企业规模表现会是一把"双刃剑"。

表 4.10 企业内涵式发展能力二级测度指标不同分位情况比较

二级指标	发展规模	运营效率	创新能力	管理能力
5%分位	0.000 1	0.003 4	0.000 4	0.001
25%分位	0.000 2	0.004 6	0.002 9	0.004 3
50%分位	0.000 5	0.006 7	0.029 2	0.006 9
75%分位	0.001 4	0.015 7	0.075 2	0.009 5
95%分位	0.008 7	0.018 5	0.106 5	0.015 7
标准差	0.011	0.006 2	0.038	0.009 1
样本量	3 948	3 948	394 8	3 948

数据来源:根据世界银行中国微观企业调查数据计算得到。

考虑行业异质性,进一步将所有企业分别归类到劳动密集型制造业、技术密集型制造业和生产性服务业三大类行业中。具体到生产性服务业,由表4.11比较结果可见,其发展规模能力影响并非上表整体考察所呈现的是最低的,甚至其该方面表现在高分位下还超过技术密集型制造业。对生产性服务业而言,其创新能力表现是四个二级指标中整体水平最高的,但是同制造业相比,仍然存在差距;而在运营效率和管理能力方面,生产性服务业的不同分位值同制造业相比,虽然大多落后,但差距不是太大。

表 4.11 企业内涵式发展能力二级测度指标不同分位的异质行业比较

二级指标	发展规模							运营效率						
分位水平	5%	25%	50%	75%	95%	标准差	样本量	5%	25%	50%	75%	95%	标准差	样本量
劳动密集型制造业	0.000	0.000	0.000	0.001	0.004	0.004	872	0.003	0.005	0.007	0.016	0.018	0.006	872
技术密集型制造业	0.000	0.000	0.001	0.002	0.010	0.009	1 967	0.004	0.005	0.007	0.016	0.019	0.006	1 967
生产性服务业	0.000	0.000	0.000	0.001	0.016	0.017	1 109	0.003	0.004	0.006	0.010	0.019	0.007	1 109

续表 4.11

二级指标	发展规模							运营效率						
分位水平	5%	25%	50%	75%	95%	标准差	样本量	5%	25%	50%	75%	95%	标准差	样本量
劳动密集型制造业	0.001	0.001	0.029	0.075	0.108	0.038	872	0.001	0.004	0.007	0.009	0.016	0.005	872
技术密集型制造业	0.001	0.005	0.035	0.079	0.114	0.040	1 967	0.001	0.005	0.007	0.010	0.016	0.009	1 967
生产性服务业	0.000	0.001	0.004	0.030	0.077	0.025	1 109	0.001	0.003	0.006	0.009	0.015	0.012	1 109

数据来源：根据世界银行中国微观企业调查数据计算得到。

4.3 生产性服务业内涵式发展状况描述

4.3.1 内涵式发展水平的行业角度比较

基于极大-极小值计算得到的非时变内涵式发展水平值，图4.7分别从功能属性差异（左图）和要素禀赋差异（右图）展示不同划分下服务业的演变情况。其中，公共和生活服务业包括住宿和餐饮业，水利、环境和公共设施管理业，居民服务、修理和其他服务业，教育，卫生和社会工作，文化、体育和娱乐业，公共管理、社会保障和社会组织。生产性服务业可以再细分为劳动密集和技术密集型生产性服务业，劳动密集型生产性服务业包括批发和零售业，交通运输、仓储和邮政业，房地产业；技术密集型生产性服务业包括信息传输、软件和信息技术服务业，金融业，租赁和商务服务业，科学研究和技术服务业。整体而言，我国生产性服务业内涵式发展水平大致以2011年为拐点，之前呈现下降趋势特点，此后则持续上升。其中，生产性服务业的内涵式发展水平要显著高于生活和公共服务业，两者考察期内平均值分别为0.388和0.202。再就要素禀赋差异角度对生产性服务业进行分解的比较可见，无论劳动密集还是技术密集型生产性服务业，它们的演变规律与服务业总体保持一致。比较而言，我国劳动密集型生产性服务业内涵式发展水平在考察期内始终大于技术密集型生产性服务业，但两者差距在2005—2010年期间显著下降。上述变化特点一方面得益于技术密集型生产性服务业内涵式发展水平的提升，另一方面主要是因为劳动密集型生产性服务业相应水平的显著下降。两者内涵式发展水平先后在2011和2012年达到低点，随即进入新一轮上升阶段；增速表现上，技术密集型生产性服务业明显更快。

考虑到生产性服务业更加明显的行业异质性特征，还分别针对每个行业综合指标数据进行权重估计，即研究考虑采用行变权重进行再估计。由图4.8可见，主要特点仍然成立。略微有所不同的地方是，劳动密集型生产性服务业演变趋势呈现水平位置震荡演变特点。通过进一步剖析，发现造成此差异的主要原因是差异行业的各测度指标权重的分布不同。由表 4.12 可见,技术密集型生产性服务业在增值指标、创新技术指标和效率指标方面的权重更高,而劳动密集型生产性服务业主要在要素投入和结构特征方面的权重更高。如果说内涵式发展水平越来越倚重增值和创新两项二级指标,则技术密集型服务业在这两类中相关测度指标权重的提升,必然有利于其内涵式发展水平的增进。

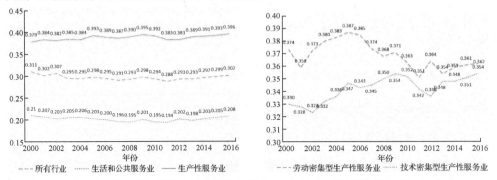

图 4.7　功能和要素禀赋差异下的服务业内涵式发展水平比较(极大极小值—不变权重)
数据来源:《中国统计年鉴》《中国第三产业统计年鉴》和 WIOD 数据库,并经计算得到。

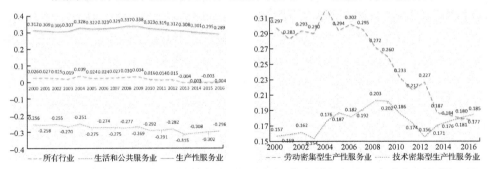

图 4.8　功能和要素禀赋差异下的服务业内涵式发展水平比较(标准正态分布—不变权重)
数据来源:《中国统计年鉴》《中国第三产业统计年鉴》和 WIOD 数据库,并经计算得到。

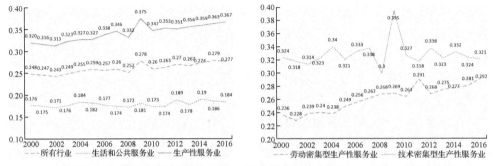

图 4.9　功能和要素禀赋差异下的服务业内涵式发展水平比较(极大极小值—行变权重)
数据来源:《中国统计年鉴》《中国第三产业统计年鉴》和 WIOD 数据库,并经计算得到。

表 4.12 指标测度的行变权重构成情况比较

二级指标	测度指标	劳动密集型	技术密集型	差值	二级指标	测度指标	劳动密集型	技术密集型	差值
规模表现	Indic1	0.089	0.067	−0.022	增值能力	Indic9	0.060	0.072	0.013
	Indic2	0.094	0.028	−0.066		Indic10	0.050	0.013	−0.037
	Indic3	0.127	0.184	0.057		Indic11	0.032	0.020	−0.012
	Indic4	0.050	0.121	0.071		Indic12	0.025	0.013	−0.012
指标特征	Indic5	0.023	0.024	0.001	效率特征	Indic13	0.013	0.039	0.026
	Indic6	0.306	0.128	−0.178		Indic14	0.005	0.007	0.001
	Indic7	0.049	0.092	0.044		Indic15	0.044	0.111	0.067
	Indic8	0.011	0.036	0.025		Indic16	0.022	0.045	0.023

注释：Indic1—indic16 含义依次对应上表 4.3 中各测度指标。

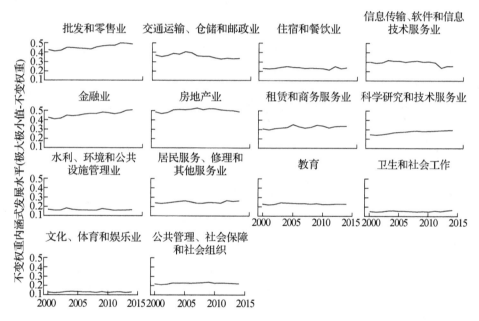

图 4.10 服务业细分行业内涵式发展水平的情况比较(极大极小值−不变权重)

数据来源：《中国统计年鉴》《中国第三产业统计年鉴》和 WIOD 数据库，并经计算得到。

结合图 4.10，基于不变权重计算的包括生产性服务业在内的服务业各细分行业内涵式发展水平的演变情况进一步可知，批发和零售业、金融业、房地产业以及交通运输、仓储和邮政业的内涵式发展水平排在了前四位，它们也构成第一梯队；排在第二梯队的有信息传输、软件和信息技术服务业，租赁和商务服务业，科学研究和技术服务业三个子类。可见，占据第一、第二梯队的主要是生产性服务业细分行业,第三乃至更低梯队均是生活性或公共性服务子类。再从增速情况来看,金融业的增长趋势最为明显,其次是批发和零售业在较长一段时期内的提升;租赁和商务服务业,科学研究和技术服务业,居民服务、修理和其他服务业,卫生和社会工作,文化、体育和娱乐业五个子类也有所提升,但不是很明显。由增速情况比较同样不难理解,为何生产性服务业的平均增速会高于生活和公共性服务业,而在生产性服务业内部,技术密集型生产性服务业增速要低于劳动密集型生产性服务业,这同样是由细分行业特征决定的。本研究还给出了基于行变权重计算的细分行业内涵式发展水平,由图 4.11 可见,它们之间相对位置特点和各自演变趋势与图 4.10 基本一致。

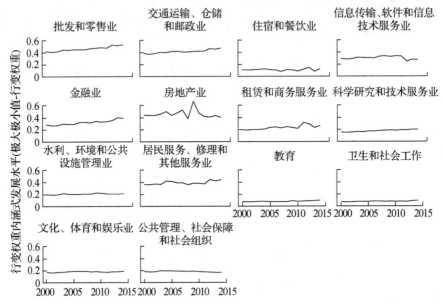

图 4.11　服务业细分行业内涵式发展水平的情况比较(极大极小值-行变权重)

注:相关数据来源于《中国统计年鉴》《中国第三产业统计年鉴》和 WIOD 数据库,并经计算得到。

4.3.2　内涵式发展水平的微观考察

结合微观企业内涵式发展水平系统评价指标体系,表 4.13 最终揭示了异质行业分类下企业的内涵式发展水平。不同分位下的比较可见,制造业企业的内涵式发展水平明显高于生产性服务业企业,后者在三个大类行业划分中的多数分位水平值均最低。进一步结合制造业企业和生产性服务业企业核密度图图 4.12、图 4.13 可见,它们的共同点都呈现出多峰特点,后者尤为明显。这从一个新的角度反映了生产性服务业相对更强的行业异质性特征。

表 4.13　企业内涵式发展能力的分类比较

分位水平	5%分位	25%分位	50%分位	75%分位	95%分位	标准差	样本量
制造业企业	0.011	0.026	0.059	0.102	0.147	0.046	2 839
生产性服务业企业	0.009	0.015	0.023	0.048	0.102	0.036	1 109
所有企业	0.010	0.020	0.046	0.091	0.136	0.044	3 948

数据来源：根据世界银行中国微观企业调查数据整理得到。

下面关注异质生产性服务业企业在不同分位的内涵式发展水平。综合比较可见，信息技术服务业企业在所有五个分位下的内涵式发展水平均是最高的，较低的标准差表明该行业所属企业间的内涵式发展水平差异相对较低。综合水平排在第二位的是通信服务业企业，其和信息技术服务业企业在整体上还是较为明显地拉开了同其他行业企业之间的差距。会计及相关服务业企业、广告及营销服务业企业和商业物流服务业企业的内涵式发展水平在低分位上非常接近，但在较高的 75% 和 95% 分位上，它们彼此间的差距变得更加明显。其中，会计及相关服务业企业内涵式发展水平的相对集中度是所有行业企业中最高的。图 4.14 进一步给出各细分行业内企业内涵式发展水平的核密度分布图，基本特点同表 4.14 中的不同分位比较结论。

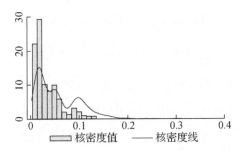
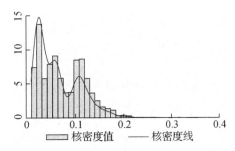

图 4.12　制造企业内涵式发展水平核密度图　　图 4.13　生产性服务业企业内涵式发展水平核密度图

数据来源：根据世界银行中国微观企业调查数据整理得到。

表 4.14　生产性服务业企业内涵式发展水平在不同分位的情况比较

分位水平	5%分位	25%分位	50%分位	75%分位	95%分位	标准差	样本量
信息技术服务业企业	0.012	0.022	0.043	0.056	0.122	0.034	138
通信服务业企业	0.01	0.016	0.025	0.05	0.105	0.041	230
会计及相关服务业企业	0.009	0.014	0.021	0.041	0.079	0.025	266
广告及营销服务业企业	0.009	0.014	0.022	0.048	0.105	0.037	360
商业物流服务业企业	0.008	0.014	0.023	0.048	0.093	0.042	115

数据来源：根据世界银行中国微观企业调查数据整理得到。

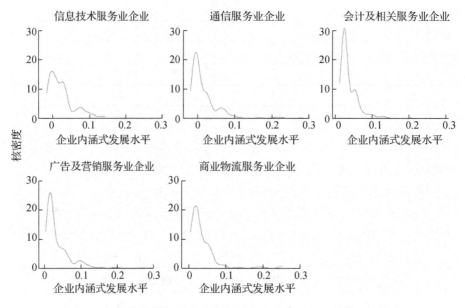

图 4.14　生产性服务业企业分行业内涵式发展水平的核密度分布
数据来源：根据世界银行中国微观企业调查数据整理得到。

4.4　本章小结

生产性服务业内涵式发展能力的考察需要解决两方面问题：其一，相比宏观经济或者制造业部门的高质量发展，生产性服务业内涵式发展能力的具体特征和表现；其二，在数据可得性和多样指标的权衡中，合理构建生产性服务业内涵式发展测度体系。从内涵式发展概念入手，结合我国生产性服务业增长特点，研究认为其内涵式发展要在保持数量和市场份额等特征增长的同时，更加注重可持续能力和竞争能力的提升。结合我国生产性服务业在全要素生产率、增值能力、贸易竞争力和结构升级四个具有代表性方面的初步分析可见，各个层次均有不同程度改善。

围绕系统性测度指标体系的构建和考察方面，首先从产业角度出发，重点结合规模表现、结构特征、增值能力和效率特征四个方面，构建了系统评价指标体系。作为深入产品层面的一种更细化分工模式，价值链分工决定了作为其推行主体的企业所构建的网络分工联系及其影响会变得更加复杂。不同于主要嵌入发达国家所主导的价值链分工体系下的探讨，基于世界银行中国微观企业调查数据，本章进一步从以我国企业为中心的角度出发，从发展规模、运营效率、创新能力和管理能力四个二级指标层合理界定并测度了我国企业内涵式发展能力水平。主要结论性观点表明,我国生产性服务业内涵式发展水平大致以2011年为拐点,之前呈现下降趋势特点,此后则持续上升。生产性服务业的内涵式发展水平要显著高于生活和公共服务业;生产性服务业内部构成方面,我国劳动密集型生产性服务业的内涵式发展水平反而在考察期内始终大于技术密集型服务业,但两者差距显著下降。围绕差距的存在及其缩小原因的剖析,发现技术密集型生产性服务业更加倚重增值能力和创新能力表现,劳动密集型生产性服务业更倚重要素投入和结构特征表现。企业角度研究表明,生产性服务业企业的内涵式发展水平较之制造业企业还是存在一定差距,但以通讯和信息技术服务业为代表,它们依然较好地体现了技术密集型生产性服务业的良好内涵式发展能力。

第五章 生产性服务业国际价值链和国内价值链双向嵌入规律研究

围绕对全球价值链分工本质与特点的认识，Yeaple 等（2003）指出其是一个由区域价值链、国内价值链逐步向跨国价值链乃至全球价值链递进的过程，不同空间尺度彼此间的分工联系决定了价值链分工的动态演变规律及其经济影响力。由此可见，一国开放条件下的价值链分工体系构建及其对经济发展的影响有赖于国内价值链和国际价值链的高度互动。这也意味着，在既往割裂的分析范式下，我们对相关问题的思考必然存在片面性和短视性。特别是对中国这样的发展中大国，同时又是较高程度嵌入到价值链分工体系的国家而言，必须重视在国际价值链和国内价值链的交互联系中，实现本国包括生产性服务业在内的经济的高质量发展。聚焦于此，本章综合价值链分工测度方面的最新研究进展，借助跨国、跨行业投入产出表，通过合理界定国内和国际价值链分工联系，从产业和微观企业两个层面揭示了中国生产性服务业拓展全球价值链分工的解构性质，同时实证考察了其拓展的内在驱动机理。

5.1 价值链分工测度方法及其适用性

5.1.1 企业功能分拆视角的测度

由于存在微观企业角度的价值链分工联系和宏观角度的价值链分工表现，这决定了在既有探讨价值链分工参与程度的文献方面，他们所使用的研究方法也可以归结为宏观和微观方法两类（Kaplinsky，2000；Humphrey 和 Schmitz，2002）。

微观角度量化描述企业参与全球价值链分工状况最初的研究思路可以追溯到基于企业特定业务记录数据的使用，也可以认为，微观视角研究方法的主要特点是其较大程度上依赖于特定公司或产品调查数据的收集。例如，为了根据既往信息来确定企业生产的中间采购量或了解销售网络分布情况，一些研究开始重视制造商自己所提供的数据，或者是独立第三方咨询机构提供报告中的局部研究数据，亦或相关行业协会发布的数据（Sturgeon 等，2009）。具体研究方面，Linden 等（2009）、Dedrick 等（2010）分别针对中国在 iPhone 手机价值链分工中所扮演的分工角色和增值贡献的案例考察受到了较大关注。他们利用商业报告中的相关信息分析了苹果 iPod 和 iPod video、惠普和联想笔记本电脑四种代表性产品的增值构成。研究发现,iPod video 在 2005 年 299 美元的零售价可以拆分成 144 美元的产品出厂成本;在利润构成中,有近 80 美元由该产品生产链中的领导企业苹果公司获得,中国有关企业参与此生产链中的组装活动,其价值增值仅为 3.86 美元。这项研究的最初动机是调查企业如何通过生产共享(Production Sharing)而从技术创新中获益。显然,它后来更大程度的贡献是揭示了基于总值的传统贸易统计数据在有效性方面存在的问题,并由此引发了人们对价值链分工模式的更深入思考。受到 Dedrick 等(2010)的研究启发,Xing 和 Detert (2010)仍旧以 iPhone 产品生产中的价值链构成为研究对象,从一个很有新意的角度讨论了美中贸易的不平衡问题。研究指出,苹果手机在 2009 年时候还没有在中国销售,这意味着中国对美国的出口就相当于中国该产品对美国的贸易逆差。但如果从附加值数据角度来看,美国对苹果手机交易的 19 亿美元贸易赤字则将会降至 7 300 万美元。再通过细分并比较美国与日本、德国在核心零部件供应商的赤字,研究还发现中国贡献的增值仅占 iPhone 近 20 亿美元出口额的 3.6%,其余增值主要来自德国、日本和韩国等。

总之,产品"分拆"分析方法可以将产品各个组成部分的价值增值分配到源生产企业及其国家。因为这种方法可以不借助统计推断而直接使用单个公司提供的数据,因此它在绘制具体产品生产链的实际结构或流程方面是非常有用的。特别是通过将这些基于企业和产品的案例研究推广到跨国公司全球生产布局,其提供了人们对全球价值链的直观了解。然而,通过产品"分拆"方法进行的案例研究只是关注了特定公司和特定产品的完整生产链,它的弱点也是显而易见的。归结主要有三点:第一,它不能代表也不能体现全部价值创造过程中的生产网络所发挥的作用。特别是在考虑诸如贸易政策等宏观经济问题时,这些方法的适用性有限,因为分析的重点只放在特定产品或少数公司的活动上。第二,正如 Dedrick 等(2010)所指出的,大多数公司数据并没有明确列出员工薪酬,而是与其他类型的生产成本一起列出,员工薪酬是国家会计框架中增值项目的一个重要组成部分。第三,由于价值创造存在于生产过程的每一个点上,因此增值分析应该能够追踪供应链上的所有生产阶段。然而,"分拆"法只能考虑存在直接联系中间品供应商的增值贡献,却无法跟踪间接联系供应商的增值贡献,或者说无法揭示价值创造的流转特点。例如,iPhone 中的硬盘包含不同国家生产的子部件,因此需要进一步分解增值源。以上方面问题的存在,都影响了"分拆"分析方法的普适性。

5.1.2 投入产出视角的测度

在宏观视角,全球价值链分工体现了一国或地区基于不同功能角色定位,参与到相关行业部门全球生产体系并在其中获得收益的过程。生产的日益可分性与空间的分散性相结合,决定了全球价值链分工体系内在的复杂性。随着不同测度方法的改进以及更高质量跨国、跨行业世界投入产出表的编制,从新方法与世界投入产出表运用相结合的角度研究全球价值链分工领域前沿问题,已经成为主流趋势。多国投入产出表不仅提供了一个大规模数据集中货物和服务国际交易的全面地图,还集中反映了特定时间点不同国家的投入产出联系。由于这些表格包含了外贸统计中完全没有的行业之间和国家之间的供需信息,因此有可能确定国际生产共享的纵向结构。与产品层面的方法不同,投入产出分析涵盖了构成经济体系的一整套行业,从而能够衡量一个国家或地区的跨境价值流。理论上,这种分析有能力跟踪每个国家的每个产品在每个生产阶段的增值生成过程。

为了捕捉一国在全球价值链分工的地位并考察其经济影响,Hummels 等(2001)最早提出垂直专业化概念及其测度方法。该方法主要通过用于生产出口商品的进口中间品投入量来反映跨境价值链分工联系水平。具体而言,Hummels 等(2001)首先提出一种通过观察单一国家 IO(投入产出)表中垂直专业化(Vertical Specialization, VS)的份额或出口中进口含量的方法。VS 份额在某种程度上避免了基于企业或产品的方法的缺点,因为它可以得到直接和间接使用的中间产品进口,并考虑到国内工业间的生产联系。但是,应该指出的是,在国家 IO 表中,进出口被视为外生变量;VS 衡量中不能充分考虑来自世界其他地方的所谓溢出和反馈效应(例如,进口的中间商品也可能包括国内内容)。应该说,这一研究奠定了全球价值链分工测度的基本思想。后续文献遵循并改进 Hummels 等(2001)的研究,尤其是随着跨国、跨行业投入产出表编制工作的完善,这为测度方法的多样化创造了可能。

垂直专业化指数及其衍生测度指标更侧重反映一个国家参与全球价值链的程度,或者是在给定外部价值链分工不存在国别或行业联系水平差异的情况下,测度一国及其行业嵌入价值链分工的状况。这显然是一个较为苛刻的条件。在描述价值链分工联系方面,重要的不仅是生产联系的强度,还有生产联系的长度。因此,想要更好地了解越来越复杂的生产网络特点,需要新的可以了解国家或行业之间或生产者和消费者之间联系"长度"的方法,以绘制价值链的几何结构。为了应对 VS 测度固有且无法改变的局限性,还有一类代表性研究借助包括国家间和行业间详细联系信息的非竞争性跨国投入产出表,更合理测度了一国或地区在全球价值链分工所构建的生产网络中的节点位置及其网络关联特征。代表性方法中,Dietzenbacher 等(2005、2007)最早提出了平均传播长度(Average Propensity

Length，APL）的概念，该指标主要特点是可以衡量生产网络中的生产阶段数。实证方面，借助亚洲国家间投入产出表序列，Inomata(2008)采用 APL 框架揭示了该区域国家间生产联系和国家相对地位的结构变化情况。研究指出中国在亚洲区域供应链中的最下游位置，这反映了中国作为区域最终产品组装者的分工地位。

与平均传播长度（APL）概念类似，或者根本上可以认为就是由这一方法改进的两个重要衍生概念是生产分割阶段数和上游度（下游度）。其中，生产分割阶段数由 Fally(2012)提出，它能够反映价值链分工联系的"长度"。相比 Dietzenbacher 等(2005)提出的平均传播长度，该测度方法通过将生产工序的终点与最终消费挂钩来捕获整个生产过程需要经历的平均阶段数，因此可以反映产品生产从最初原料投入到最终需求所经历的工序加工段数或者叫加工距离，也可以描绘价值链分工位置。实证方面，Backer 和 Miroudot(2013)利用 OECD 所提供的 1995、2000 和 2005 年由 56 个国家组成的跨国投入产出表，从生产分割阶段数角度考察了它们之间的价值链分工联系特点。而在近年的研究中，以 Antras 等(2016)为代表，他们试图将生产分割长度分解成国内和国际分割长度，甚至更加精细化地分解，以此揭示生产过程中"真正的"国际和国内生产联系长度。

因为平均传播长度可以沿着生产线的前向（成本推动）和后向（需求拉动）方向加以测量，所以可以通过比较一个国家在全球价值链中的前向与后向位置识别其相对分工地位。受此启发，Antras 等(2012)明确提出了"上游度"的概念，即产品在达到最终需求之前所经历的阶段。如果一个国家在生产链中的代表性生产区段到最终产品的距离相对要短于该区段到初期生产区段的距离，就可以认为该国处在价值链分工的相对上游位置；反之，如果一个国家的代表性生产区段到最终产品的距离更近，则其相对更处于下游位置。该研究还证明，这里的"上游度"概念与 Fally(2012)的距离定义也是一致的。后续相关研究中，Miller 和 Temurshoev(2015)进一步完善了该指标的测度及其实际应用中的合理解释，他们提出了另外两个指标来确定行业的上游度和下游度。Chen(2014)将 APL 扩展到了一个通用数学框架的组合式 APL。在他的工作中，Antras 等(2012)的 APL 和上游度测量方法被证明是组合式 APL 的特殊情况。

严格而言，平均传递步长主要还是借助前向度和后向度，以此综合考察一国相关产业在全球价值链分工中的位置和复杂度。或者说，其基于长度的维度对不同产业部门间的联系展开测度。然而无论从哪个角度，测度结果存在的明显不足体现在一国相关行业上游度和下游度所反映的价值链分工位置的非一致性。此外，既有 APL 在测度生产链条方面大多依赖总产出分解，而非从行业部门生产所依赖的初始要素禀赋投入逻辑角度出发。国内学者倪红福就指出,应重视从一国部门原始投入到另一国家部门最终产品之间的生产过程及其所涉及的生产阶段,突出全球价值链分工本应有的序贯特征。为此构建了广义增加值平均传递步长概念(Value Add Propensity Length,简记为 VAPL),以此测度生产过程中雇佣要素所创造的增加值被计算为总产出的平均次数。该指标较好地反映了全球生产网络体系中,某产业部门传递一单位增加值到最终需求部门所经历的平均阶段数。此研究还进一步指出生产长度与 APL 指标的两个重要不同点:首先,经济解释不同。生产长度衡量的是一国特定生产部门所产生的增加值在一个生产链上被统计为总产出的平均次数,直到被包含在最终产品中为止。这是整个经济中的特定国家/部门的增加值的足迹。APL 被定义为始于一个行业的外部冲击在对另一个行业产生影响之前必须经历的平均阶段次数,以衡量两个行业生产联系的平均距离。它侧重于各部门总产出的传播,与经济增加值的幅度无关。第二,计算方法不同。生产长度是总产出与相关冲击/需求投入的比例,这种外生变化不依赖于产业联动,因此与两个行业之间的"距离"无关。由于在生产第一阶段由主要投入产生的直接增加值对平均生产长度有重要影响,因此需要保持平均生产长度的列昂惕夫逆矩阵主对角线上的元素。若不考虑这一点,我们无法知道生产线的开端。

抓住全球价值分工体系下不同行业部门内价值创造所依赖的其他行业部门贡献度的差异,同时抓住不同国家或地区价值增值分成差异,从附加值角度揭示全球价值链分工联系是另外一个研究视角的重要改进。Chen 等(2004)首次将这一概念引入附加值范畴,即忽略加工贸易和以出口总额衡量国际贸易造成的统计失真。Johnson 和 Noguera(2012)同样结合总值贸易比较,较早指出从增加值角度剖析贸易发展的重要性。国内学者刘维林(2015)同样结合贸易附加值分析,揭示了中国制造部门的全球价值链分工收益及其构成来源。应该说,附加值角度测度方法相对垂直专业化测度指标已经有了较大进步,突出体现在其更好考虑了进口中间投入的异质性类似。分析的最新成果之一来自 Koopman 等(2014),他们设计了一种将总出口完全分解为各种增值来源的方法。出口总额首先分为四类:吸收国外的国内附加值、先出口后返回国内的国内附加值、国外附加值和纯粹的双重计算条件。然后,每个类别再通过交易模式进一步分解。其结果是增值产生过程的一幅完整画面,在这一过程中,先前衡量增值贸易的各种公式会被系统地纳入一个单一的会计框架。特别是这种方法能够分离掉出口总额中的被重复计算因素,这些因素长期以来一直困扰着进行实证分析的贸易经济学家。Koopman 等(2014)提供了一个统一的数学框架,用于将总出口完全分解为各种组成部分,包括出口增值、返回国内的增值、国外的增值和其他可能重复计算的其他项目。这一框架确立了贸易增值的衡量和官方贸易统计值之间的确切关系,从而为估计增值贸易提供了可观察的基准。然而在实际应用中,附加值角度衡量类似贸易指标,其本身仍是一种较为直接的强度指标,无法反映全球生产网络的内在复杂程度。此外,附加值角度衡量也无法规避不同国家、不同行业相对规模大小带来的影响。并且,在纵向时间维度比较中,汇率波动也会导致附加值的测度存在一定程度的偏差。

综上,为了揭示价值链分工下不同行业或国别间的生产或价值增值联系,越来越多的研究倾向于结合投入产出表进行分析,但这并不表示该种方法没有缺陷。Sturgeon 等(2009)就指出了(多国)投入产出分析因投入产出表的统计特征而存在局限性:第一,该表的部门分类基于工业类别,因此无法确定产品设计或装配等特定任务的附加值。第二,交易是在国内基础上记录的,因此生产活动受到领土边界的限制,而不受与生产的货物相关联的国籍的限制,这可能导致国家之间不适当的附加值归属。第三,投入产出统计中完全没有关于具体交易性质的信息,这使得价值链的定性分析变得很困难,甚至是不可能。简而言之,跨国多行业投入产出方法的最大优点是能够从系统视角捕捉在更大背景下价值链配置的总体情况。因为该方法的这一特点,其与微观角度价值链分工测度方法可以形成很好的互补,进而在实证研究方面,如果能够将其与微观测度方法有机结合起来,则可以增强所研究的问题分析的客观性。

5.1.3 关键测度指标的构建

从企业功能分拆和投入产出关联两个不同视角出发,前面两小节分别对微观企业和产业层面价值链分工联系的测度方法进行了系统梳理,这为后续分析采用合理的论证方法奠定了选择的基础。结合论证需要,同时考虑到支撑本文研究数据的可得性,研究主要采用第二种思路,即从生产过程中的产业关联角度出发,对价值链分工联系进行测度。为了避免单一指标考察可能存在的片面性,综合采用广义增加值平均传递步长和生产分割阶段数指标,还同时从增值角度进行考察。此外,得益于世界银行中国微观企业数据中相关题项的适用性,研究在相关论证中同时考虑采用第一种思路作为本书实证部分的有益补充。特别是围绕价值链分工的解构分析,两种思路下的研究设计存在较高的互补性。下面首先说明采用各指标的具体构建:

(1) 建立在平均传递步长测度的基础上,广义增加值平均传递步长(VAPL)主要从增加值角度出发,借助跨国、跨行业投入—产出模型,测度跨国、跨行业生产循环价值创造实现所要经历的生产阶段数。不失一般性,设定中间投入产出矩阵和最终品需求列向量分别为 X、Y，增加值行向量为 V，中间投入产出所对应的直接消耗系数矩阵为 A。由基本投入产出关系式 $AX+Y=X$，可得完全消耗系数矩阵 $B=(I-A)^{-1}$。

对某国 k 任意最终品 r 而言，由于存在行业间投入—产出关系，由此决定其源于他国 j 任一行业 s（也可以是自身）的中间增加值会经历传递过程 $n \in [0,+\infty)$。将 n 所有可能取值加总，即得到任一单位最终品生产源于所有其他行业的完整增加值。矩阵形式表达如下：

$$(\widehat{V}I+\widehat{V}A+\widehat{V}A^2+\widehat{V}A^3+\cdots+\widehat{V}A^n)]_{rs}^{kj}=v_r^k b_{rs}^{kj} \quad (5-1)$$

其中 $\widehat{V}$ 表示对增加值行向量对角化处理；$\widehat{V}I$、$\widehat{V}A$、$\widehat{V}A^2 \cdots \widehat{V}A^n$ 分别表示经由 0 阶段、1 阶段、两阶段到 n 阶段传递实现的、来自行业 j 的增加值；$v_r^k b_{rs}^{kj}$ 为经前述各阶段传递的增加值合计。

经由全球生产网络循环，从 j 国 s 行业传递一单位增加值到 k 国 r 行业的平均传递步长为：

$$VAPL_{(js \to kr)}=\frac{[\widehat{V}(0\times I+1\times A+2\times A^2+3\times A^3+\cdots+n\times A^n)]_{rs}^{kj}}{[\widehat{V}B]_{rs}^{kj}}=\frac{[\widehat{V}(B^2-B)]_{rs}^{kj}}{[\widehat{V}B]_{rs}^{kj}}$$

$$(5-2)$$

也可以认为，公式（5-2）给出的是产业部门到产业部门下的增加值平均传递步长测度。以此为基础，还可以推广到多国产业部门组合到多国产业部门组合情形：

$$VAPL_{(E \to Y)}=\frac{E'[\widehat{V}(B^2-B)]Y}{E'(\widehat{V}B)Y}=\frac{E'\times FVAB\times Y}{E'\times DVAB\times Y} \quad (5-3)$$

其中：E 是由 0、1 元素构成的列向量，考察产业部门赋值为 1，否则为 0；E' 为 E 的转置；$FVAB=\widehat{V}(B^2-B)$，表示国外增加值系数矩阵；$DVAB=\widehat{V}B$，表示国内增加值系数矩阵。

依据 E、Y 取值不同，式（5-3）所测度的广义增加值平均传递步长得以同相关文献所定义的 APL 值、上（下）游度等概念相近。也因为广义增加值平均传递步长能够较好地在统一逻辑框架下，涵盖既有测度全球价值链分工地位相关指标，因而在解释方面，可以综合既有测度指标内涵展开。

（2）生产分割阶段数同样能够较好地反映价值链分工下生产过程的复杂性。这里借鉴倪红福等（2016）的研究思路，首先将基于单国（区域）投入产出模型的生产分割测度拓展至基于全球投入产出框架下的生产分割测度。在此基础上，进一步聚焦嵌入全球生产分割的中国服务业,区分并比较其国内和国际生产分割,具体探讨基于 WIOD 2016 展开。不同于 WIOD 2014,最新投入产出表数据进一步突出服务经济关联的重要性——相比制造业部门数的极少变动,服务细分行业数则由 18 个拓展到 28 个。生产分割测度指标的构建如下:

首先,考虑一个由 n 国 K 行业构成的全球投入—产出生产体系,任何一个国家 i 部门 k 的总生产分割长度为:

$$P_k^i = 1 + \sum_{j \neq i} x_{ik}^{ji} P_i^j \tag{5-4}$$

矩阵形式可以表达为:$\boldsymbol{P} = \boldsymbol{U} + \boldsymbol{A}^T \boldsymbol{P}$,将其移项并转化为包含列昂惕夫逆矩阵形式:$\boldsymbol{P} = \boldsymbol{I} - \boldsymbol{A}^{-1}\boldsymbol{U} = \boldsymbol{B}\boldsymbol{U}$。其中,$\boldsymbol{P}$、$\boldsymbol{U}$ 和 $\boldsymbol{A}$ 分别代表全球生产阶段数列向量、单位列向量和中间投入—产出关系矩阵,列昂惕夫逆矩阵 $\boldsymbol{B} = (\boldsymbol{I} - \boldsymbol{A})^{-1}$。将 $\boldsymbol{P}$ 表示为包含 n 国的分块矩阵:

$$\boldsymbol{P} = \boldsymbol{B}\boldsymbol{U} = \begin{pmatrix} B^{11} & \cdots & B^{n1} \\ \vdots & \ddots & \vdots \\ B^{1n} & \cdots & B^{nn} \end{pmatrix}_{n \times n} \begin{pmatrix} u_1 \\ \vdots \\ u_n \end{pmatrix}_{n \times 1} \tag{5-5}$$

$$\boldsymbol{P}^i = [B^{1i} \cdots B^{ni}]_{1 \times n} \begin{pmatrix} u_1 \\ \vdots \\ u_n \end{pmatrix}_{n \times 1} = (B^{ii} - H^{ii} + H^{ii})u + \sum_{j \neq i} B^{ji} u \tag{5-6}$$

$$= H^{ii} u + (B^{ii} - H^{ii}) u + \sum_{j \neq i} B^{ji} u$$

由于 $B^{ii} - H^{ii} = \sum_{j \neq i} H^{ii} A^{ij} B^{ji} = \sum_{j \neq i} B^{ij} A^{ji} H^{ii}$,将其代入式(3),可得:

$$P^i = H^{ii} u + \sum_{j \neq i} H^{ii} A^{ij} B^{ji} u + \sum_{j \neq i} B^{ji} u \tag{5-7}$$

式(5-7)中,$H^{ii} u$ 测度了一国封闭条件下的国内生产阶段数,其中:$H^{ii} = (\boldsymbol{I} - \boldsymbol{A}^{ii})^{-1}$,代表 i 国局部列昂惕夫逆矩阵;$\sum_{j \neq i} H^{ii} A^{ij} B^{ji} u$ 测度了所有国外产品生产对 i 国中间需求引致的 i 国生产阶段数增加;$\sum_{j \neq i} B^{ji} u$ 测度了 i 国生产最终品对国外中间品需求引致的 i 国生产阶段数增加。考虑到后两项均反映 i 国与其他国家间中间品的生产联系,可用两项加总表示国际生产分割。

(3)上(下)游度。通过定义价值链分工下的四种专业化生产区段,图 5.1 展示了各区段上游度(或者叫前向参与度)和下游度(或者叫后向参与度)的相对水平。对主要提供成品的国家来说,其在价值链分工下的上游度一般更高,或者说其后向参与度相对偏低。例如,一个国家的比较优势如果是丰裕的自然资源或农产品,则其更主要通过前向一体化方式嵌入价值链分工,相应中间品投入被用于各种下游生产过程,并且这些过程可能会跨越几个区段。而对处于有限制造区段的国家来说,因为其商品在价值链分工中作为中间投入的重要性相对降低,或者不太可能被后续生产区段用作中间投入(例如处在这个阶段的制造业企业生产的服装),因此其上游度会有所下降。进一步来说,如果一个国家更擅长先进制造和服务环节生产,则其后向参与度会显著提升。

最后,相对第三区段而言,主要从事创新研发活动国家的下游度(后向参与度)会略微下降,上游度(前向参与度)则会有所提升。

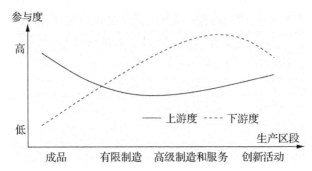

图5.1 价值链分工下各区段上游度和下游度的关系特点

5.1.4 测度方法的适用性说明

全球价值链分工拓展的产品载体不仅包括有形商品,也包括以生产性服务业为典型的无形产品。越来越多的产品生产情形表明,商品和服务之间的界线正变得愈加模糊。在价值链分工中,生产边界的模糊增加了分析服务业中间投入及其影响的必要性(Lanz 和 Maurer,2015)。Noteboom(2007)的观点就指出,尽管波特的价值链概念更主要针对制造业部门,但这并不妨碍对价值链概念的一般化理解。他认为,这一概念拓展不过是具有商品流动和物理形态特征的从制造业推广到主要表现为数据流动和形式转换,或者体现为可以带来人们身心感觉变化的服务业。而按照制造业服务化理论观点,服务中间环节存在的主要目的就是通过研发设计、物流和品牌营销等各种增值"活动",专注于为最终产品生产创造更大的价值。

迄今为止,虽然对服务功能环节价值链分工的研究仍不多,但已有研究指出这种生产链条关系正在更多的服务行业中建立。这不仅包括商业服务、信息技术和业务处理服务、物流等生产性服务部门,而且在旅游业、教育和健康服务等领域同样有所体现(Jane 和 Stephenson,2012)。特别是伴随现代商业模式的发展,类似有形商品,很多服务活动逐渐成为可以通过市场完成交易的独立性"任务"。提供服务产品的企业也可以创造属于自身的价值链,并在市场上寻求其价值链中非核心服务功能的外包。在服务产品价值链中,任何中间区段或区段集合都可以成为提供该产品企业的核心竞争力,也可以从母公司中剥离出去,实现外部采购。仍然类似于有形产品,服务产品中的许多中间活动(例如商业后台和数据处理服务)也可以通过离岸外包方式在其他国家进行生产。这不仅拓展了服务产品的国际价值链分工联系,同时也为其他国家这类新兴供应商提供了专业化发展和市场竞争的机会。

如何衡量服务中间环节参与全球价值链分工的程度呢?前面剖析说明,在将无形服务产品与有形商品视为完整价值链分工不可或缺的差异中间环节的情况下,两者并不存在实质性的区别。因此,就它们在价值链分工下的测量而言,可以采用相同的方法。然而我们必须承认,在很长一段时间里,有形产品中间投入经济数据的可衡量度和可收集性要高于无形的服务中间品。例如在贸易领域,货物贸易的数据有着较为广泛和便捷的获得渠道,而服务贸易的衡量却相对滞后。近年来,伴随更多国家对服务贸易自由化的重视和服务中间环节在全球价值链中重要性的提升以及多国细分行业投入产出表的编制,这从现实发展阶段性要求和技术突破两个方面决定了关注服务业嵌入价值链分工状况的重要性和可行性。特别是在产业层面上,无论采用何种测度方法,分析服务环节对全球价值链分工的贡献或者其嵌入价值链分工状况的出发点也是将增加值按来源情况进行分解。也可以认为,基于多国投入产出表的增值贸易统计数据是揭示全球价值链分工下服务中间投入重要性的起点和基础。实际应用方面,OECD 发布的 WTO 贸易增加值数据库即直接提供了反映服务贸易增加值的相关指标。当然,这些统计数据不可能完全涵盖与全球价值链分工相关的所有服务中间活动。例如,通过世贸组织所定义的商业存在形式进行的服务贸易增值应该隶属于外国服务增值部分,但是在传统增值贸易评价体系中,其不能被准确反映。要想解决此问题,就必须确定能够创造增值服务企业的所有权构成情况,特别是企业的国外和国内所有权构成。但从目前的各种数据来源看,这一问题仍很难得到有效解决。

5.2 生产性服务业嵌入价值链分工状况考察

5.2.1 国别视角比较分析和演变规律

借助多样化价值链分工测度指标,首先通过国别层面的比较,明晰中国在全球价值链分工下的角色定位,尤其是生产性服务业的相对角色和功能定位。图5.2和图5.3分别描绘了代表性发达国家与"金砖"国家增加值平均传递步长演变规律。

就发达国家而言,美国广义增加值平均传递步长(VAPL)在考察期内平均水平是最高的,表明美国服务业整体在全球价值链中的复杂度最高。在增速方面,美国 VAPL 水平的增长速度也是最快的,尤其在 1998—2012 年间;德国广义增加值平均传递步长在考察期内也呈现较为明显的上升趋势。总体上,无论服务业整体上游度水平还是上游度的提升方面,美国和德国均较其他发达国家更为突出。比较而言,英国、法国和日本广义增加值平均传递步长整体水平均不高。趋势方面,日本虽然经历了 2003—2008 年间的上升,但纵观整个考察期,还是延续着下降的特点。英国和法国则保持在一定水平小幅波动。

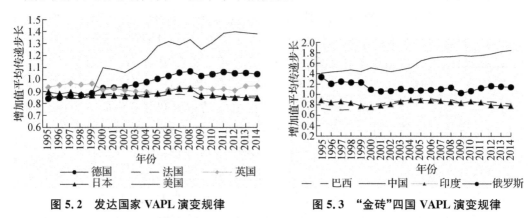

图 5.2　发达国家 VAPL 演变规律　　图 5.3　"金砖"四国 VAPL 演变规律

数据来源:WIOD 2016 数据库,并经公式计算得到。

图 5.3 进一步给出"金砖"四国广义增加值平均传递步长演变趋势。无论与其他新兴发展中国家还是所考察的发达国家比较,中国广义增加值平均传递步长绝对水平都是最高的。虽然经历了 1998—2002 年小幅下降,中国 VAPL 水平长期趋势还是呈现稳步上升特点。尤其 2004 年以后,这一增长趋势变得更加明显。这很好地说明,中国作为全球服务中间投入品供应商的角色正在不断增强。世界银行报告(2019)也指出,因为德国、美国、日本、意大利和法国在其出口中使用了更多的进口中间投入,因而这些国家在强化全球价值链分工联系上的贡献最大。相比之下,中国对全球价值链分工扩张的贡献主要是通过增加其在世界范围内贸易的规模效应实现的。当然,中国对全球价值链分工的强化程度在显著提升。比较而言,俄罗斯 VAPL 水平介于中国和其他两个金砖国家之间,但长期趋势表现方面,其经历了 1995—2009 年长达十五年的下滑,近年来的恢复仍然有限。这最终导致中俄之间 VAPL 值差距也在不断扩大。以 2005 年为转折点,印度 VAPL 水平变化呈现倒"U"形结构,其全球服务中间品供应商的能力已经经历了较长期(2005—2014 年)缓慢下降;表现出类似特点的还有巴西,其 VAPL 水平在经历 1995—

2000年较快速下降后,目前正处在始于2005年的又一轮缓慢下降进程中。

结合图5.4至图5.7所反映的代表性国家生产性服务业和制造业上游度水平的比较可见,无论发达国家还是发展中国家,他们制造业的上游度水平均高于生产性服务业。相比发达国家,无论制造业还是生产性服务业的上游度表现,发展中国家相对水平均要低,生产性服务业相对偏低水平尤为突出。以上情况很好地说明,就国别层面的比较而言,发达国家整体上通过前向参与方式嵌入全球价值链分工的水平相对最高,这也决定了他们对价值链分工网络关系的掌控能力相对更强;产业层面的比较则较好地验证了图5.1中的一般规律,价值链分工下制造环节的上游度平均要高于生产性服务业,后者距离终端市场的特点更加突出。当然,鉴于制造环节可以再分成劳动密集区段制造和技术密集区段制造,还是按照图5.1揭示的关系,主要由发展中国家从事的劳动密集区段制造的平均上游度可能还是会低于所有国家生产性服务环节上游度平均水平;而主要由发达国家从事的技术密集区段制造的平均上游度则高于所有国家生产性服务环节上游度均值。

还有一个情况较为特殊的例子是中国。中国制造业和生产性服务业上游度水平不仅明显高于巴西、印度和俄罗斯三个金砖国家,甚至与发达国家相比,也分别居于中游和上游水平。中国生产性服务业上游度水平已经超过美国和日本,仅低于英国、德国、法国和意大利。在国际价值链分工联系方面,中国主要和美国、日本建立了较紧密的分工联系,这在较大程度上成为决定我国生产性服务业上游度水平的关键外部市场条件。美国和日本通过将大量生产工序向我国转移,增强了我国制造业和生产性服务业的上游度水平。相比之下,欧盟国家内部的生产工序转移构成该区域建立跨国价值链分工联系的主要方式,我国和欧洲国家之间建立跨国价值链分工联系的水平还有待提升。

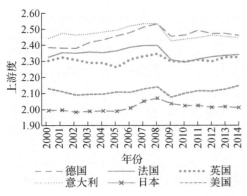

图5.4 发达国家生产性服务业上游度比较

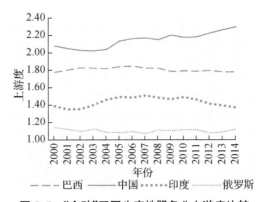

图5.5 "金砖"四国生产性服务业上游度比较

数据来源:WIOD 2016数据库,并经公式计算得到。

变动趋势方面,中国生产性服务业上游度水平从2004年至今始终保持增长,增速在2011年以后还明显加快,制造业上游度水平的变化也呈现出类似特点。在第一阶段(2004—2008年),我国主要嵌入美国和日本所主导的制造环节国际价值链分工,制造规模的高速扩张通过产业关联效应也间接带动我国生产性服务业的发展。在这一阶段,高度外向型发展特点也决定国内价值链分工联系居于相对次要位置。不同于此,在第二阶段(2011—2014年),受最近一轮全球性金融危机冲击,不仅美国和日本等国开始加强与中国等发展中国家在生产性服务业领域的分工,欧洲主要发达国家也开始加强同中国的国际价值链分工联系。与此同时,伴随中国自身国内价值链分工体系的不断完善,特别是源于经济进入"新常态"后国内庞大制造能力转型升级所引致的生产性服务中间需求,以上综合方面因素,最终促进我国生产性服务业上游度水平进一步提升。

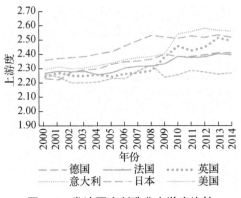

图 5.6 发达国家制造业上游度比较

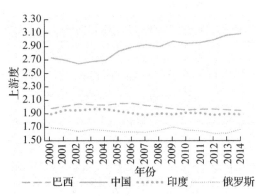

图 5.7 "金砖"四国制造业上游度比较

数据来源:WIOD 2016 数据库,并经公式计算得到。

在前面国别层面价值链分工角色比较分析的基础上,图 5.8 聚焦中国参与全球价值链分工的总体演变情况。全球生产分割序列大致以加入 WTO 后的 2002 年为拐点,其演变呈"U"形结构。具体来看,1998—2002 年间,我国全球生产分割阶段数明显下降。此后,在 2002—2005 年短短四年间,相应值转而又明显上升,并总体维持在一个相对较高的水平。

诸多发展事实表明,源于服务需求的高收入弹性以及由于服务生产力提升缓慢而导致的相对价格变动的需要(Bhagwati,1984),同时受企业分拆和离岸外包所带来的生产与协调成本的显著降低驱动(Fernandz-Stark 等,2011),在过去几十年里,生产性服务业嵌入全球价值链分工的程度明显提升。此外,为了管理地理上日渐分离的跨国生产活动,跨国公司经营更多地需要依赖交通、通信、物流、金融等生产性服务(Jones 和 Kierzkowski,2001)。但无论是较早期人们对国际价值链分工作用的推崇,还是此后对国内价值链分工联系的重视,实质上体现的都是一种割裂两者间联系的发展思路,至少是一种厚此薄彼的思维方式。进一步由国内和国际生产分割解构情况可见,国内生产分割阶段数占比最高,国际生产分割阶段数平均占比仅为11.1%。趋势表现方面,国内生产分割在过去二十年走出了"U"形结构,而国际生产分割则呈现倒"U"形结构。

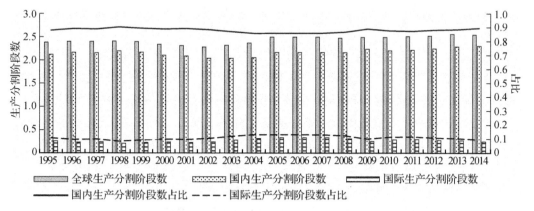

图 5.8　中国参与全球价值链分工的生产分割及其解构状况

数据来源:WIOD 2016 数据库,并经公式计算得到。

图 5.9 进一步展示了中国生产性服务业参与全球价值链分工的变化情况。总体而言,中国生产性服务业全球生产分割阶段数在 2002—2005 年呈现较为明显的上升,此后三年又经历缓慢下降,2008 年达到 2.109。此后又表现出较为缓慢的上升趋势。比较而言,国内生产分割在大趋势上呈现更为明显的上升特点,尤其 2008—2014 年间,其平均增速达到 1%;国际生产分割阶段数则在大趋势上持续下降,并且本轮下降从 2005 年就已经开始。这里值得思考的问题是,我国生产性服务业国内生产分割阶段数为何能在危机后较短时间内相对更明显地提升。按照衰

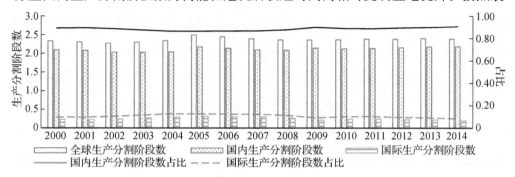

图 5.9　中国生产性服务业全球生产分割及其解构情况

数据来源:根据 WIOD 2016 提供的跨国投入产出表计算并整理得到。

志刚和饶璨(2014)等的观点,2008年金融危机加剧全球价格下行压力,这从供给层面加快了发达国家跨国公司寻找低成本外包伙伴的步伐。上述情况在生产性服务行业表现得尤为明显,并最终使得离岸服务外包在一定程度上呈现出"反周期"特点(Gereffi 和 Karina,2010)。

再将考察期分为三个阶段,并选取代表性发达国家和"金砖"四国做对比。从发达国家和"金砖"四国大类均值比较可见,发达国家拓展全球价值链分工联系的水平还是要高于"金砖"四国,这主要源于其相对较高的国际生产分割水平。具体国别构成情况中,美国全球生产分割及其解构两部分所体现的价值链分工联系的复杂度明显高于其他发达国家[①],其国内生产分割阶段数更是在样本期内"一枝独秀"式地上升。与此形成鲜明对比,在第二阶段向第三阶段演变过程中,美国国际生产分割阶段数则是发达国家中唯一明显下降的。这与美国在第三阶段所推行的"逆全球化"和本土"再工业化"发展战略存在直接联系。总体而言,发达国家(美国除外)国际价值链条仍在延伸,而其国内价值链条则呈现更差异化的演变特点。"金砖"四国所代表的发展中国家中,只有中国的全球生产分割阶段数是较明显上升的,其他均有不同程度下降,而这主要源于各国国内价值链条的缩减。与主要发达国家类似,"金砖"四国拓展国际价值链分工联系的水平也有不同程度提升。

表5.1 代表性发达国家和"金砖"四国全球价值链分工的解构特点

类型	全球生产分割			国内生产分割			国际生产分割		
年份	2000—2006	2007—2009	2010—2014	2000—2006	2007—2009	2010—2014	2000—2006	2007—2009	2010—2014
法国	2.069	2.139	2.181	1.706	1.715	1.696	0.363	0.424	0.485
英国	1.953	2.013	2.086	1.640	1.632	1.641	0.313	0.381	0.445
意大利	2.096	2.157	2.236	1.792	1.800	1.815	0.305	0.357	0.421
日本	1.974	2.100	2.088	1.800	1.838	1.801	0.174	0.262	0.287
美国	2.223	2.336	2.371	1.699	1.764	1.814	0.525	0.571	0.557
德国	1.992	2.067	2.100	1.658	1.666	1.651	0.335	0.401	0.448
均值	2.051	2.135	2.177	1.716	1.736	1.736	0.336	0.400	0.440
巴西	1.854	1.857	1.840	1.674	1.664	1.632	0.180	0.194	0.208
中国	2.399	2.510	2.545	2.116	2.211	2.272	0.283	0.299	0.273

---

① 年度序列数据更清楚地揭示,在1999—2005年间,美国全球生产分割阶段数增长很快,这与同时段(2001—2005年)中国加入WTO进而与美国更直接地建立紧密价值链分工合作关系有关。

续表 5.1

类型	全球生产分割			国内生产分割			国际生产分割		
年份	2000—2006	2007—2009	2010—2014	2000—2006	2007—2009	2010—2014	2000—2006	2007—2009	2010—2014
印度	1.817	1.823	1.819	1.574	1.528	1.526	0.243	0.295	0.293
俄罗斯	2.226	2.181	2.208	1.684	1.582	1.573	0.542	0.598	0.635
均值	2.057	2.096	2.115	1.737	1.731	1.732	0.320	0.365	0.383

数据来源:根据 WIOD 2016 提供的跨国投入产出表计算并整理得到。

5.2.2 细分行业角度比较和演变规律

在服务业总体状况考察基础上,研究进一步选择代表性服务细分行业进行比较。为避免个别年份波动影响,这里主要关注 2010—2014 年均值 VAPL 水平。如图 5.10 所示,平均而言,法律和会计服务的 VAPL 水平是所有行业中最高的(2.01),其次是金融服务业(1.54)和航空运输业(1.43)。上述结果反映的事实是,与运营管理有关的法律和会计服务业、与融资有关的金融服务业、与交通运输有关的批发和航空运输业均是生产过程中不可或缺的服务中间投入,这很大程度上决定了它们在生产过程中的基础性作用,由此呈现相对较高的上游度地位。相对居中的是批发业(1.39)、计算机和信息咨询业(1.26)。比较而言,同样具有生产性服务属性的研发服务业,其所有国家平均 VAPL 值并不高(0.64),这表明研发服务虽然重要,但在生产中的基础性作用和上游度特点并不突出。最后,体现社会公共服务性质的健康与社会服务业、教育服务业的 VAPL 值更低,分别对应 0.17 和 0.11 水平。还有值得注意的是,图 5.10 代表性行业 VAPL 累加表现中,中国依然

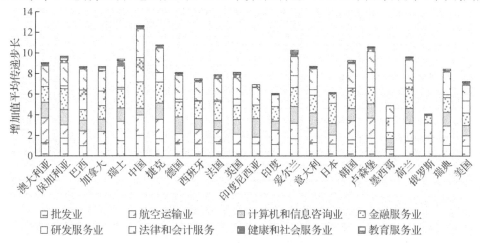

图 5.10 代表性服务细分行业分国家或地区 2010—2014 年 VAPL 均值比较

数据来源:根据 WIOD 2016 提供的跨国投入产出表计算并整理得到。

是最高的,而排名前五位国家依次还包括捷克、卢森堡、爱尔兰和保加利亚。即便从排名前十位国家来看,除了中国外,大多都是经济较为发达但国土面积相对较小的国家。与此形成鲜明对比的是,拥有较大市场规模的发达国家中,尤其美国、德国、英国、日本及法国,它们所对应的细分行业 VAPL 值的累加水平均不突出,甚至偏低。

再具体就中国服务细分行业嵌入全球价值链分工的演变情况来看,表 5.2 在将时间维度划分为三个阶段的基础上,对每个阶段下的服务细分行业排位顺序进行了统计。其中,总体趋势上呈现上升特点的细分行业共计有 12 个。其中,以仓储业及运输支持活动、法律和会计活动以及科学研究与开发三个行业为典型,它们的排位上升速度最快,尤其是科学研究与开发服务业。在第三阶段内,这三个细分行业已经分列第一、第二和第五位。排位第三的是金融服务业,其突出特点是在三个时期内的排位不仅靠前,而且具有非常强的稳定性。比较而言,排位始终比较靠后的主要是公共行政和国防、教育、健康和社会服务业以及其他服务业。这些行业的公共服务属性比较突出,由此决定它们的相对市场化程度偏低。细分行业比较中,排位呈现明显下降特点的包括航空运输业、保险业、计算机程序设计及咨询业以及行政和支持服务活动四个子类。从上述细分行业特点来看,前三个均为资本和技术相对比较密集的生产性服务行业。这里值得注意的还有房地产业,尽管其发展的产业关联特点比较突出,具有较好的经济发展带动性,但由于其更多是一次性投入,因此作为其他行业服务中间投入的特点并不突出,由此决定其 VAPL 值始终不高。

表 5.2 中国服务细分行业 VAPL 变化特点与排位

行业	VAPL 均值						结论
	2000—2004 年	2005—2009 年	2010—2014 年	2000—2004 年	2005—2009 年	2010—2014 年	
批发业	1.758	1.694	1.999	9	11	8	↑(中)
零售业	1.754	1.688	1.993	10	12	9	↑(中)
陆路及管道运输业	2.136	2.322	2.318	4	4	6	↓(高)
水上运输业	2.364	2.473	2.460	2	1	4	↓(高)
航空运输业	1.975	1.836	1.968	6	10	10	↓(中)
仓储业及运输支持活动	1.956	2.009	2.808	7	8	1	↑(高)
邮政业	1.435	1.979	2.046	13	9	7	↑(高)
住宿和餐饮服务业	1.228	1.515	1.438	14	14	13	↑(中)
电信业	1.629	1.545	1.362	12	13	15	↓(低)
计算机程序设计及咨询业	1.669	0.890	0.649	11	16	18	↓(低)

续表 5.2

行业	VAPL 均值						结论
	2000—2004 年	2005—2009 年	2010—2014 年	2000—2004 年	2005—2009 年	2010—2014 年	
金融服务业	2.181	2.399	2.561	3	2	3	—（高）
保险业	2.438	2.015	1.667	1	7	12	↓（中）
房地产业	0.601	0.705	0.854	18	18	16	↑（低）
法律和会计活动	2.035	2.348	2.789	5	3	2	↑（高）
科学研究与开发	0.776	2.182	2.347	17	6	5	↑（高）
其他专业性的科技活动	1.201	2.235	1.783	15	5	11	↑（中）
行政和支持服务活动	1.886	0.809	0.808	8	17	17	↓（低）
公共行政和国防	0.005	0.063	0.133	21	21	20	↑（低）
教育	0.182	0.278	0.205	20	20	19	↑（低）
健康和社会服务业	0.215	0.313	0.123	19	19	21	↓（低）
其他服务业	1.111	1.485	1.401	16	15	14	↑（中）

数据来源：根据 WIOD 2016 提供的跨国投入产出表计算并整理得到。最后一列箭头"↑、↓"分别表示上升或下降，"—"表示持平；括号中高、中、低表示排序相对位置。

进一步按照服务功能性质的不同，区分生产性服务业和社会性服务业，再根据各细分服务行业的要素禀赋要求异质性特点，将上述两大类再区分为技术密集型和劳动密集型（非技术密集型）服务。就生产性服务业而言，其中的劳动密集型服务业包括批发业、零售业、陆路及管道运输业、水上运输业、仓储业、邮政业、住宿餐饮业、房地产业；技术密集型生产性服务业包括电信业、计算机和信息服务业、金融业、保险业、研发服务、法律和会计服务业、其他科技服务、航空运输业。社会公共服务业主要包括行政和支持服务活动、公共行政和国防、教育、健康和社会服务业以及其他服务业五个子类。由图 5.11 可见，绝对值方面，中国劳动密集型和技术密集型生产性服务业的增加值平均传递步长明显高于社会公共服务业，这更好地验证了上面细分行业角度比较结论。演变趋势方面，劳动密集型生产性服务业增速自 2004 年开始止跌回升，此后十年基本保持较稳定增长。期间，仅 2009—2010 年略微有所回调，随后则被增长趋势替代。总体而言，我国劳动密集型生产性服务业 VAPL 水平的增长性特点仍较为稳健。相比较而言，技术密集型生产性服务业 VAPL 水平的演变则呈现出一定的波动性，其第一个较明显增长期是 2003—2007 年，但受全球性金融危机影响，此后则经历了持续四年的下降。直到 2011 年，其步入第二个较明显增长周期。从增速来看，技术密集型生产性服务业 VAPL 水平在 2011—2014 年间呈现加速特点，对应增速均值达到 2.42%，但仍没有超过自身第一个增长周期时候的 2.91%增速均值，也还没有超过同时期劳动密集型生产性服务业 2.74%增速均值。

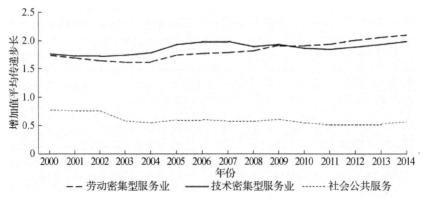

图 5.11　依据功能和要素禀赋划分下的服务行业分类 VAPL 演变趋势

数据来源：根据 WIOD 2016 提供的跨国投入产出表计算并整理得到。

下面再结合上游度来描述生产性服务业在价值链分工体系中所处的相对位置。同上面分析所揭示的规律基本一致，图 5.12 表明，生产性服务业的上游度水平要高出生活和公共服务业很多。相比制造业，生产性服务业的特点是更少的后向联系度，进而其前向联系平均水平要比后向联系水平突出。结合这里比较来看，自身特点决定了生活和公共服务业更接近终端市场需求，其作为中间投入的可能性相对生产性服务业要低很多，因此生活和公共服务业的后向联系水平更低，更主要表现为前向联系。生产性服务业作为制造业或者其自身中间投入的可能性较大，该特点决定其后向联系度相对较高，进而表现为上游度测度值同样较高。生产性服务业按要素禀赋密集度解构的两部分的比较中，不同于前面 VAPL 所揭示的特点，非技术密集型生产性服务业的上游度水平在样本期内始终高于技术密集型生产性服务业。变动趋势方面，两者从 2008 年开始均保持增长，非技术密集型服务业的相对增速依然更快。这说明在我国价值链分工循环中，非技术密集型生产性服务业作为下游各生产区段中间投入的平均强度还是要高于技术密集型生产性服务业。

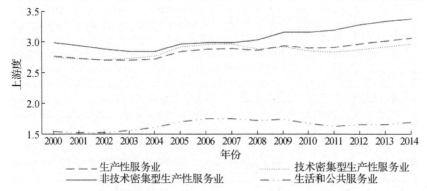

图 5.12　依据功能和要素禀赋划分下的中国服务业上游度比较

数据来源：根据 WIOD 2016 提供的跨国投入产出表计算并整理得到。

更进一步针对生产性服务业细分行业上游度的比较表明(图 5.13),仓储业及运输支持活动、法律和会计活动、金融服务业排在了前三位,隶属生活和公共服务业的子类公共行政和国防、教育、健康和社会服务业则排在了最后三位。这里可以更好地看出,某个细分服务行业子类在生产过程中作为中间投入使用的频率越高,或者说其距离最终消费需求越远,该行业的上游度就越高,进而其更主要通过前向参与方式嵌入全球价值链分工。当然,这里值得注意的是,计算机程序设计及咨询业的上游度水平较低,这在一定程度上反映该行业的生产融合度仍有待提升。

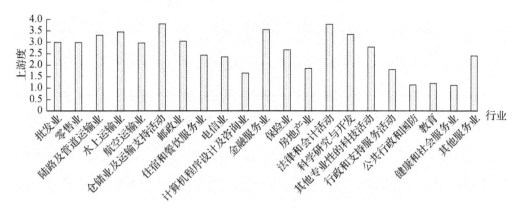

图 5.13 中国服务细分行业上游度五年均值比较(2009—2014 年)

数据来源:根据 WIOD 2016 提供的跨国投入产出表计算并整理得到。

考虑到价值链分工解构特点,下面从生产分割及其解构视角进行考察。综合表 5.3 全球生产分割、国内生产分割和国际生产分割变化情况的比较可见,我国服务业参与全球价值链分工大致经历四个阶段:第一阶段是 2000—2002 年,我国服务细分行业更多表现出国内和国际生产阶段数的"双降",尤其国内生产阶段数的下降。第二阶段是 2003—2005 年,我国大多数服务细分行业的国内和国际生产阶段数呈现"双升"特点。伴随中国在该阶段对外开放的较快推进,这一方面使得发达国家主导下的全球价值链分工链条得以再延伸,特别是为低附加值生产环节找到一个理想的"嫁接地"。世界银行报告(2017)就指出,中国加入国际分工体系,明显深化以复合型分工为代表的全球价值链分工的水平,并将全球价值链的拓展带入一个鼎盛时期。另一方面,这也为中国深度参与全球价值链分工奠定了基础。

在 2006—2008 年,受全球性金融危机冲击,我国服务业大多数行业在该阶段的国内和国际生产阶段数均明显降低,仅批发业、零售业、航空运输业、住宿和餐饮服务业和教育服务业的国内和国际生产阶段数继续提升。综合前三个阶段可见,国内和国际生产分割长度无论"双降"还是"双升",反映的都是两者间的较强互补性。但是，鉴于中国此前主要是被动参与到发达国家主导的全球价值链分工，可以认为这种互补有着较强的依附性要求。第四阶段是 2009—2014 年。该阶段全球生产分割阶段数持续缓慢上升，其主要来源是国内生产阶段数攀升明显。比较而言，国际生产分割长度则在经历 2009—2010 年短暂回调后，又开始新一轮明显下降。该阶段国内和国际生产分割"一升一降"情况说明，服务环节国内分工的复杂度在不断提升，并对服务环节国际分工形成明显替代效应。

表 5.3　服务细分行业全球生产分割解构的分阶段演进路径比较

发展阶段 类型	2000—2002 年				2003—2005 年				2006—2008 年				2009—2014 年			
	全球	国内	国际	路径	全球	国内	国际	路径	全球	国内	国际	路径	全球	国内	国际	路径
批发业	−	−	−	4	−	−	−	4	+	+	+	1	−	+	−	6
零售业	−	−	−	4	−	+	−	6	+	+	+	1	−	+	−	6
陆路及管道运输业	+	+	+	1	+	+	+	1	−	−	+	4	−	+	−	2
水上运输业	+	+	+	1	+	+	+	1	−	−	+	4	−	+	−	2
航空运输业	+	+	+	1	+	+	+	1	+	+	+	1	−	+	+	1
仓储业及运输支持活动	+	−	+	3	+	−	+	3	−	−	+	4	−	+	−	2
邮政业	−	−	−	5	+	−	+	1	+	−	+	1	−	+	−	2
住宿和餐饮服务业	−	−	−	4	+	−	+	1	+	−	+	1	−	+	−	2
电信业	+	−	+	1	+	−	+	1	−	−	+	4	−	+	−	2
计算机程序设计及咨询	−	−	+	5	+	−	+	2	−	−	+	4	−	+	−	2
金融服务业	+	−	+	1	+	−	+	1	−	−	+	4	−	+	+	1
保险业	+	−	+	1	+	−	+	1	−	−	+	4	−	+	−	4
房地产业	−	−	−	6	+	−	+	1	−	−	+	4	−	+	−	6
法律和会计活动	+	−	+	3	+	−	+	1	−	−	+	4	−	+	−	2
科学研究与开发	+	−	+	1	+	−	+	1	−	−	+	4	−	+	+	1
其他专业性的科技活动	+	−	+	1	+	−	+	1	−	−	+	4	−	+	−	2
行政和支持服务活动	+	−	+	1	+	−	+	1	−	−	+	4	−	+	−	2
公共行政和国防	−	−	−	4	+	−	+	1	−	−	+	4	−	+	−	2
教育	−	−	−	4	+	−	+	1	+	−	+	1	−	+	−	4
健康和社会服务业	−	−	−	4	+	−	+	1	−	−	+	4	−	+	−	2
其他服务业	−	−	−	4	+	−	+	1	−	−	+	6	−	+	−	2
提升行业总数	11	8	13	4	18	18	18	1	4	6	5	4	16	19	3	2

数据来源：根据 WIOD 2016 提供的跨国投入产出表计算并整理得到。表中"＋""−"分别表示上升或下降。

表 5.4 服务业全球生产分割及其解构的行业异质性(2014 年)

行业	全球生产阶段数	国内生产阶段数	国际生产阶段数	行业	全球生产阶段数	国内生产阶段数	国际生产阶段数
批发业	1.985	1.869	0.117	保险业	2.421	2.273	0.148
零售业	1.985	1.869	0.117	房地产业	1.386	1.345	0.041
陆路及管道运输业	2.412	2.227	0.185	法律和会计活动	2.953	2.646	0.306
水上运输业	2.663	2.431	0.232	科学研究与开发	2.706	2.426	0.280
航空运输业	3.190	2.774	0.416	其他专业性的科技活动	2.639	2.329	0.311
仓储业及运输支持活动	2.707	2.465	0.243	行政和支持服务活动	2.500	2.287	0.213
邮政业	2.288	2.104	0.184	公共行政和国防	2.221	2.060	0.161
住宿和餐饮服务业	2.633	2.499	0.135	教育	2.144	1.979	0.166
电信业	2.009	1.846	0.164	人类健康和社会工作活动	2.870	2.683	0.188
计算机程序设计及咨询业	2.705	2.361	0.345	其他服务业	2.545	2.311	0.234
金融服务业	1.624	1.546	0.078				

数据来源:根据 WIOD 2016 提供的跨国投入产出表计算并整理得到。

相比制造业,服务细分行业的异质性特点更加明显,这决定了在总体考察基础上,有必要进一步关注服务细分行业生产分割及其解构特点。由图 5.14 可见,运输服务相关子行业的生产分割长度均较高,其中航空运输业生产分割长度最高,水上运输业、仓储业及运输支持活动、陆路及管道运输业也较为突出,同样比较高的还包括法律和会计活动、健康和社会服务业、计算机程序设计及咨询业以及住宿和餐饮服务业。不难看出,上述排位靠前的细分行业中,绝大数都具有较强的生产性服务属性。可见,我国主要在生产性服务业领域参与到全球价值链分工体系。Lanz 和 Maurer(2015)也发现,尽管服务业比制造业活动更接近最终需求,但服务部门在与最终需求的距离上具有更突出的异质性。在达到最终需求之前,商业服务、运输和仓储以及专业服务平均要经历 2.56、2.44 和 2.38 个生产阶段。相比之下,教育、健康和社会服务生产阶段仅为 1.05 个,这表明其更倾向于直接提供给最终消费者。细分行业比较也可见,国内生产分割水平在较大程度上决定各行业全球生产分割水平。国际生产分割表现方面,航空运输业还是最高的,其次是计算机程序设计及咨询业、法律和会计活动,以上三个服务子类依然具有较强的生产性服务属性,这更进一步表明生产性服务业在拓展服务业全球价值链分工体系中的重要性。

5.3 生产性服务业拓展价值链分工联系内在机理的实证

5.3.1 模型、变量和数据来源

在前述定量比较分析的基础上,为了更好地揭示生产性服务业嵌入全球价值链分工的一般规律,特别是全球价值链分工解构为国际和国内价值链分工下的发展特点,参考 Romalis(2004)、Levchenko(2007)考察 GVC 参与的决定模型,设定基准回归方程如下:

$$GPSL_{it}(IPSL_{it}, NPSL_{it}) = a_0 + a_1 \times Z_{it} + \tau_i + \eta_t + \gamma_{it} \quad (5-8)$$

其中,Z_{it} 定义了影响生产性服务业生产分割的一系列重要变量;τ_i、η_t 分别代表控制行业和年份差异;γ_{it} 为随机误差项。

因变量即是生产性服务业生产分割阶段数,具体包括全球生产分割阶段数(GPSL)及其解构下的国内和国际生产分割阶段数(NPSL、IPSL)。指标的测度说明同 5.1.2 小节。

针对影响因素,这里主要考虑如下几个方面:①要素禀赋(labor、capi、hr)。要素禀赋决定一个行业在价值链分工格局中的基本定位,也影响着价值链分工的复杂程度。对服务行业而言,其价值链分工地位不仅受劳动力和资本要素禀赋条件的影响,同时有赖于有着较高知识储备和专业技能的人力资本。对前两类要素禀赋,研究分别用服务业城镇单位就业人员数和劳均固定资产投资表示;对人力资本禀赋,鉴于《中国劳动统计年鉴》较好地给出服务细分行业从业人员的受教育情况,这里即用服务细分行业中拥有本科以上学历人员的占比表示。对 2000—2002 年缺失的数据,分析用此后三年平均值替换。②劳动力成本(wage)。在过去较长期内,低成本优势构成影响中国制造业参与全球价值链分工的重要成本因素之一。随着中国在服务领域深化参与全球价值链分工,本土服务业相对较低的工资水平会重构低成本优势。这里用服务细分行业城镇单位人均工资水平表示。③部门生产效率(eff)。结合理论探讨,这里用服务细分行业劳均增加值表示。考虑到通胀影响,上述两个指标均用 2000 年为基期的商品零售价格指数加以处理。④对外开放水平(open)。服务领域开放程度提升不仅有助于降低沟通协调等方面的交易成本,也可以通过引入国际竞争提高生产率。这里用服务细分行业实际使用外资金额与增加值比值表示。⑤市场化制度(insti)。公平、规范、透明的市场化制度能够显著降低交易不确定和协调成本,进而促进分工深化。这里用服务细分行业城镇其他所有制单位就业人员占比表示。⑥市场规模(scale)。市场规模越大,行业发展的复杂度可能越高,由此决定生产分割长度的潜在延伸空间越大。这里以服务

细分行业增加值测度市场需求规模,其同样用 2000 年为基期的商品零售价格指数处理。⑦关联强度(cmanuf、cser)。制造业升级空间与增值能力的提升日益依赖服务中间投入,服务行业自身增值能力的提升同样如此。考虑上述关联特点,这里结合中国历年投入产出表序列,用服务业分别作为制造业和服务业中间投入占比表示。⑧创新贡献度和纯技术进步(tfp、tech)。人力资本仅能从投入角度揭示服务行业创新潜能,这里借助 Malmquist 指数计算的全要素生产率及其分解所得的纯技术进步,研究可以从表现方面进一步考察服务业发展的创新驱动特点。测度方面,资本存量规模采用永续盘存法,以 2000 年为基期,用全社会固定资产投资额推算得到(通胀因素采用固定资产投资价格指数进行处理),折旧率设定为 5% 水平。劳动力投入和增加值计算方法同上。⑨产业多样化(hhi)。这里用基于行业内企业数计算的赫希曼指数加以衡量,该指标也能较好地反映行业发展的市场集中度。

数据来源方面,生产分割阶段数测度主要根据 WIOD 2016 投入产出表计算得到;其他所有变量,除已说明的,对应衡量数据主要来自《中国第三产业统计年鉴》《中国统计年鉴》和《中国劳动统计年鉴》,时间跨度为 2000—2014 年。另在数据处理中,还有两点需要强调:其一,针对国内服务细分行业发展指标数据在 2003 年前后统计口径上的不一致,这里参考程大中(2007)对《国民经济行业分类》(GB/T 4754—2002)中服务分类第二、三阶段演变与对照关系的说明加以处理;其二,服务业生产分割长度是依据国际标准行业分类(ISIC)计算,相关影响因素则是依据国民经济行业分类标准(GB/T 4754—2002)统计,针对不同用途行业划分标准的非统一性,以后者为参照进行统一口径处理。表 5.5 给出所有变量的描述性统计。

表 5.5　变量测度说明与描述性统计

变量	描述	衡量	单位	符号	均值	标准差	样本
GPSL	全球生产分割阶段	全球生产阶段数	—		2.410	0.396	210
NPSL	国内生产分割阶段	国内生产阶段数	—		2.160	0.331	210
IPSL	国际生产分割阶段	国际生产阶段数	—		0.250	0.103	210
labor	劳动力禀赋	城镇单位就业人员数	万人	+	5.811	0.896	210
capi	资本要素禀赋	劳均固定资产投资	元	+	11.364	1.565	210
hr	人力资本禀赋	本科以上学历人口占比	—	+	0.158	0.119	210
wage	劳动力成本	城镇就业人员平均工资	元	+	10.379	0.522	210
eff	部门生产效率	劳均增加值	元	+	12.061	0.869	210
open	对外开放水平	外商投资额占比	—	+	0.024	0.028	210

续表 5.5

变量	描述	衡量	单位	符号	均值	标准差	样本
insti	市场化制度	其他所有制企业人员占比	—	+	0.352	0.269	210
scale	规模效应	服务业增加值	亿元	+	8.664	0.887	210
cmanuf	制造业关联度	制造业服务中间投入份额	—	+	0.306	0.146	210
cser	服务业关联度	服务业服务中间投入份额	—	+	0.522	0.188	210
tfp	创新贡献度	全要素生产率	—	+	1.017	0.097	210
tech	纯技术进步	技术进步率	—	+	1.037	0.095	210
hhi	产业多样化	赫芬达尔指数	—	+	0.055	0.014	210

5.3.2 总体结果与解释

从总体角度出发,表5.5首先在控制行业异质性的前提下,采用单向固定效应考察了相关因素对服务业全球生产分割、国内生产分割和国际生产分割的影响。这里之所以重视行业异质性,是因为相比制造业,服务细分行业的异质性特征更加明显,其会造成更大拟合偏误。由回归结果可见,单向固定效应不仅整体拟合情况有了明显改善,而且相关变量作用也更符合预期。在此基础上,进一步控制年份差异,同时考虑样本可能存在的异方差和自相关性影响,研究还给出可行广义最小二乘(FGLS)估计。较之单向固定效应,结果有了更显著的提升。

表 5.6 我国服务业生产分割的解构及其影响因素的总体考察

估计方法	固定效应			FGLS		
因变量	GPSL	NPSL	IPSL	GPSL	NPSL	IPSL
labor	0.521	0.427	0.091 4	0.401***	0.369***	0.019 3
	[1.420]	[1.408]	[0.708]	[2.846]	[6.294]	[0.828]
capi	0.131***	0.129***	0.002	0.123***	0.125***	−0.003 55
	[4.044]	[4.805]	[0.215]	[9.990]	[13.239]	[−0.761]
wage	0.151**	0.101*	0.049 9**	0.185***	0.123***	0.042 8***
	[2.172]	[1.753]	[2.039]	[7.102]	[6.289]	[3.882]
eff	0.511	0.353	0.155	0.345**	0.264***	0.067 0**
	[1.271]	[1.065]	[1.094]	[2.252]	[3.873]	[2.532]
open	−1.599*	−1.437*	−0.163	−1.334***	−1.314***	−0.044 7
	[−1.783]	[−1.939]	[−0.517]	[−7.727]	[−8.250]	[−0.504]
insti	0.200	0.205	−0.003 87	0.039 1	0.063 7	−0.052 2*
	[0.995]	[1.235]	[−0.055]	[0.550]	[1.376]	[−1.678]

续表 5.6

估计方法	固定效应			FGLS		
因变量	GPSL	NPSL	IPSL	GPSL	NPSL	IPSL
scale	−0.986**	−0.707**	−0.277**	−0.804***	−0.613***	−0.169***
	[−2.473]	[−2.144]	[−1.978]	[−5.280]	[−9.749]	[−5.755]
hr	0.010 7***	0.008 4***	0.002 3**	0.007 3***	0.006 4***	0.001 7***
	[3.958]	[3.762]	[2.426]	[8.525]	[8.776]	[6.235]
cmanuf	0.418	0.425*	−0.005 86	0.306***	0.394***	−0.016 0
	[1.566]	[1.929]	[−0.062]	[5.231]	[6.913]	[−0.773]
cser	0.501	0.658**	−0.157	0.412***	0.634***	−0.136***
	[1.572]	[2.502]	[−1.399]	[5.660]	[9.025]	[−6.373]
tfp	0.139	0.088 5	0.051 9	0.097 3***	0.069 8***	0.031 0***
	[1.251]	[0.966]	[1.331]	[4.848]	[3.917]	[3.096]
tech	0.256**	0.226***	0.029 9	0.248***	0.236***	0.015 7
	[2.579]	[2.748]	[0.855]	[9.011]	[13.036]	[1.528]
hhi	−4.037***	−2.458*	−1.577***	−2.117***	−1.248***	−0.961***
	[−2.683]	[−1.976]	[−2.981]	[−3.684]	[−2.779]	[−4.449]
常数项	−1.975	−1.759	−0.189	−1.058	−2.088***	0.466**
	[−0.568]	[−0.612]	[−0.155]	[−0.798]	[−3.568]	[2.018]
行业/年份	是/否	是/否	是/否	是/是	是/是	是/是
R^2	0.963	0.964	0.933			
F/Wald 值	141.5***	144.8***	75.21***	77 303.8***	24 617.5***	4 866.8***
样本量	210(14)	210(14)	210(14)	210(14)	210(14)	210(14)

注：***、**、*分别表示在 1%、5% 和 10% 水平显著；系数对应方括号中的数字为 t 或 z 统计量。

具体来看，劳动力禀赋(labor、capi)在 1% 水平显著促进全球总生产分割水平提升；更进一步而言，其主要通过促进国内生产分割水平提升发挥作用，对服务业国际生产分割水平提升作用则不明显。这至少表明国际生产分割细化并非依赖简单劳动力要素禀赋投入。与劳动力禀赋作用形成对比，工资水平(wage)均在 1% 水平显著促进各层次生产分割水平提升。从直观角度而言，该变量反映的是劳动力成本因素，但工资也在一定程度上反映劳动者素质(徐康宁和陈健，2008)，对更依赖"人"的服务业而言,尤其如此。拟合结果中,人力资本禀赋(hr)均在1%水平显著为正,这更直接印证了上述观点。资本要素禀赋(capi)也在1%水平表现出对服务业国内生产分割的显著促进作用,并由此表现出对全球总生产分割水平提升的促进作用。围绕该变量对国际生产分割正向作用不显著原因的思考,本研究认为这主要在于中国服务业同样是在低端嵌入全球价值链分工,资本深化一方面会削弱我国现阶段比较优势发挥,另一方面也会面临来自价值链顶端发达国家的竞争与压制。恰如3.1节理论模型推导结论,无论是建立国内还是国际价值链分工联系,效率提升能够增强生产性服务业企业拓展价值链分工联系的决策。这里方程估计证实,效率增进(eff)作用均至少在5%水平通过了显著性检验,并且边际作用为正。对比结果中,对外开放(open)主要表现出对国内生产分割拓展的显著不利影响,市场化制度环境(insti)改善反而在10%水平表现出对国际生产分割水平提升的负向作用。有学者在探讨国家法治环境影响的时候,发现新兴经济体国家法治环境的改善不但没有增加,反而降低了其国际价值链分工收益状况。对其中原因的思考,分析认为主要是新兴经济体国家法治环境过低,只有在达到一定阈值之后,其促进作用才会表现出来。

值得关注的还有市场规模效应(scale),其至少在5%水平表现为不利于生产分割水平的提升。按照戴翔等(2017)的观点,本土市场规模并非分割市场简单加总所表现出的体量。这意味着市场规模效应是否存在,有赖于能否建立统一市场。相比制造业,地方保护主义加上仍然较高的行业内垄断,这都导致我国服务业发展面临的市场分割更严重,由此制约其潜在市场规模效应向现实效应的转化。进一步关注制造业—服务业关联(cmanuf)和服务业—服务业关联(cser)作用。一方面,两者均促进服务业国内生产分割拓展;另一方面,服务业—服务业关联却不利于拓展国际生产分割。该结果同样在较大程度上验证了3.1节理论探讨的相关结论,其一方面表明无论拓展国际还是国内价值链分工,建立不同区段生产联系均存在促进作用;另一方面表明,正是因为模型强调的服务生产环节相对制造环节具有更强的关系特指属性,这才使得服务业—服务业关联至少对国际价值链分工拓展存在显著不利影响。对比创新能力(tfp)及其分解项技术进步(tech)影响,两者也主要通过促进国内生产分割,进而更好地表现出对全球生产分割拓展的正向作用。同样受限于发达国家主导全球价值链分工,技术进步对国际生产分割促进作用也未能显现。有学者研究认为,发达国家和发展中国家两种经济体之间的融合性质不同,技能强度只有在发达国家才是显著的。最后,赫芬达尔指数(hhi)均在1%水平显著为负。由此证实,产业多样化更有利于服务业拓展各层级生产分割水平。

5.3.3 价值链分工拓展的分类比较

在总体考察基础上,表5.7主要结合服务业发展特点,分别从其功能性质和要素禀赋构成角度展开分类再比较。生产性服务业和非生产性服务业(生活和公共服务业)划分下,更多因素主要表现出对生产性服务业生产分割水平扩展的显著作用。作为能够增强制造部门增值能力的功能环节,生产性服务业才是真正在全球价值链分工体系下得到较充分发展的服务领域。首先,在生产性服务业生产分割考察范畴内,劳动力和物质资本(labor、capi)最终依然主要通过影响国内生产分割表现出对全球生产分割扩张的促进作用。工资水平(wage)影响反而变得不显著,或者只是在5%水平表现出对国际生产分割拓展的不利作用。对比结果不难发现,工资水平主要经由对生活和公共服务业表现为促进作用,而最终在总体样本考察中呈现正向作用。结合该因素双重经济内涵,即在认为工资水平能够间接反映劳动者素质的前提下,这里对比结果实质上从其对生活和公共服务业正向作用角度再次强调了劳动者素质提升的重要性。

其他因素作用方面,生产性服务业生产分割拓展的效率敏感度(eff)更加突出,生活和公共服务业的"非生产性"服务性质决定其并非完全追求效率至上。对外开放(open)主要通过抑制生活和公共服务业生产分割,最终表现为总体角度考察中的负面作用。市场化制度环境(insti)改善也主要不利于生活和公共服务业国际生产分割拓展,其对生产性服务业国际生产分割影响则在1%水平显著为正。显然,后者对比结果进一步明晰了市场化制度环境改善的作用特点,至少部分说明其还是有利于生产性服务业拓展全球价值链分工联系的。将市场化制度环境改善近似视为市场交易成本的降低,则该变量估计同样证实理论模型3.1节推导结论,即可变交易成本或固定搜索成本的降低有助于企业拓展国际或国内价值链分工联系。类似地,市场规模(scale)效应之所以在总体考察中同样呈负向作用,主要源于其对生产性服务业生产分割拓展更显著的不利影响。这也从反面角度表明,统一市场建立对生产性服务业生产分割拓展的特殊重要性。在主要表现出对不同类型服务业生产分割拓展促进作用的同时,两种类型产业关联对生产性服务业国内分割拓展的作用都不显著。对比全要素生产率(tfp)所体现的创新能力,其对国内生产分割的促进作用更主要体现在组间,组内仍不明显。最后,产业多样化(hhi)主要促进生产性服务业生产分割拓展,对生活和公共服务业的作用均不显著。

表 5.7 影响我国服务业生产分割扩展影响因素的分类考察

类型	生产性服务业			生活和公共服务业			技术密集型服务业			劳动密集型服务业		
因变量	GPSL	NPSL	IPSL	GPSL	NPSL	IPSL	GPSL	NPSL	IPSL	GPSL	NPSL	IPSL
labor	1.446***	1.076***	0.268	0.006 64	0.079 7	0.039 1	0.394*	0.488***	0.028 3	−0.493	−0.791**	−0.042 2
	[4.245]	[3.924]	[1.634]	[0.039]	[0.628]	[1.020]	[1.942]	[3.058]	[0.746]	[−1.277]	[−2.170]	[−0.563]
capi	0.182***	0.192***	−0.008 4	−0.005 4	0.047***	−0.044 7***	0.064 0**	0.119***	−0.030 3***	0.051 2**	0.093 6***	−0.005 07
	[4.591]	[5.457]	[−0.596]	[−0.391]	[3.582]	[−11.732]	[2.222]	[5.261]	[−3.490]	[2.167]	[4.644]	[−0.581]
wage	−0.026 6	0.023 0	−0.079 7**	0.236***	0.154***	0.074 8***	0.107	0.032 9	0.063 5***	0.501***	0.374***	0.093 4***
	[−0.306]	[0.317]	[−2.183]	[6.567]	[4.969]	[6.803]	[2.271]	[0.802]	[4.397]	[8.946]	[7.591]	[3.465]
eff	1.350***	0.804***	0.483***	0.072 5	0.136	0.084 3**	0.426**	0.395**	0.118***	−0.327	−0.699**	0.028 6
	[3.775]	[2.720]	[2.852]	[0.401]	[0.981]	[2.081]	[1.869]	[2.216]	[2.595]	[−0.814]	[−1.844]	[0.358]
open	0.936	0.333	0.511	−2.323***	−1.966***	−0.884***	−0.622*	−0.388	−0.086 8	−1.329	−0.717	−0.429*
	[1.152]	[0.506]	[1.293]	[−4.445]	[−4.592]	[−9.378]	[−1.679]	[−1.211]	[−0.699]	[−1.296]	[−0.825]	[−1.662]
insti	−0.222	−0.326	0.293***	0.033 1	0.128	−0.102**	0.232*	0.311***	0.012 5	−0.109	−0.083 0	−0.164***
	[−0.768]	[−1.270]	[2.773]	[0.372]	[1.473]	[−3.429]	[1.646]	[2.980]	[0.242]	[−0.784]	[−0.688]	[−2.728]
scale	−1.666***	−1.088***	−0.507***	−0.298	−0.301**	−0.122***	−0.773***	−0.706***	−0.205***	−0.222	0.310	−0.179***
	[−5.400]	[−4.116]	[−3.212]	[−1.526]	[−2.126]	[−2.884]	[−3.476]	[−4.006]	[−4.704]	[−0.586]	[0.853]	[−2.211]
hr	0.007 8***	0.003 08	0.004 9***	0.003 8***	0.002 2	0.000 18	0.011 4***	0.005 73***	0.003 74***	9.49e−05	6.23e−05	0.000 7
	[2.995]	[1.391]	[5.396]	[2.516]	[1.256]	[0.593]	[6.297]	[3.729]	[8.124]	[0.052]	[−0.047]	[1.283]

续表 5.7

类型	生产性服务业			生活和公共服务业			技术密集型服务业			劳动密集型服务业		
因变量	GPSL	NPSL	IPSL	GPSL	NPSL	IPSL	GPSL	NPSL	IPSL	GPSL	NPSL	IPSL
cmanuf	0.941**	0.535	0.513***	0.572***	0.414***	0.149***	0.419***	0.651***	−0.288***	0.256	0.067 3	0.232***
	[2.116]	[1.320]	[3.011]	[4.166]	[3.522]	[4.387]	[2.419]	[4.748]	[−5.050]	[1.076]	[0.334]	[3.550]
cser	0.725***	0.517	0.277**	0.670***	0.636***	0.056 4	0.623***	1.169***	−0.624***	0.293	0.081 5	0.202***
	[2.125]	[1.554]	[2.380]	[3.958]	[4.396]	[1.303]	[2.622]	[5.730]	[−7.424]	[1.382]	[0.450]	[3.322]
tfp	0.045 3	−0.022 0	0.055 4**	0.083 8**	0.016 0	0.021 8**	−0.008 17	0.012 4	0.011 4	0.040 6	−0.032 2	0.060 5***
	[0.657]	[−0.311]	[2.144]	[1.997]	[0.415]	[2.172]	[−0.197]	[0.285]	[0.696]	[0.704]	[−0.689]	[3.673]
tech	0.318***	0.273***	0.022 0	0.148***	0.172***	0.013 5***	0.256***	0.234***	0.023 2	0.294***	0.273***	−0.0015 6
	[4.563]	[3.915]	[0.655]	[4.060]	[4.901]	[2.638]	[4.921]	[5.625]	[1.448]	[5.652]	[5.578]	[−0.101]
hhi	−5.140***	−2.149*	−3.084***	−0.894	−0.441	−0.094 3	−3.748***	−0.639	−2.127***	−0.007 11	−0.291	0.604
	[−3.626]	[−1.932]	[−4.691]	[−1.326]	[−0.934]	[−0.517]	[−3.885]	[−0.813]	[−6.185]	[−0.006]	[−0.332]	[1.565]
常数项	−10.61***	−7.625***	−1.958	0.961	0.010 7	−0.392	−1.365	−2.696**	0.454	5.178	7.568**	0.636
	[−3.368]	[−3.020]	[−1.321]	[0.598]	[0.009]	[−1.000]	[−0.708]	[−1.751]	[1.068]	[1.445]	[2.245]	[0.899]
行业	是	是	是	是	是	是	是	是	是	是	是	是
年份	是	是	是	是	是	是	是	是	是	是	是	是
Wald值	2 913.1	2 864.6	1 935.85	8 438.34	21 575.41	6 919.42	15 338.89	11 155.74	11 981.7	1 861.87	3 140.8	809.98
样本量	105(7)	105(7)	105(7)	105(7)	105(7)	105(7)	105(7)	105(7)	105(7)	105(7)	105(7)	105(7)

注：***、**、*分别表示在 1%、5%和 10%水平显著；系数对应方括号中的数字为 t 或 z 统计量。

依据服务行业要素禀赋构成分类下的比较结果,劳动力要素禀赋反而有助于技术密集型服务业国内生产分割和总生产分割阶段数的提升,但却不利于劳动密集型服务业。这一方面从侧面说明我国技术密集型服务业整体发展水平仍不高,至少是参差不齐的。由此在劳动力要素需求市场上,该类型服务业相对较高的平均报酬反而更易吸引一般技能劳动力,进而与劳动密集型服务业存在较强竞争关系。另一方面,鉴于目前我国还是在较低端嵌入技术密集型服务业全球价值链,这也反映发达国家较强"链内"控制能力加剧我国以一般技能劳动力参与其中的特点。而在更深层次,这反映的是中国服务业参与全球价值链分工存在的劳动力资源错配。受此影响,劳动密集型服务业发展不得不面对一般技能劳动力短缺,进而我国该类型服务业生产分割拓展,反倒需要通过工资水平提升来获得原本合适的劳动力。这里的结果中,工资水平对劳动密集型服务业国内和国际生产分割以及总生产分割在1%水平上表现出的促进作用,便是很好的佐证。

效率提升和市场化制度环境改善均至少在10%水平,表现出对我国技术密集型服务业国内生产分割和总生产分割的显著促进作用。市场规模(scale)在1%水平明显不利于技术密集型服务业各层次生产分割拓展,这再次突出国内统一市场建立的极端重要性。不同于此,人力资本(hr)均在1%水平主要表现出对技术密集型服务业各层次生产分割拓展的促进作用。产业关联同样表现出对技术密集型服务业国内生产分割扩展的促进作用,但却明显不利于其国际生产分割水平提升。而就劳动密集型服务业来看,两类产业关联反而主要促进该类型服务业国际生产分割拓展。按照Nunn(2007)的观点,服务行业具有关系特异性特征,即蕴含于服务生产活动中的大量隐性知识传播,有赖于较高联系度或相似度传播环境。在相同产业关联作用下,由于国际生产分割对关系特异性导致的隐性知识传播成本更敏感,因此,同一服务行业的国内生产分割拓展会比国际生产分割拓展容易。这反过来也说明切实增强技术密集产业跨国分工联系的重要性。此外,劳动密集型行业的关系特异性远低于技术密集型服务业。对前者而言,至少其国内生产分割拓展并不必然需要借助产业关联来降低关系特异性影响。与此同时,产业关联却有助于适度关系特异性劳动密集型服务业的国际生产分割拓展。再比较创新能力及其分解项技术进步作用的特点,其更清晰地表明应重视创新能力促进生产分割的根源,即技术进步的作用。最后,分类结果亦表明,产业多样性特点越突出,越有利于技术密集型服务业生产分割拓展。

5.3.4 价值链分工拓展的互动机制

在技术处理上,全球生产分割可以解构为国内和国际生产分割,但国内和国际生产分割彼此间究竟呈现互补还是替代关系,仍不清楚。因为任何一部分的增长,可能会通过削弱另一部分而降低全球总生产分割水平。研究更感兴趣的是:在考虑国内和国际生产分割彼此间作用的情况下,相关因素究竟又发挥了怎样的中介作用? 它们是有助于增进还是削弱该类作用关系呢? 下面机制探讨部分将重点解决上述问题。实证方面,主要通过构造交叉项揭示相关因素作用的机制途径,特别是重点关注对外开放、效率增进、人力资源禀赋、技术进步、市场化制度环境以及市场规模效应的影响。技术处理上,主要借助联立方程来考察国内和国际分割彼此间的影响。具体设定方面,这里主要考虑了联立方程残差项可能存在的异方差和组间相关影响,同时考虑了国内和国际生产分割两者可能存在的内生性问题。

表 5.8 方程(1)～(6)分别考察的是国内生产分割与相关因素交乘项对国际生产分割的影响,表 5.9 方程(1)～(6)则进一步考察国际生产分割与相关因素交乘项对国内生产分割的作用。就国内生产分割对国际生产分割的直接影响效果来看,除方程(4)不显著外,变量 NPSL 均在 1% 水平显著为正。作为全球生产分割解构两个重要部分,这表明两者并非必然呈现"此消彼长"式的替代关系。生产性服务业国内生产分割扩展,至少单向上能够促进国际生产分割水平提升。Beverelli 等(2016)也认为,在中间投入层面,国内生产分割和国际生产分割可能会呈替代关系,但在统一价值创造层面,两者又会表现为互补关系。本研究不仅契合了上述观点,更揭示了其在中国的作用特点。这里实证结果亦表明,定量分析所揭示的中国生产性服务业国内、国际生产分割"一升一降"替代关系,可能是由相关因素作用方向的非一致性造成的。具体而言,由国内生产分割与相关因素交乘项作用可见,除技术进步交乘项(NPSL×tech)显著为正外,其他大多数均显著为负。这说明中国生产性服务业发展相关条件改善,大多会削弱国内生产分割对国际生产分割拓展的促进作用。再就国际生产分割对国内生产分割的直接影响来看,类似 Beverelli 等(2016)指出两者关系的复杂性,这里也无法做出明确判断。但由国际生产分割与相关因素交乘项作用来看,除方程(1)中变量 IPSL×open 不显著外,其他大多在 1% 水平显著为正。对比表 5.7,这表明效率增进、市场化制度环境改善和市场规模效应等虽然大多没有直接表现出对国际生产分割水平提升的促进作用,或者直接作用为负,但却有利于释放国际生产分割对国内生产分割拓展的促进作用。

表 5.8　生产性服务业国内价值链拓展对国际价值链拓展影响的机制探讨

方程	(1)	(2)	(3)	(4)	(5)	(6)
NPSL	0.26***	1.402***	0.349***	0.109	0.358***	1.018***
	[8.226]	[5.218]	[8.143]	[1.334]	[11.149]	[8.774]
NPSL	×open	×eff	×hr	×tech	×insti	×scale
	−0.256	−0.096***	−0.005***	0.117*	−0.347***	−0.092***
	[−0.577]	[−4.305]	[−3.207]	[1.752]	[−5.948]	[−6.825]
控制变量	控制	控制	控制	控制	控制	控制
行业/年份	是/是	是/是	是/是	是/是	是/是	是/是
R^2	0.936	0.942	0.94	0.938	0.946	0.949
F 值	2 014.49***	2 245.95***	2 158.42***	2 069.74***	2 436.59***	2 600.15***
样本量	105(7)	105(7)	105(7)	105(7)	105(7)	105(7)

注：＊＊＊、＊＊、＊分别表示在1%、5%和10%水平显著；系数对应方括号中的数字为 t 或 z 统计量。

表 5.9　生产性服务业国际价值链拓展对国内价值链拓展影响的机制探讨

方程	(1)	(2)	(3)	(4)	(5)	(6)
IPSL	1.458***	−3.65***	1.046***	0.372	0.977***	−2.30***
	[7.753]	[−2.606]	[5.455]	[0.678]	[5.848]	[−3.633]
IPSL	×open	×eff	×hr	×tech	×insti	×scale
	−1.346	0.433***	0.023 5***	0.854*	2.280***	0.492***
	[−0.567]	[3.625]	[2.928]	[1.856]	[5.557]	[5.962]
控制变量	控制	控制	控制	控制	控制	控制
行业/年份	是/是	是/是	是/是	是/是	是/是	是/是
R2	0.966	0.968	0.968	0.967	0.97	0.971
F 值	3 128.14***	3 338.57***	3 306.02***	3 226.23***	3 648.81***	3 735.26***
样本量	105(7)	105(7)	105(7)	105(7)	105(7)	105(7)

注：＊＊＊、＊＊、＊分别表示在1%、5%和10%水平显著；系数对应方括号中的数字为 t 或 z 统计量。

5.4　企业拓展异质空间价值链分工联系的实证

5.4.1　微观企业价值链分工测度与特点

随着全球价值链重要性的上升，一个公司的生产比以往任何时候都更有可能跨越多个国家。也有越来越多的证据表明，公司级别的生产决策不仅在解释贸易模式方面起着关键作用(Bernard 等,2009)，而且对宏观生产力、就业和福利等也会产生重要影响(Goldberg 等,2010;Hummels 等,2014)。为了从微观视角揭示生产性服务业企业价值链分工的空间分布情况,特别是企业价值链分工在国内不同空间尺度布局对其国际价值链拓展影响的一般规律,这里首先需要在考虑空间异质性的前提下,对微观企业价值链分工不同区段联系状况的界定与测度做出说明。从研究现状来看,基于微观数据揭示企业价值链分工活动是有难度的。国内外相关学者虽已有借助微观企业数据的考察,但多是借助宏观投入产出表将微观数据归并到行业或者国别层面,并且关注的多是终端增加值的行业或国别贡献(张杰等,2013)。这里定量考察借助世界银行中国投资环境调查数据库,重点从生产角度剖析我国企业价值链分工特点。特别是通过比较,考察制造业企业和生产性服务业企业拓展价值链分工联系的不同特点和一般性规律。

对任何被考察企业而言,无论其在产品生产链条的什么位置,都存在与之构成生产分工联系的上游企业,同时存在同属某一生产区段(或者近似生产区段)的中游企业,还有与之存在生产联系的下游企业。结合问卷相关选题所反映的企业生产联系特点,这里用与被考察企业存在生产联系的供应商数量体现其价值链分工上游联系(即存在原材料购进关系的供应商数量),用与被考察企业存在竞争关系的竞争对手数量体现其所处价值链分工中游水平(即主营业务线上竞争者数量),再以买家数量体现被考察企业价值链分工下游联系(即包括经销商和零售商在内的代理商数量)。更进一步来说,对被考察企业价值链分工各区段联系空间异质情况的描述,也主要以被考察企业为参照,从与其存在不同区段价值链分工联系、分布在不同空间层级的关联企业的数量加以反映。实际构建了四个互不相交的空间尺度,即用与被考察企业在某区段存在价值链分工联系,且在同一市辖区的企业数量,体现其在市辖区空间尺度的价值链分工联系;用与被考察企业不在同一市辖区,但在同一城市的关联企业数量,体现其拓展城市空间尺度价值链分工联系的水平;用与被考察企业不在同一城市,但在同一省份或者国内其他省份的关联企业数量,体现其拓展国家空间尺度价值链分工联系的水平;最后,用与被考察企业存在联系的海外企业数量,体现其拓展国际空间尺度分工联系的水平。

表 5.10 重点结合与被考察企业存在生产关联的企业在不同维度的数量占比情况,揭示了中国企业层面价值链分工联系的分解情况及其空间布局特点。首先结合外包所体现的被考察企业组织形式差异下的比较结果来看,相比非外包企业,外包企业无论在上游供应商联系、中游相同环节市场竞争还是下游代理商联系方面,均表现出更强价值链分工协作水平,尤其在国家和国际空间尺度。这也意味着,相比非外包企业,外包企业在价值链分工下的空间外拓倾向更明显。再就被考

察企业拓展价值链分工联系的空间布局情况来看,无论上游、中游还是下游环节,更多布局在城市和国家空间尺度,两者合计分别达到 66.08%、69.12% 和 59.84%。这其中,国家空间尺度所占比重最高。比较而言,被考察企业在市辖区和国际空间尺度拓展分工联系的水平明显偏低,尤其是国际空间尺度。当然,相比上游和中游,企业在各空间尺度拓展下游联系的分布差距还是更小。

表 5.10 考虑生产组织模式差异的企业价值链分解及其空间布局(%)

价值链环节	上游(供应商)				中游(竞争者)				下游(代理商)			
空间尺度	市辖区	城市	国家	国际	市辖区	城市	国家	国际	市辖区	城市	国家	国际
外包	12.14	28.19	39.88	8.42	9.17	18.2	53.89	8.09	11.83	23.56	37.56	15.86
非外包	16.61	31.1	34.52	7.86	13.43	26.75	43.95	5.37	17.14	29.37	30.19	10.76
合计	15.77	30.55	35.53	7.97	12.65	25.17	43.95	5.87	16.17	28.31	31.53	11.69

数据来源:世界银行中国微观企业调查数据,并经计算整理得到。

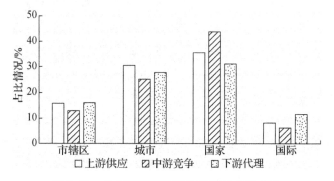

图 5.15 分工解构各区段在异质空间的分布

数据来源:世界银行中国微观企业调查数据,并经计算整理得到。

下面再结合被考察企业自身所在城市的等级差异,进一步揭示其拓展不同空间尺度价值链分工联系的特点。首先参考倪鹏飞(2016)的研究,对被考察企业所在城市按照综合发展水平划分为一、二、三和四线城市。由表 5.11 可见,相比源自二、三、四线城市的企业,一线城市企业与国际市场上游供应商、下游代理商建立分工联系的水平遥遥领先,尤其是国际空间尺度下游联系。正因为如此,源自一线城市被考察企业价值链分工联系的拓展也会面临更加激烈的国际市场同行竞争。由上分析,可以得出如下结论,即被考察企业所在城市等级越高,其拓展国际价值链分工联系的可能性也越大。由表 5.11 还可见,对源自一、二、三线城市的被考察企业而言,其建立价值链分工各环节联系的空间布局重心均是城市和国家尺度;但对源自四线城市的被考察企业而言,其建立价值链分工各环节联系的空间布局重心则是市辖区和城市空间尺度。上述发现说明,源于四线城市企业拓展国际价值链分工的可能性是偏低的。一方面,该类企业价值链分工各环节的空间布局重心决定了其自身能力存在一定局限性;另一方面,其在更大空间尺度拓展价值链分工联系,会面临来自高等级城市企业的有力竞争。综上分析可以进一步推断,企业价值链分工各环节国内布局重心所在的空间尺度越大,意味着其构建国内价值链分工联系的复杂度和水平越高,因而企业拓展国际价值链分工联系的可能性越大,相对水平也越高。这一发现不仅契合了刘志彪和张杰(2009)所强调的中国国内价值链构建重要性的观点,而且提供了来自微观企业层面的证据。

表 5.11 企业来源城市等级差异下的价值链分解及其空间布局(%)

价值链环节	上游(供应商)				中游(竞争者)				下游(代理商)			
空间尺度	市辖区	城市	国家	国际	市辖区	城市	国家	国际	市辖区	城市	国家	国际
一线城市	13.119	33.454	36.235	15.205	10.425	27.107	51.702	8.642	13.112	32.908	32.496	20.127
二线城市	13.582	33.387	37.353	7.834	10.422	24.968	52.272	5.524	15.292	29.16	36.999	9.898
三线城市	18.885	27.42	35.591	2.307	15.503	25.247	37.867	4.002	18.282	25.637	27.046	6.359
四线城市	23.955	28.776	16.044	2.797	22.357	27.062	21.376	6.024	26.829	28.679	20.485	4.202

数据来源:世界银行中国微观企业调查数据,并经计算整理得到。

表 5.12 行业差异下企业价值链分工解构各环节的不同分位比较

行业 (样本量)	非技术密集型制造业(872)			技术密集型制造业(1967)			生产性服务业(1109)		
不同分位	5%	50%	95%	5%	50%	95%	5%	50%	95%
上游供应	0.537	2.006	4.454	0.597	2.485	3.912	−2.297	−0.203	2.398
中游竞争	0.462	2.634	4.325	0.495	2.081	2.773	0.748	2.704	4.218
下游代理	0.435	2.358	5.878	0.649	2.778	4.605	0.000	1.544	4.788

数据来源:世界银行中国微观企业调查数据,并经计算整理得到。

由表 5.12 可见,技术密集型制造业企业在拓展上游和下游联系方面的水平最高,但在中游联系方面,反而是非技术密集型制造业企业和服务业企业要高。这说明企业拓展上、下游分工联系的可能性越大,其所面临的中游竞争就越小。相比制造业企业,生产性服务业企业更接近终端市场需求的特点,决定了它们的分工网络拓展主要表现为建立下游代理商联系。类似于非技术密集型制造业企业,中国生产性服务业企业同样面临较为激烈的中游竞争。再就拓展上游供应商联系来看,生产性服务业企业在不同分位下的相对水平均是最低的。这还从另一个角度表明,生产性服务业虽然也需要上游其他环节中间品投入来协助其自身服务产品的生产,但它更主要还是扮演着作为其他下游环节中间投入的角色。

表 5.13 和图 5.16 都从行业异质性角度揭示了企业价值链分工联系及其空间布局特点。相比制造业,生产性服务业企业价值链分工各环节均呈现在城市空间尺度具有更高集中度的特点,其拓展国际价值链分工联系的水平也远低于制造业企业。就生产性服务业企业而言,其不仅分工链条相对较短,可解构性也有限,加上服务品供需关系的建立更依赖面对面交流,这都决定了生产性服务业企业直接拓展国家乃至国际空间尺度价值链分工联系的水平明显偏低。此外,中国生产性服务业领域的开放程度与市场化进程相对较慢,制度约束也在较大程度上束缚了生产性服务业企业在价值链分工中的作用。当然,作为制造业生产的中间投入,特别是伴随中国制造业企业的大量"走出去",生产性服务业企业拓展国际价值链分工联系的步伐将明显加快。这不仅有助于增强制造业企业的价值增值能力,也有助于中国制造业企业借助"服务嵌入"拓展价值链下游,进而通过提升制造产品差异度和质量,降低国际市场拓展的过度同质化竞争(蒋为和孙浦阳,2016)。再由制造业企业分类比较可见,技术密集型制造企业建立国家和国际空间尺度联系的水平显著更高,表明该类型企业更倾向于拓展较大空间尺度分工联系。

表 5.13　行业异质下企业价值链分工联系的解构及其空间布局(%)

价值链环节	上游(供应商)				中游(竞争者)				下游(代理商)			
空间尺度	市辖区	城市	国家	国际	市辖区	城市	国家	国际	市辖区	城市	国家	国际
劳动密集型制造企业	15.55	27.67	35.68	7.64	12.67	25.02	41.2	5.89	14.36	24.63	22.26	23.11
技术密集型制造企业	12.86	26.86	41.17	9.37	8.86	17.88	56.71	7.37	12.02	23.16	41.67	11.21
生产性服务业企业	22.92	42.1	22.24	4.34	20.95	40.91	26.29	2.53	26.23	41.68	18.84	2.4

数据来源:世界银行中国微观企业调查数据,并经计算整理得到。

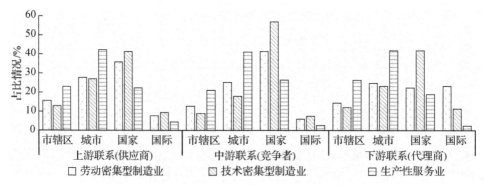

图 5.16　行业差异下企业价值链分工解构的空间分布

数据来源:世界银行中国微观企业调查数据,并经计算整理得到。

5.4.2 计量模型与变量说明

前述定量考察揭示了包括生产性服务业企业在内的我国企业拓展国内不同空间尺度价值链分工与其拓展国际尺度价值链分工联系方面的一般规律。然而,上述规律是否表现为因果关系?特别是对企业国际尺度价值链分工联系的拓展而言,本研究更关心国内不同空间尺度价值链分工联系作用的差异。有鉴于此,后续实证分别从微观企业价值链分工上、中、下游联系角度,揭示企业国内不同空间尺度价值链构建对其国际价值链拓展的影响。基准方程的设定如下:

$$\text{lnglob\_buy}_{ik} = a_0 + a_1 \times \text{lninn\_buy}_{ik} + a_2 \times \text{lncity\_buy}_{ik} + a_3 \times \text{lncoun\_buy}_{ik} + a_4 \times \ln Z_{ik} + \tau_i + \eta_k + n_{ik} \quad (5-9)$$

$$\text{lnglob\_com}_{ik} = a_0 + a_1 \times \text{lninn\_com}_{ik} + a_2 \times \text{lncity\_com}_{ik} + a_3 \times \text{lncoun\_com}_{ik} + a_4 \times \ln Z_{ik} + \tau_i + \eta_k + n_{ik} \quad (5-10)$$

$$\text{lnglob\_sup}_{ik} = a_0 + a_1 \times \text{lninn\_sup}_{ik} + a_2 \times \text{lncity\_sup}_{ik} + a_3 \times \text{lncoun\_sup}_{ik} + a_4 \times \ln Z_{ik} + \tau_i + \eta_k + n_{ik} \quad (5-11)$$

其中:ln 为自然对数符号;虚拟变量 τ_i 和 η_k 分别表示控制被考察企业所属行业和来源城市等级差异[①];Z_{ik} 代表控制变量,n_{ik} 是随机误差。

研究目的决定了因变量和核心解释变量均是被考察企业价值链分工各区段在不同空间尺度的联系水平。其中,因变量是企业各区段国际价值链分工联系水平,核心解释变量是企业所构建的国内价值链在不同空间尺度(市辖区、城市、国家)下的联系水平。各变量具体测度同 5.3 节,即以被考察企业为参照,从与其在不同空间尺度存在价值链分工联系的加总企业数表示。

综合多方面指标,控制变量可以归结为企业内部因素和企业外部环境因素。内部因素包括:①要素禀赋(labor、capi)。要素禀赋是企业生产的基本投入,也是决定企业价值链分工地位的基础。这里分别用企业雇员、生产机器及设备投资占总投资的比重表示劳动力和资本要素禀赋条件。②创新能力(newqua、inno)。企业创新能力可以从创新投入和创新产出两个角度考察。对前者,基于企业是否引入新生产质量控制体系,用虚拟变量表示,即引入,则 newqua=1,否则为 0;创新产出用企业新产品销售额所占比重表示。③劳动力成本(wage)。低劳动力成本一直都是中国企业嵌入发达国家主导价值链分工体系的比较优势。随着中国用工成本攀升,该因素会驱使部分偏好低成本的价值链环节和企业的再转移,进而以另一

[①] 结合数据特点与研究目的,针对行业虚拟变量,这里以农业部门为参照,设置 12 个细分制造业和服务业虚拟变量;针对被考察企业来源城市等级虚拟变量,这里以四线城市为参照,分别设置一、二、三线城市虚拟变量。

种方式拓展国际价值链分工联系。这里以企业人均工资水平衡量。④分工协调成本(mcost、subcost)。根据 3.3 节理论模型的探讨,企业价值链分工联系的建立与维护会产生各类协调成本,其相对大小会同时影响企业内、外一体化分工决策。这里用企业内部协调成本支出占总成本的比重衡量内部管理协调成本(mcost),用企业所雇佣的外包公司成本支出占比衡量外部联系成本(cuhcost)。⑤企业内部结构(fser、fmang)。从人员构成角度考察企业内部结构,这里分别用服务职能部门员工占比、高管人员占比衡量企业的服务化发展特点和企业内部管理水平。这两个指标也可以间接反映企业内部的非生产化倾向,或者说生产无效率。在企业内部因素中,还考虑所有制构成的多样性(multr)和经营年限(eyear)。

围绕企业外部环境因素,重点关注如下方面:①对外开放水平(open)。这里用企业出口占总销售额比重表示。②政策优势(pzone)。这里结合企业是否位于工业园区或出口加工区来判断。企业位于上述具有政策优势的区域,则赋值为 1,否则为 0。③国际合作商联系(forpart)。与国际合作商建立联系,必然有利于企业更好地拓展国际分工联系。这里将企业有国际合作商联系赋值为 1,否则为 0。④法律制度环境(legal)。这里基于企业所认为的法律制度解决商业或经济纠纷、维护合同和产权的有效性进行衡量,该数值越大表示法律环境越好。⑤政企联系水平(freq)。企业与政府打交道的时间、频次能在一定程度上反映企业获得政府"保护伞"庇护的水平,但其也间接反映了企业可能存在的市场竞争低效率。这里用企业每年与政府打交道的天数占比表示。

考察数据均来自世界银行中国投资环境调查数据库。对部分变量缺失值,研究统一用缺失指标所属行业子类均值替换,实际替换比例均不超过 5%;对个别异常值,统一用对应指标 1% 和 99% 分位数替换;对部分原本就可能存在零值指标的对数化处理,统一将原值加 0.001 后再进行对数化。经过整理,相关变量描述性统计见表 5.14 和表 5.15。

表 5.14 被解释变量和核心解释变量的描述性统计

变量	均值	标准差	变量	均值	标准差
nsup	1.624	3.203	coun_comp	0.208	5.172
inn_sup	−2.578	4.964	glob_comp	−5.244	3.704
city_sup	−0.19	4.991	nclient	2.339	3.976
coun_sup	0.045	5.033	inn_buy	−2.133	4.984
glob_sup	−4.803	4.049	city_buy	0.196	4.768

续表 5.14

变量	均值	标准差	变量	均值	标准差
ncomp	3.245	1.36	coun_buy	−0.211	5.046
inn_comp	−3.278	4.777	glob_buy	−4.36	4.386
city_comp	−1.091	5.102			

表 5.15 控制变量的描述性统计

变量	均值	标准差	变量	均值	标准差	变量	均值	标准差	变量	均值	标准差
wage	0.001	4.528	inno	−4.59	4.273	fmang	−0.364	0.988	pzone	0.234	0.423
labor	3.363	4.293	mcost	−2.348	1.516	multr	2.431	4.449	forpart	0.177	0.382
capi	8.452	2.448	subcost	−5.432	3.419	eyear	2.53	0.723	legal	4.166	1.619
newqua	0.49	0.496	fser	−0.399	1.102	open	−0.247	0.828	freq	1.398	3.048

5.4.3 回归结果与解释

表 5.16 拟合结果中,在控制企业内、外部影响因素同时控制细分行业和城市等级差异后,方程(5-9)~(5-11)首先给出的是针对截面数据的普通最小二乘法(OLS)估计,这里回归系数的显著性根据稳健标准误计算的 T 值加以判断。重点关注企业各价值链环节在国内三个空间尺度(市辖区、城市、国家)分工联系对其拓展国际价值链的影响。在市辖区空间尺度,仅中游环节竞争联系在 1% 水平表现出对企业国际价值链中游联系拓展的促进作用,上游和下游联系的作用均不显著。比较而言,在城市空间尺度,企业各价值链环节作用均在 1% 水平显著为负。这说明企业在城市空间尺度所建立上、下游价值链分工联系的增强以及中游竞争关系的强化,均表现为对其相应环节国际价值链分工联系拓展的显著不利影响。而在国家空间尺度,至少企业中游环节分工联系的增强,还是能够在 1% 水平表现为促进作用。

针对因变量数据存在部分缺失值问题,为增强拟合结果的稳健性[①],进一步采用 Heckman 两阶段估计。相比 OLS 估计,此处拟合结果在保持核心解释作用方向基本一致的前提下,其显著性有了较大改善。仍然是针对部分企业拓展国际空间尺度价值链分工联系数值的未知问题,研究认为这也可能是由于相应数值较低而被统一截断并实质上归零处理造成的。针对此,采用 Tobit 回归同样

[①] 作为稳健型估计的一种方法,首先考虑的是剔除前后各 5% 分位样本,用稳健标准误下的 OLS 方法进行再估计。限于篇幅,这里没有列出。

表 5.16 国内价值链分工影响企业国际价值链拓展的总体估计

估计方法	OLS 估计			Heckman 两阶段估计			Tobit 估计		
方程	(1)	(2)	(3)	(4)	(5)	(6)	(7)	(8)	(9)
解释变量	上游供应	中游竞争	下游代理	上游供应	中游竞争	下游代理	上游供应	中游竞争	下游代理
市辖区尺度	-0.003 98	0.051 1***	-0.017 2	-0.049 2***	0.04**	-0.043 5***	-0.032 1***	0.068 4***	-0.037 7***
城市尺度	-0.042 6**	-0.024 7***	-0.114***	-0.069 3***	-0.064 5***	-0.084 3***	-0.072 3***	-0.068 8***	-0.133***
国家尺度	0.011 5	0.085 7***	-0.015	0.103***	0.118***	-0.079 2***	0.026 0*	0.147***	-0.020 9*
labor	0.073 6***	0.094 3***	0.113***	-0.016 3	0.005 76	-0.000 429	0.031 6	0.107***	0.058 7***
capi	0.203***	0.020 6	0.072 9**	-0.025 3	-0.017	-0.036 8*	0.208***	0.032 8	0.055 2*
inno	0.037 6*	0.04**	-0.010 9	-0.018 1*	-0.011	-0.011	0.016 8*	0.033 5*	-0.001 49
newqua	0.358***	0.359***	0.38***	0.025 5	-0.025 5	0.111	0.410***	0.557***	0.340***
wage	0.015 0	-0.018 5	0.000 8	0.005 26	-0.022 2**	-0.001 02	0.030 2	-0.030 5**	-0.002 98
mcost	0.003 24	-0.021 9	-0.005 88	0.039 5	-0.003 44	-0.065 9**	0.035 5	-0.025 9	-0.039 1*
subcost	0.003 66	0.034 4**	0.024 9	-0.026 6**	-0.012 8	-0.011 4	-0.010 3	0.037*	0.008 1 3
fser	-0.029 9	-0.124***	-0.164***	-0.019 9	0.028 2	-0.054 4	-0.003 91	-0.15*	-0.136**
fmang	-0.101*	-0.062 1	-0.18***	-0.041 7	0.010 8	-0.010 5	0.009 5	-0.083	-0.065 8
multr	0.024**	0.014 1	0.037 5***	0.012 7	0.026 2**	0.001 3	0.037 7**	0.033 4	0.037 3

续表 5.16

估计方法	OLS 估计			Heckman 两阶段估计				Tobit 估计	
方程	(1)	(2)	(3)	(4)	(5)	(6)	(7)	(8)	(9)
eyear	−0.159*	−0.218**	0.345***	−0.009 9	0.056 7	−0.122*	−0.225**	−0.286**	0.214**
open	1.106***	0.649***	2.461***	0.147***	0.193***	0.380***	0.963***	0.769***	1.798***
pzone	1.125***	0.869***	0.493***	0.191***	−0.010 2	0.000 7	0.883***	0.850***	0.345***
forpart	1.802***	0.730***	1.299***	0.163***	0.029 6	0.102	1.092***	0.607***	0.662***
legal	0.024 0	0.051 8***	0.024	−0.000 3	−0.011 7	−0.015 5	0.030 8	0.103***	0.044 2
freq	0.015 1	−0.081 7***	0.019 9	0.007 2	−0.007 5	−0.017 9	0.032 4	−0.089 2***	0.036 1*
常数项	−6.999***	−4.837***	−6.494***	4.003***	2.823***	4.414***	−3.650***	−3.167*	−2.307**
行业/城市	是/是	是/是	是/是	是/是	是/是	是/是	是/是	是/是	是/是
λ/σ 值				−0.325**	−0.433**	−0.339**	2.432***	3.010***	2.188***
R^2/Pse−R^2	0.335	0.142	0.409				0.197 7	0.102 4	0.260 2
F/Wald 值	37.73***	12.36***	51.93***	705.95***	391.00***	502.82***	53.19***	27.52***	92.70***
样本量	3 948	3 948	3 948	3 948	3 948	3 948	3 948	3 948	3 948

注：*、**、*** 分别表示在 10%、5% 和 1% 水平显著；考虑篇幅限制，表中没有列出系数对应的 t 或 z 值。

是合适的。拟合情况表明,较之 Heckman 两阶段估计,Tobit 回归结果的确有了更好改善。这一方面体现在核心解释变量的作用依然显著,同时还体现在相关控制变量拟合情况的改善。具体结合稳健误差修正下的 Tobit 估计值来看,在市辖区和城市空间尺度,无论企业价值链分工哪个环节联系增强,均主要表现出对其国际尺度相应价值链环节拓展的显著不利影响。也可以认为,企业在市辖区和城市空间尺度价值链分工联系的增强,更主要表现出对其国际尺度相应价值链环节拓展的"替代",城市空间尺度价值链分工各环节拓展的"替代"效应尤为明显。结果还证实,国家尺度价值链分工各环节联系的增强,更主要呈现对国际尺度相应价值链环节拓展的"互补"效应,这尤其体现在国家尺度上游和中游联系影响方面。

对比结果中,还有两点值得关注。其一,就国际尺度价值链中游环节拓展而言,尽管市辖区和国家尺度中游竞争作用均为正,但它们的内在机制却不一样。就市辖区中游竞争促进作用而言,其一定程度上说明企业价值链分工网络重心在市辖区空间尺度的企业要在较短时间内实现国际化发展,唯一方式就是作为发达国家主导价值链分工体系低端环节的"承接"方实现链内嵌入。这种低端环节"承接"必然会替代或者导致其他国家嵌入同区段生产环节的转移,进而在微观上表现为市辖区尺度也会面临较强中游竞争。而就国家空间尺度中游竞争正向作用而言,其更主要反映的是部分企业在经历国内大市场竞争环境"洗礼"后,更好地具备了与价值链分工相同环节国际企业同台竞技的能力。综上,在较小空间尺度,企业更容易面对的是处在比较接近或者类似生产区段企业以及由此所构建的价值链分工联系。而在中国国家空间尺度上,企业寻找到处于差异化生产区段的企业并建立与其价值链分工联系的可能性更大。由此来看,结合我国微观企业数据展开的实证分析实质上进一步证实了 3.2 节理论探讨的观点。

在回归结果中,还有值得探讨的问题是为何在城市空间尺度企业各环节国内价值链分工会较为一致地表现出对其国际价值链分工拓展的"替代"影响。对此的解释,本研究认为不同空间尺度体现了不同市场规模。按照亚当·斯密的观点,市场规模是决定分工专业化水平的关键。就四个空间尺度而言,城市是第一个相对市场规模较大,并且具备较完整和多样化需求结构的空间。也可以认为,对中国这样一个腹地纵深广阔的国家而言,城市是四个空间尺度划分下的一个重要转折点。在城市空间尺度,企业一方面已经可以构建较为完备的价值链分工联系,但另一方面,该空间尺度下的价值链分工联系还达不到更大空间尺度下的高水平。即企业价值链分工联系的拓展一方面受益于此,另一方面其又会成为企业向更大空间尺度拓展的束缚。

控制变量作用方面,无论企业内部还是外部环境因素,大多均通过显著检验并与预期相符。就企业内部因素而言,无论劳动力和资本要素禀赋,还是创新要素禀赋与能力,大多均在1%水平表现为促进作用。成本类因素中,工资和内部协调成本作用大多不显著,外部联系成本上升至少在10%水平显著加剧企业国际价值链拓展下的中游竞争。企业内部非生产化倾向也主要表现为不利影响。企业开放水平越高,企业所有制构成的多样性特点越突出,越有利于拓展国际价值链分工。较长企业经营年限有助于拓展国际价值链分工下游联系,但却不利于上游和中游联系拓展。环境因素影响方面,国际合作商联系和政策优势均在1%水平表现出促进作用;法律制度环境改善至少在5%水平加剧中游竞争,而政企关系增强则不利于此。

5.4.4 内生性检验与行业异质性分析

作为估计结果稳健性的再检验,考虑到企业国内和国际空间尺度价值链分工联系拓展可能存在的交互影响,本研究进一步采用两阶段IV-Tobit方法解决由此导致的内生性问题。结合截面数据特点,这里用与被考察企业存在各区段价值链分工联系的企业在不同城市分布的合计数作为工具变量①。表5.17表明,除了市辖区和国家空间尺度上游联系、国家尺度下游联系作用变得不显著外,其他解释变量作用依然稳健,整体所表现出的作用规律也依然清晰。

表5.17 内生性检验与行业异质性分类下的结果比较

类型	IV-Tobit(两阶段估计)			制造业企业			生产性服务业企业		
方程	(1)	(2)	(3)	(4)	(5)	(6)	(7)	(8)	(9)
解释变量	上游供应	中游竞争	下游代理	上游供应	中游竞争	下游代理	上游供应	中游竞争	下游代理
市辖区尺度	−0.002 2	0.05***	−0.017 6*	0.003 22	0.056 0***	−0.034 2**	−0.021 8*	0.041 7***	0.054 4***
	[−0.218]	[4.614]	[−1.663]	[0.238]	[3.409]	[−2.338]	[−1.676]	[3.254]	[3.758]
城市尺度	−0.040 9***	−0.025 4**	−0.114***	−0.056 2***	−0.028 8*	−0.132***	−0.015 3	−0.020 8	−0.013 7
	[−3.870]	[−2.460]	[−9.499]	[−3.743]	[−1.922]	[−8.066]	[−1.136]	[−1.637]	[−0.784]
国家尺度	0.009 48	0.087 7***	−0.014	−0.037 6**	0.077 4***	−0.072 1***	0.085 0***	0.106***	0.117***
	[0.796]	[8.252]	[−1.217]	[−2.284]	[5.276]	[−4.752]	[5.161]	[7.356]	[7.405]

---

① 此合计数实际上体现了与被考察企业存在各区段价值链分工联系的企业所在的城市,其作为所有被考察企业价值链分工网络布局节点的重要性。可以认为,一方面,一个城市作为网络节点的水平能够直接影响该城市内作为微观价值链分工网络节点企业的平均关联水平,前者可以视为后者的代理变量;另一方面,作为个体的被考察企业国际价值链分工联系很难影响一个城市作为网络节点的重要性。

续表 5.17

类型	IV-Tobit(两阶段估计)			制造业企业			生产性服务企业		
方程	(1)	(2)	(3)	(4)	(5)	(6)	(7)	(8)	(9)
控制变量	控制	控制	控制	控制	控制	控制	控制	控制	控制
行业/城市	是/是	是/是	是/是	是/是	是/是	是/是	是/是	是/是	是/是
内生检验	9.85**	7.49**	7.25**	7.98**	8.58**	16.91***	10.63***	7.87**	10.80***
Wald 值	1 043.85***	333.84***	609.62***	355.62***	147.72***	503.39***	54.58***	48.54***	51.73***
样本量	3 948	3 948	3 948	2 839	2 839	2 839	1 109	1 109	1 109

注：*、**、***分别表示在10%、5%和1%水平显著；系数对应方括号中的数字为 z 或 t 统计量。

结合两阶段工具变量 Tobit 方法，研究还从企业所属制造业和服务业产业划分角度进行了分类考察。由表 5.16 可见，在企业拓展国际价值链分工上游联系方面，制造业企业国内各空间尺度上游联系主要表现为不利作用，尤其城市空间尺度上游联系在 1% 水平显著为负。比较而言，生产性服务业企业价值链分工上游联系虽在市辖区空间尺度显著为负，但其在国家空间尺度却在 1% 水平表现为促进作用。承接制造环节转移是中国过去近四十年对外开放和嵌入全球价值链分工的重要特点之一，中国也由此在本土市场形成庞大、完善的制造体系。对国内制造业企业而言，国内制造环节完善生产体系决定其上游中间投入具备很好的本土化解决方案。这种联系越紧密，越能够通过"自增强"效应降低中国制造业企业寻求国际市场合适上游供应商的可能。另一方面，在中国已经承接大量低端制造环节生产后，现存上游国际供应商中的大部分更主要掌控的是相对高质量的中间环节。上述情况虽具有发展的合理性，但也导致中国本土企业所面临的低质量上游联系"固化"风险加大，进而加剧中国与国际价值链上游环节联系的不匹配和拓展困难。比较而言，受较长期市场化改革进程缓慢与较低对外开放度双重约束，中国生产性服务业发展明显滞后。低起点决定中国生产性服务业企业基于国家空间尺度价值链分工联系拓展国际价值链分工上游联系还是存在较大发展空间的。作为对本研究结论的部分佐证，Lanz 和 Maurer(2015)研究证实，在发展中国家国内增值份额保持稳定或下降的情况下，其外国服务增值比重反而明显提升。再比较不同类型企业国际价值链分工中游联系拓展的影响效果。结果表明，制造业和生产性服务业企业国内不同空间尺度价值链分工联系的作用规律类似，即市辖区和国家空间尺度表现为显著正向作用，城市空间尺度作用则不显著。最后，关注制造业和生产性服务业企业国际价值链分工下游联系拓展的影响效果：一方面依然是生产性服务业企业国内价值链分工联系的促进作用显著为正，尤其是国家尺度下游联系；另一方面,制造业企业国内各空间尺度下游联系均表现为不利影响。此对比结果进一步表明,中国制造业企业国内下游联系扩张存在对国际市场下游联系扩张的较强替代作用。

5.5 本章小结

作为本书研究的重要组成部分,本章节主要考察了我国生产性服务业嵌入全球价值链分工的解构特点及其内在发展规律。研究同样从产业和企业两个层面揭示了我国生产性服务业国内和国际价值链分工拓展的基本情况。产业层面的研究中,借助增加值平均传递步长、上游度和生产分割阶段数等指标,证实我国不仅主要是在服务业中的生产性服务业领域参与到全球价值链分工,而且其增长趋势仍将保持,特别是 2010 年以来变得更加明显;生产分割解构角度分析表明,在国内和国际价值链分工的竞争和合作关系变迁中,国内生产分割构成了主体,其奠定了各细分行业全球生产分割在过去较长期的"U"形结构演变特点,国际生产分割则主要呈现倒"U"形结构。与生产性服务业内涵式发展水平的分类比较特点类似,我国技术密集型生产性服务业嵌入价值链分工的水平明显更高,其次是劳动密集型生产性服务业。

量化基础上的实证分析表明,更多因素主要表现出对生产性服务业价值链分工嵌入的促进作用。当然,各方面因素作用的差异性也是存在的,并且同样值得关注。囿于较低端嵌入技术密集型服务业全球价值链分工现状及其导致的劳动力资源错配问题,劳动力要素禀赋对技术密集型服务业国内和全球生产分割拓展均存在促进作用,但却不利于劳动密集型服务业。服务领域国内统一市场建设方面的不足,同样削弱市场规模效应。进一步发展方面,效率提升、市场化制度环境改善、人力资本和产业多样性仍然是较为稳健的驱动因素。鉴于国际价值链分工联系建立对关系特异性导致的隐性知识传播成本更敏感,这一方面决定产业关联更有助于国内生产分割拓展,特别是技术密集型服务业国内生产分割拓展;另一方面,对劳动密集型服务业,产业关联反而更有助于其国际价值链拓展。实证结果还表明,国内和国际价值链分工联系的拓展并非必然是"此消彼长"式的替代关系,生产性服务业国内生产分割的扩展,至少能够在单向上提升国际价值链分工联系。反过来,得益于效率增进、市场化制度环境改善和市场规模效应等,它们能够更好地释放国际价值链分工拓展对国内价值链分工拓展的促进作用。

本章最后结合微观企业角度展开的论证表明,我国生产性服务业拓展价值链分工各区段空间联系更主要布局在城市和国家空间尺度,其拓展国际价值链分工联系的水平也远低于制造型企业。对主要建立国内不同层级空间尺度分工联系的生产性服务业企业而言,能否在不同区段建立国家空间尺度分工联系,这在其进一步拓展国际价值链分工联系中将发挥重要"跳板"作用。城市是四个空间尺度划分下的一个重要转折点,借助该空间尺度拓展,可以增强企业完备价值链分工拓展的可能,但也面临更多困难。

第六章 价值链分工竞合对生产性服务业内涵式发展的影响：综合测度考察

作为一个幅员辽阔的大国，自嵌入发达国家所主导的价值链分工网络开始，中国就愈发显现本土价值链分工网络拓展相对滞后以及本土与国际价值链分工循环有机联系偏弱等方面的问题。这也直接导致价值链分工网络拓展对包括技术效率等在内的经济发展的提升作用，始终存在"瓶颈"约束，尤其在我国当前深化转型期。如何打破僵局，这成为摆在我们面前的重大挑战。而在既往割裂的分析范式下，人们对该问题的认识无法摆脱固有的片面性。在第四、五章量化分析的基础上，本章将从综合测度视角出发，结合实证分析探讨国内和国际价值链分工竞合对我国生产性服务业内涵式发展能力提升的作用。其中，产业角度的论证方面，主要通过国内和国际价值链分工拓展作用的比较，揭示两者在影响生产性服务业企业内涵式发展能力中表现出的竞争与合作关系特点。企业角度的论证方面，在更一般的空间异质性基础上，对我国生产性服务业企业价值链分工拓展影响其内涵式发展能力做出判断，还进一步探讨了两者作用的中介效应特点。

6.1 产业角度的实证和解释

6.1.1 模型构建与变量说明

作为探讨全球价值链分工影响服务业发展的重要理论基础，早期学者侧重从分工专业化、交易成本、外部经济性等视角出发，阐明以产业集群为主要形式的网络分工组织如何通过降低交易中的不确定性实现效率提升，以及如何通过技术扩散与模仿实现技术追赶(张杰和刘东，2006)。Eaton 和 Kortum(2002)将企业中间品采购决策模型化为 Frechet 极值分布，这为探讨价值链分工的经济影响奠定了基础。遵循该思路，Antras 和 Chor(2012)从理论角度探讨了价值链分工下中间品贸易集约边际和拓展边际的效率增进作用。而在实证方面，第四、五章的定量考察均遵循了"产业＋企业"层面比较的论证思路，它们也都从不同角度揭示了全球价值链分工的解构性质以及生产性服务业产业或者企业层面内涵式发展能力的表现和特点。因此，在既有理论基础和前面章节量化分析的基础上，本节旨在从产业角度出发，揭示全球价值链分工影响生产性服务业内涵式发展能力提升的基本规律。

以 Lanz 和 Maurer(2015)研究所设定的回归模型为基础,此处设定基准回归方程如下:

$$sconno_{it} = \beta_0 + \beta_1 \times gpsl_{it}(npsl_{it}、ipsl_{it}) + \beta_2 \times \ln Z_{it} + \tau_i + \eta_t + \nu_{it} \quad (6-1)$$

其中:下标 i 表示生产性服务业细分行业;t 表示年份;τ_i 和 η_t 分别控制行业、年份差异;Z_{it} 为控制变量影响;ν_{it} 代表随机误差项。

被解释变量即是生产性服务业细分行业内涵式发展水平。解释变量选取能够更好地体现生产联系复杂度并具有较清晰解构性质的生产分割阶段数测度,即用全球生产分割阶段数及其解构国际和国内生产分割两个部分反映生产性服务业嵌入全球价值链分工的状况。被解释变量和解释变量的衡量说明分别同 4.2.1 节和 5.1.3 节。控制变量的选取方面,首先考虑了人力资本在解释我国生产性服务业发展中的作用,这也是较多学者研究均考虑的因素;其次考虑了市场化制度环境和物质资本投入影响(程大中,2006)。具体衡量如下:①人力资本(hr),用各行业研究生以上学历劳动者人数表示;②市场化制度环境(insti),用细分行业内非公有制经济占比衡量;③开放度水平(open),用各行业经汇率换算过的外商实际投资额占产值比重表示。控制变量数据均来自《中国第三产业统计年鉴》和《中国统计年鉴》,考察样本期为 2000—2014 年。

6.1.2 回归结果与解释

表 6.1 方程(1)、(2)给出的是以不变权重计算得到的生产性服务业内涵式发展水平作为因变量得到的结果。全球总生产分割(gpsl)作用不显著,这说明有必要从全球价值链分工解构角度做进一步探讨。通过解构分析可见,国内生产分割阶段数(npsl)所体现的国内分工联系复杂度在 1% 水平显著为负,国际生产分割(ipsl)所体现的对外分工联系复杂度的提升则在 1% 水平存在显著促进作用。为检验结果的稳健性,方程(3)、(4)替换了因变量,即用时变权重计算得到的生产性服务业内涵式发展水平作为因变量再进行估计。结果同前面保持一致,即变量 gpsl 还是不显著,而变量 npsl 和 ipsl 作用方向和显著性特点依然稳健。考虑到生产性服务业较强的行业异质性,研究还采用行变权重计算内涵式发展能力并进行回归。由方程(5)、(6)可见,全球生产分割能够在 5% 水平通过显著性检验,并且为负;国内和国际生产分割边际作用仍然一个显著为负,一个显著为正。在此基础上,考虑此处面板数据是"小 N 大 T"特点,为避免可能存在的异方差和序列相关影响,研究还给出标准差修正的面板估计(PCSE),结果依然稳健。Lanz 和 Maurer(2015)的类似分析发现,相比发达国家,发展中国家制造业出口中源于他国的服务中间采购和增值比重不仅更高,增长趋势亦明显,而源于国内服务中间投入的份额

反而保持不变,甚至下降。这一方面表明发展中国家服务中间品国际采购对其制造业出口竞争力增强的重要性,另一方面也较好地契合这里的实证比较结论,即对我国生产性服务业的内涵式发展而言,拓展国际生产分割联系的促进作用更突出,国内生产分割联系反而存在削弱作用。

表6.1 全球价值链嵌入影响生产性服务业内涵式发展能力的总体考察

类型	不变权重估计		时变权重估计		行变权重估计		PCSE估计	
方程	(1)	(2)	(3)	(4)	(5)	(6)	(7)	(8)
gpsl	−0.036 8		−0.073 9		−0.057 9**		−0.021 9	
	[−0.947]		[−1.458]		[−1.982]		[−0.959]	
npsl		−0.141***		−0.227***		−0.103***		−0.114***
		[−2.977]		[−3.745]		[−3.018]		[−3.015]
ipsl		0.429***		0.618***		0.188*		0.349***
		[3.168]		[3.544]		[1.903]		[2.750]
hr	0.006 65***	0.007 00***	0.005 29***	0.005 80***	0.002 20***	0.002 35***	0.004 15***	0.004 25***
	[5.976]	[6.526]	[3.645]	[4.210]	[2.721]	[3.018]	[6.675]	[6.877]
capi	0.070 2***	0.074 3***	0.081 1***	0.087 1***	0.023 1**	0.017 2	0.048 2***	0.060 2***
	[4.951]	[5.437]	[4.383]	[4.955]	[2.097]	[1.622]	[4.053]	[5.153]
priv	0.207**	0.258***	0.363***	0.439***	−0.142	−0.148	0.127*	0.146**
	[2.383]	[3.055]	[3.206]	[4.038]	[−1.326]	[−1.390]	[1.898]	[2.241]
常数	−0.502***	−0.457***	−0.519***	−0.453***	0.483***	0.564***	0.182**	0.180**
	[−4.250]	[−4.007]	[−3.371]	[−3.088]	[4.169]	[4.795]	[2.056]	[2.189]
行业	是	是	是	是	是	是	是	是
年份	是	是	是	是	是	是	是	是
R^2	0.394	0.446	0.333	0.406	0.728	0.694		
F/Wald值	6.027***	6.93***	4.624***	5.897***	7.342***	8.536***	12 440.69***	14 335.44***
样本量	105(7)	105(7)	105(7)	105(7)	105(7)	105(7)	105(7)	105(7)

注:*、**、***分别表示在10%、5%和1%水平显著;系数对应方括号中的数字为z或t统计量。

考虑生产性服务业内涵式发展能力提升可能存在的自我累积影响,进一步稳健性分析加入了因变量滞后一期;再考虑到核心解释变量(gpsl、npsl和ipsl)可能存在的内生性及由此对估计结果造成的影响,计量处理采用它们各自滞后一期变量作为工具变量进行系统GMM(广义矩)估计。由表6.2结果可见,所有方程Sargen检验概率值均接受零假设,表明不存在过度识别问题,ar(2)检验值也都表明不存在二阶自相关问题,这说明模型的估计是可靠的。变量拟合结果中,无论针对不变权重还是行变权重内涵式发展水平进行估计,因变量滞后一期均至少在5%水平通过了显著性检验并且为正,这表明我国生产性服务业内涵式发展能力的提升存在对自身过去水平的正向路径依赖。再比较核心解释变量的影响,系统GMM估计显示,全球生产分割gpsl最终仍可能在至少10%水平通过显著性检验且边际作用为负,国内价值链分工拓展(npsl)还是存在显著不利影响,国际价值链分工拓展(ipsl)仍表现出促进作用。综合分析可知,就对生产性服务业内涵式发展能力提升的竞合影响而言,国际价值链分工拓展相对表现出了较为稳健的促进作用,国内价值链分工拓展则还是存在着不利影响,但在决定全球价值链总体影响方面,国内价值链分工仍然是基础。

表6.2 全球价值链分工及其解构影响的系统GMM估计

估计类型	不变权重			行变权重		
方程	(1)	(2)	(3)	(4)	(5)	(6)
滞后一期因变量	0.687*** [5.626]	0.754*** [6.849]	0.414*** [3.670]	0.105 [0.734]	0.087 4 [0.561]	0.406*** [10.283]
gpsl	−0.020 6* [−1.960]			−0.063 2*** [−2.861]		
npsl		−0.030 0* [−1.893]			−0.073 3*** [−2.839]	
ipsl			0.031 4* [1.857]			0.180*** [3.284]
控制变量	是	是	是	是	是	是
行业/年份	是/是	是/是	是/是	是/是	是/是	是/是
Sargen (prob)	7.750 (1.000)	8.863 (1.000)	10.636 (1.000)	10.279 (1.000)	9.969 (1.000)	10.127 9 (1.000)
ar(2)	0.418	0.363	0.386	0.692	0.708	0.511
Wald值	201.85***	155.89***	82.97***	113.33***	56.03***	667.98***
样本量	98(7)	98(7)	98(7)	98(7)	98(7)	98(7)

注:*、**、***分别表示在10%、5%和1%水平显著;系数对应方括号中的数字为z或t统计量。

6.1.3 竞合作用机制讨论

在前面分析基础上,表6.3首先重点关注国内和国际价值链分工双向拓展对生产性服务业内涵式发展的作用情况。无论何种情况下的估计,交乘项npsl×ipsl均至少在10%水平显著为正,这表明无论国内还是国际价值链分工联系拓展,它们对生产性服务业内涵式发展的促进作用均有赖于对方的存在,考虑国内和国际价值链分工双向拓展的交互作用是重要的。此处讨论也较好地证实 3.3.3 节理论探讨相关结论,它表明需要综合考虑国内和国际价值链分工拓展背后所体现的国内外各类发展因素的多样化组合特征及其影响。作为研究结论的支撑,Beverelli 等(2016)实证结果表明,国内一体化水平每增长 1%,国际价值链参与度在短期内会提高 0.5%,这构成两者存在互补性的重要证据。该研究还指出两者互补关系的内在逻辑,即国内分工联系复杂度的提升可以促进企业专业化能力发展并由此增强企业的对外竞争力,这最终有助于企业更好地嵌入国际价值链分工循环。类似的,就对服务业出口的影响而言,Kowalski 等(2015)也证实国内需求所代表的国家内部价值链和他国中间投入所代表的国际价值链之间是互补关系。实证结果还可见,在考虑交乘项作用后,变量 npsl 依然在 1% 水平显著为负,并且边际负向作用明显提升,而变量 ipsl 正向作用在这里则变得不显著。这表明未考虑交互项的结果一方面会低估国内生产分割拓展的不利影响,另一方面会高估国际生产分割拓展的促进作用。

表 6.3　考虑国内和国际价值链分工拓展交互影响的估计结果

估计类型	不变权重	时变权重	行变权重	PCSE 估计
方程	(1)	(2)	(3)	(4)
npsl	−0.194***	−0.287***	−0.269***	−0.181***
	[−3.013]	[−3.463]	[−3.371]	[−3.628]
ipsl	−0.219	−0.105	−0.226	−0.354
	[−0.398]	[−0.148]	[−0.392]	[−0.985]
npsl×ipsl	0.269**	0.299**	0.298*	0.290**
	[2.214]	[2.050]	[1.885]	[2.076]
控制变量	是	是	是	是
行业/年份	是/是	是/是	是/是	是/是
R^2	0.451	0.411	0.719	
F\Wald 值	6.632***	5.619***	9.038***	15 983.81***
样本量	105(7)	105(7)	105(7)	105(7)

注:*、**、***分别表示在 10%、5% 和 1% 水平显著;系数对应方括号中的数字为 z 或 t 统计量。

仍然是在全球生产分割解构框架下,表 6.4 进一步探讨了国内和国际价值链分工拓展对生产性服务业内涵式发展的作用机制。首先就规模效应机制来看,国际价值链拓展边际影响在 5% 水平显著为正,国内价值链分工拓展边际影响反而在1%水平显著为负。结构效应机制方面,国内和国际价值链拓展的边际影响均在5%水平显著为正。相比国内价值链,国际价值链拓展所表现出对我国生产性服务业结构改善的边际促进作用明显占优,是前者的两倍多。增值能力作用机制方面,仅国际价值链拓展的边际作用在1%显著为正,国内价值链拓展的边际作用不显著。通过效率途径揭示的机制分析表明,国内价值链分工拓展会显著削弱生产性服务业效率水平,国际价值链拓展则有助于效率提升。相比服务业中的公共服务业,尽管我国生产性服务业的相对垄断程度要低,但整体还是高于制造业。生产性服务业国内价值链拓展在一定程度上意味着国内市场垄断程度的提升,这显然不利于市场竞争,进而不利于该产业效率水平的提升。不同于此,国际价值链分工联系的拓展会表现出明显的"鲶鱼效应",并通过激励和示范影响,最终促进我国本土生产性服务业行业效率水平。

表6.4 价值链分工影响生产性服务业内涵式发展的机制检验

方程	(1)	(2)	(3)	(4)
因变量	规模表现	结构特征	增值能力	效率表现
npsl	−0.036 7***	0.027 8**	0.000 328	−0.007 89*
	[−3.097]	[2.433]	[0.065]	[−1.738]
ipsl	0.034 8**	0.052 3**	0.043 9***	0.022 8*
	[2.021]	[1.961]	[3.035]	[1.751]
控制变量	是	是	是	是
行业/年份	是/是	是/是	是/是	是/是
R^2	0.337	0.521	0.633	0.343
F值	4.392***	9.400***	14.91***	4.506***
样本量	105(7)	105(7)	105(7)	105(7)

注:*、**、***分别表示在10%、5%和1%水平显著;系数对应方括号中的数字为z或t统计量。

在上面机制分析基础上,再加入国际和国内价值链的交互项(npsl×ipsl),以此进一步检验内外价值链分工竞合的作用特点。由表6.5结果对比可见,在规模效应机制和效率增强机制下,交互项npsl×ipsl均在1%水平显著为正;而在结构改善机制和增值机制下,其都在1%水平显著为负。更具体地,规模和效率作用机制下,国内和国际价值链任何一方的拓展均有助于削弱另一方拓展的不利影响。鉴于未考虑交互项情况下,国际价值链拓展的边际影响为正,这反而说明其对产业规模的增进作用根本上离不开国内价值链。结构效应作用机制分析表明,国内和国际价值链彼此间作用存在显著替代性,其中任何一方的拓展均会削弱另一方拓展对结构的改善作用。增值作用机制分析表明,国内价值链自身拓展的增值作用不仅不显著,其拓展还会削弱国际价值链拓展对增值的促进作用。

表6.5 国际和国内价值链分工竞合影响生产性服务业内涵式发展的机制检验

方程	(1)	(2)	(3)	(4)
因变量	规模表现	结构特征	增值能力	效率表现
npsl	−0.067 2***	0.034 8	−0.015 1	−0.078 6***
	[−4.263]	[2.813]	[−1.423]	[−7.509]
ipsl	−0.338**	0.293***	0.370***	−0.360***
	[−2.500]	[2.761]	[5.865]	[−4.432]
npsl×ipsl	0.155***	−0.133***	−0.099 3***	0.131***
	[2.844]	[−3.110]	[−3.226]	[3.669]
控制变量	是	是	是	是
行业/年份	是/是	是/是	是/是	是/是
R^2	0.374	0.553	0.634	0.346
F值	4.822***	9.971***	13.97***	4.255***
样本量	105(7)	105(7)	105(7)	105(7)

注:*、**、***分别表示在10%、5%和1%水平显著;系数对应方括号中的数字为 z 或 t 统计量。

6.2 微观企业角度的验证和解释

6.2.1 模型和变量衡量

在较长期内,无论理论还是政策研究,相关文献大多默认发达国家跨国公司是构建价值链分工的主体,我国是以"从属"身份嵌入其价值链分工循环的。这些研究未能更深入思考我国企业嵌入发达国家跨国公司所主导的价值链分工体系和我国企业完整价值链分工网络之间的差异。必须承认,借助发达国家企业所主导的价值链分工在全球不同空间尺度的扩张,中国企业也实现了自身基于该分工模式为基础的生产网络的建立(刘志彪,2011)。从微观视角出发,企业价值链分工网络的拓展对其内涵式发展能力的提升又存在着怎样的作用特点呢?

前面6.1节侧重从产业层面验证了全球价值链分工及其解构对生产性服务业内涵式发展的影响,并从产业角度探讨了国际和国内价值链分工竞争作用的机制。结合微观企业数据,此处实证围绕以上问题展开进一步论证。借鉴并拓展张杰等(2007)的类似研究,设定基准回归方程如下:

$$\ln conno_i = \beta_0 + \beta_1 \times \ln upper_i + \beta_2 \times \ln mid_i + \beta_3 \times \ln down_i + \beta_4 \times \ln Z_i + \tau_j + \eta_k + \varepsilon_i$$
(6-2)

其中：ln 为自然对数符号；下标 i 表示企业代码；虚拟变量 τ_j 和 η_k 分别控制被考察企业所属细分行业和来源城市等级差异影响；Z_i 为企业层面控制变量；ε_i 代表随机误差。

研究目的决定因变量是被考察企业内涵式发展水平(conno)，核心解释变量是企业价值链分工解构下的上、中、下游联系(upper、mid、down)。它们的具体衡量分别同 4.2.2 节和 5.4.1 节。

控制变量的选择与说明如下：①创新能力。创新能力既是企业内涵式发展的重要体现，也是企业内涵式发展的动力源泉。这里分别从创新投入和产出两个角度考察。对前者，用企业是否引入新生产质量控制体系(nqua)体现，即引入，则 nqua=1，否则为 0；创新产出(nprod)用企业主营业务线上推出的新产品数量表示。②成本约束(cost)。激烈市场竞争会增加企业经营成本变动的不确定性，进而影响企业内涵式发展策略（路风和余永定，2012）。这里以劳均工资水平衡量。③所有制类型(priv)。通过设置该变量，旨在考察企业所有制形式多元化影响。这里用剔除公有制股份的其他所有制份额表示。④企业经营年限(dura)和经营管控能力(contr)。企业经营年限越长、自主经营控制能力越强，其长远发展目标受外界干扰的可能性越低、定位越清晰，进而也更重视内涵式发展潜能的提升（路风和余永定，2012）。这里用观测年份距企业注册年份的时间跨度反映经营年限，用企业在国内市场自产自销的比重衡量经营管控能力。⑤国际化业务联系(forei)。该方面可以反映企业发展的国际化视野，其也有利于企业在对外联系中提升其他方面能力。这里以企业有无国外合作伙伴来判断，有则赋值为 1，否则为 0。⑥法律制度环境(legal)。在相对健全的法律制度环境下，企业会更注重长远发展战略的构建。这里用企业认为的法律制度解决商业或经济纠纷、维护合同和产权的有效性来衡量。

各指标数据仍然来自世界银行中国投资环境调查数据库。针对个别异常值，这里用其 1% 和 99% 分位数替换；再有针对部分变量数据缺失，这里用所属行业子类均值代替，替换比例均不超过 3%。表 6.6 给出生产性服务业企业核心解释变量的统计特征。依据定义和测度说明，各企业平均中游竞争者数量最多，下游代理商联系居中，上游供应联系平均数最少。这从微观企业角度再次表明，生产性服务业企业价值链联系的下游度特征较为明显，其更倾向于建立后向分工联系。在考虑空间异质性前提下的价值链分工拓展各区段的解构及其均值的比较可见，我国生产性服务业企业在城市空间尺度拓展价值链分工联系的特点相对最为明显,其次是国家和所在地空间尺度,国际空间尺度价值链分工联系拓展的整体水平相对最低。

表6.6 核心变量的描述性统计特征

变量	样本量	均值	标准差	变量	样本量	均值	标准差
vad_mm	1 109	0.037	0.036	innbuy	1 109	−1.022	5.173
vad_nor	1 109	0.023	0.637	citybuy	1 109	1.087	4.683
nsup	1 109	−0.203	4.155	counbuy	1 109	−1.913	5.116
mm_comp	1 109	2.704	1.525	globbuy	1 109	−5.824	2.913
nclient	1 109	1.544	5.261	innsup	1 109	−3.090	5.062
inn_comp	1 109	−2.396	5.079	citysup	1 109	−0.997	5.403
city_comp	1 109	0.062	5.069	counsup	1 109	−3.002	5.083
coun_comp	1 109	−2.156	5.276	globsup	1 109	−5.953	2.944
glob_comp	1 109	−6.127	2.651				

在描述性统计分析基础上,表6.7进一步给出的是生产性服务业企业内涵式发展能力与价值链分工各区段的相关性分析。在不考虑空间异质性的情况下,企业内涵式发展能力与价值链分工上、下游拓展表现为正相关关系,但与中游拓展则表现为负相关关系。再考虑到价值链分工解构的空间异质性,比较可见,生产性服务业企业价值链分工各环节主要在市辖区和城市空间尺度与内涵式发展水平表现为负相关关系,特别是中游和下游环节。但在国家和国际空间尺度,价值链分工各环节与企业内涵式发展水平均表现为正相关关系。综合以上分析可以得出的基本判断是,生产性服务业企业拓展价值链分工联系有助于其内涵式发展能力提升,尤其是较大空间尺度分工联系的拓展。当然,这还有待后续严格论证。通过比较还发现,在考虑空间异质性前提下,企业各区段城市空间尺度价值链分工联系拓展均存在和国家空间尺度分工联系拓展的显著正相关关系,各区段国家空间尺度分工联系拓展则与国际空间尺度分工联系拓展均表现为正相关性。这一规律性特征与Melitz(2003)的观点较为类似,即只有具备较好拓展低一级空间尺度价值链分工联系的企业,其拓展更高一级空间尺度价值链分工联系的可能性才更大。

表 6.7　企业内涵式发展能力与价值链分工解构的相关度分析

	vad_mm	nsup	mm_comp
nsup	0.124***		
mm_comp	−0.073**	0.026	
nclient	0.099***	0.332***	−0.017

注：**、*** 分表表示在5%和1%水平显著。

表 6.8　生产性服务业企业拓展异质空间价值链分工的相关性分析

	vad_mm	inn_comp	city_comp	coun_comp		vad_mm	innbuy	citybuy	counbuy
inn_comp	−0.052*				innbuy	−0.050*			
city_comp	−0.037	0.127***			citybuy	0.019	−0.075**		
coun_comp	0.113***	−0.006	0.097***		counbuy	0.158***	−0.095***	0.083***	
glob_comp	0.130***	0.056*	−0.023	0.264***	globbuy	0.090***	0.048	−0.001	0.276***

	vad_mm	innbuy	citybuy	counbuy		vad_mm	innsup	citysup	counsup
innbuy	−0.050*				innsup	−0.081***			
citybuy	0.019	−0.075**			citysup	0.051*	0.142***		
counbuy	0.158***	−0.095***	0.083***		counsup	0.258***	−0.032	0.175***	
globbuy	0.090***	0.048	−0.001	0.276***	globsup	0.236***	−0.074**	0.032	0.287***

注：*、**、*** 分表表示在10%、5%和1%水平显著。

6.2.2　基准回归与结果解释

总体样本基础上的估计见表6.9，考虑截面数据异方差影响，所有估计系数的显著性均根据稳健准误修正的 t 值加以判断。方程(1)到方程(3)中，首先仅考虑解释变量，进而加入控制变量，最后再控制行业和被考察企业来源城市等级差异。拟合结果中，企业价值链分工解构上、中、下游联系均至少在10%水平通过显著性检验。特别是在逐步加入控制变量和虚拟变量后，解释变量作用方向与未考虑情况下的估计结果始终一致。供应商角度体现的价值链分工上游联系(upper)、代理商角度体现的价值链分工下游联系(down)均呈现对企业内涵式发展的促进作用，竞争商角度体现的价值链分工中游联系(mid)拓展则明显不利于企业内涵式发展能力提升。稳健性估计方面，方程(4)和方程(5)重构了因变量测度。其中，方程(4)采用极差方法标准化处理过的测度指标乘以平均权重重估了企业内涵式发展水平，方程(5)采用标准正态化处理过的测度指标乘以熵权赋值权重重估了企业内涵式发展水平。与之前估计的结果比较，解释变量作用方向仍然一致，但显著性不如前面。方程(6)是剔除因变量前后各1%分位样本下的估计结果。研究同时还考虑了解释变量可能存在的内生性，结合截面数据特点，这里用与被考察企业存在各区段价值链分工联系的企业在不同城市分布的合计数作为工具变量。但方程(7)异方差稳健标准误估计下的杜宾-吴-豪斯曼检验(D.W.H)表明应该接受零假设,这说明解释变量的内生性不明显。

控制变量影响方面,企业创新能力(nqua、nprod)在1‰水平为正,同样表现为促进作用的还有企业经营管控能力(contr)和国际化业务联系(forei)。不同于预期,经营年限(dura)作用则在1‰水平显著为负,这说明有较长经营年限企业的内涵式发展动能反而不足。在我国,有较长经营年限的企业可能是因为其具有某些垄断优势,或者能够获得政府"保护伞"庇护(王万珺和刘小玄,2018)。这会导致企业有不同程度的"依赖症",进而对内涵式发展所要求的多方面能力提升的重视不够。随着我国市场化进程向"深水区"推进,这些企业所谓的比较优势反而会加速成为竞争环境下的发展劣势。法律制度环境改善(legal)也构成有助于我国企业内涵式发展水平提升的显著因素。

表6.9 企业价值链分工网络拓展影响其内涵式发展能力的基准估计

方程	熵权内涵式发展水平			平均加权值	正态化处理	剔除1%	IV估计
	(1)	(2)	(3)	(4)	(5)	(6)	(7)
upper	0.003 01***	0.000 528***	0.000 368**	0.000 868***	0.001 56	0.000 195**	0.000 353
	[13.260]	[3.294]	[2.228]	[3.253]	[0.525]	[1.968]	[0.186]
mid	−0.004 52***	−0.000 491*	−0.000 55*	−0.000 242	−0.005 09	−0.000 392*	0.004 07
	[−9.999]	[−1.651]	[−1.747]	[−0.473]	[−1.103]	[−1.682]	[1.084]
down	0.001 02***	0.000 337**	0.000 341***	0.000 29*	0.004 95*	0.000 36***	−0.000 9
	[5.041]	[2.182]	[2.691]	[1.674]	[1.646]	[3.227]	[−0.690]
nqua		0.045 3***	0.044 5***	0.089 5***	0.083 0***	0.042 8***	0.045 1***
		[44.495]	[45.415]	[54.773]	[4.962]	[46.903]	[33.377]
nprod		0.003 70***	0.003 66***	0.004 48***	0.017 1***	0.003 52***	0.003 96***
		[25.539]	[29.780]	[20.811]	[7.807]	[27.940]	[13.796]
cost		−7.45e−05	−8.10e−05	−0.000 252	0.001 59	−8.93e−05	0.000 103
		[−0.667]	[−0.777]	[−1.499]	[0.849]	[−0.958]	[0.444]
priv		−0.000 143	−0.000 210*	−6.45e−05	−0.005 4***	−9.10e−05	−0.000 225*
		[−1.263]	[−1.890]	[−0.368]	[−2.831]	[−0.968]	[−1.909]
dura		0.000 859	0.000 258	−0.005 58***	0.007 01	0.000 360	−0.000 249
		[1.273]	[0.364]	[−4.959]	[0.661]	[0.593]	[−0.271]
contr		0.000 727***	0.000 65***	0.000 806***	0.007 02***	0.000 468***	0.001 1***
		[6.331]	[5.737]	[4.225]	[3.652]	[4.447]	[3.227]

续表 6.9

方程	熵权内涵式发展水平			平均加权值	正态化处理	剔除1%	IV 估计
	(1)	(2)	(3)	(4)	(5)	(6)	(7)
forei		0.006 41***	0.005 42***	0.017 9***	0.061 7***	0.004 93***	0.005 67***
		[4.897]	[4.409]	[8.519]	[3.503]	[4.123]	[3.710]
legal		0.000 481*	0.000 499*	0.001 14**	0.004 01	0.000 430*	0.000 571
		[1.773]	[1.798]	[2.475]	[0.930]	[1.751]	[1.286]
常数项	0.060 2***	0.045 3***	0.057 5***	0.189***	−0.013 9	0.057 0***	0.055 9***
	[42.799]	[17.258]	[8.870]	[19.306]	[−0.294]	[11.866]	[6.412]
行业/城市	否/否	否/否	是/是	是/是	是/是	是/是	是/是
V.I.F/D.W.H			1.27				2.217 (0.529)
R^2	0.103	0.606	0.612	0.658	0.092	0.653	0.579
F/Wald 值	135.6***	518.8***	237.5***	303.5***	16.81***	297.3***	221.1***
样本量	3 948	3 948	3 948	3 948	3 948	3 879	3 948

注：*、**、***分别表示在10%、5%和1%水平显著；系数对应方括号中的数字为 z 或 t 统计量。

6.2.3 不同角度分类比较

行业分类估计中,价值链分工拓展主要表现出对制造业企业内涵式发展的影响。其中,上游和下游联系至少在10%水平呈现促进作用,中游环节竞争联系依然在15%水平呈不利影响。对生产性服务业企业而言,其各区段分工联系的作用均不显著。这至少说明,生产性服务业企业价值链分工联系对自身内涵式发展的整体影响效果是不确定的。考虑到服务产品具有无形性、生产与消费的较难分割性以及不可存储性等特点,这决定了服务企业发展对市场容量有更大的依赖,服务半径要求更高(宣烨,2013)。有鉴于此,下面有待进一步考察企业价值链分工拓展的作用特点。

结合企业价值链分工空间布局的异质性,首先将各价值链环节布局划分到四个空间维度(市辖区、城市、国家和国际空间尺度),进而考察它们对企业内涵式发展作用的差异。由表6.10可见,无论上游供应商环节、中游竞争环节,还是下游代理商环节,它们大多在国家和国际空间尺度表现出对企业内涵式发展能力提升的显著促进作用;边际影响方面,国际空间尺度作用更显著。比较而言,企业各价值链环节拓展市辖区和城市空间尺度的作用效果基本不显著。企业价值链分工布局的空间尺度越大,其获取各种外部资源和机会的可能性就越大;企业在经历更具挑战性市场竞争过程中,获得各方面能力提升的可能性也越大,这最终均有助于或者直接表现为其内涵式发展水平的提升。就局限于有限空间尺度布局价值链分工环节的企业而言,其面临的挑战和获得的学习机会均较少,更易安于现状。比较结果中,还有值得注意的是城市空间尺度中游环节拓展作用在1%水平显著为负,国家空间尺度中游环节拓展正向作用则没能通过显著性检验。这一方面说明我国企业在城市空间尺度会面临较为低端并且过度"扎堆"的同质竞争,另一方面表明国家空间尺度中游环节竞争联系拓展有待进一步加强。对企业各空间尺度价值链分工联系的拓展而言,城市空间尺度是一个需要突破的关键门槛。

表 6.10 行业和空间布局异质下企业价值链分工拓展影响的比较分析

方程类型	(1) 制造业企业	(2) 服务业企业	方程类型	(3) 上游供应	(4) 中游竞争	(5) 下游代理
upper	0.000 473*	0.000 247	市辖区尺度	7.05e−05	−6.00e−05	−0.000 121
	[1.696]	[1.307]		[0.820]	[−0.625]	[−1.389]
mid	−0.000 673*	−0.000 658	城市尺度	3.56e−05	−0.000 396***	−0.000 116
	[−1.557]	[−1.138]		[0.417]	[−4.374]	[−1.195]
down	0.000 517**	0.000 171	国家尺度	0.000 382***	0.000 128	0.000 391***
	[2.399]	[0.724]		[3.771]	[1.363]	[4.284]
			国际尺度	0.000 895***	0.000 536***	0.000 705***
				[6.073]	[3.927]	[5.674]
控制变量	是	是	控制变量	是	是	是
行业/城市	是/是	是/是	行业/城市	是/是	是/是	是/是
R^2	0.622	0.450	R^2	0.616	0.614	0.616
F 值	227.8***	36.82***	F 值	234.7***	234.3***	241.6***
样本量	2 839	1 109	样本量	3 948	3 948	3 948

注:*、* *、* * *分别表示在10%、5%和1%水平显著;系数对应方括号中的数字为 z 或 t 统计量。

综合行业和空间异质两个方面,表 6.11 估计结果中,价值链分工各环节拓展的影响依然是在国内和国际空间尺度下显著为正,国际空间尺度边际作用效果仍相对更高,这一点在制造业企业中体现得尤为突出。在较长期内,我国主要是制造业企业参与到发达国家跨国公司主导的价值链分工体系,进而拓展了国际空间尺度价值链分工联系,并由此通过技术外溢和示范效应等,获得企业内涵式发展能力在过去一段时期内的提升(徐毅和张二震,2008)。随着中国本土更多制造业企业的"走出去"和自主国际价值链的构建,这必将在质的层面进一步释放我国企业内涵式发展潜能,进而突破过去被动嵌入发达国家跨国公司主导价值链分工体系下的链内"锁定效应"。此外,经过多年发展,我国已经形成强大且高效的制造能力,而既定市场需求的相对"饱和"则使得制造能力的消化问题日渐突出(周密和刘秉镰,2017)。由估计结果可见,制造业企业下游代理商联系存在显著促进作用,这很好地说明拓展制造业企业下游代理商联系,并从集约边际和拓展边际两个层面开发新市场需求同样变得重要。在针对生产性服务业企业作用特点的进一步探讨中,发现至少在国家和国际空间尺度,拓展上游供应商联系还是存在显著正向作用的。再结合生产性服务业企业市辖区空间尺度上游分工联系表现出的负向作用,这进一步说明拓展大空间尺度上游分工联系,以此增强高质量中间品可得性,更有利于生产性服务业企业内涵式发展能力的提升。这里同样值得注意的是,制造业企业市辖区空间尺度上游供应商联系在1%水平显著为正。这实际上从微观企业价值链分工的空间布局角度验证了企业生产方面的集聚优势,即存在前后生产联系企业在有限空间(例如我国各类工业园区)的协同生产能够带来诸多正外部性(张杰等,2007)。城市空间尺度中游竞争联系作用在1%水平显著为负,这说明存在竞争关系的企业如果只是局限于有限空间尺度发展,很容易导致低端过度竞争,进而不利于企业的内涵式发展。

表6.11 空间异质下制造业和生产性服务业企业价值链分工拓展影响考察

类型	制造业企业			生产性服务业企业		
方程	(1)	(2)	(3)	(4)	(5)	(6)
核心变量	上游供应	中游竞争	下游代理	上游供应	中游竞争	下游代理
市辖区尺度	0.000 251**	6.13e−05	−5.59e−05	−0.000 396***	−0.000 179	−0.000 215*
	[2.423]	[0.533]	[−0.533]	[−2.741]	[−1.081]	[−1.880]
城市尺度	3.48e−05	−0.000 465***	−6.21e−05	2.6e−05	−0.000 248*	−0.000 130
	[0.331]	[−4.291]	[−0.530]	[0.174]	[−1.739]	[−0.718]
国家尺度	0.000 239**	0.000 166	0.000 513***	0.000 661***	6.47e−05	0.000 237*
	[2.066]	[1.519]	[4.698]	[3.317]	[0.373]	[1.930]
国际尺度	0.000 778***	0.000 557***	0.000 807***	0.001 10**	0.000 289	0.000 179
	[5.311]	[3.812]	[5.950]	[2.221]	[0.778]	[0.515]
控制变量	是	是	是	是	是	是
行业/城市	是/是	是/是	是/是	是/是	是/是	是/是
R^2	0.624	0.624	0.627	0.468	0.450	0.451
F值	220.1***	219.8***	226.9***	35.51***	36.27***	35.79***
样本量	2 839	2 839	2 839	1 109	1 109	1 109

注:*、**、*** 分别表示在10%、5%和1%水平显著;系数对应方括号中的数字为z或t统计量。

出于研究兴趣,仍然是在区分制造业企业和生产性服务业企业的情况下,还结合企业内涵式发展的不同分位进行了估计。对制造业企业而言,鉴于其价值链分工各环节在市辖区和城市空间尺度拓展的影响大多不显著,表 6.12 仅列示拓展国内和国际空间尺度下的回归结果。此处可以发现的基本规律是,随着制造业企业内涵式发展水平的提升,其价值链分工各环节拓展的正向促进作用也更加突出,这说明制造业企业价值链分工拓展的影响存在明显"马太效应"特点。相比较而言(见表 6.13),我国生产性服务业企业在拓展市辖区、城市和国际空间尺度方面的作用规律大多都不明显;仅在国家空间尺度拓展方面,价值链分工各区段拓展的边际作用或者是持续上升的(上游供应商联系拓展),或者表现为仅在中低分位呈现上升特点(中游竞争商和下游代理商联系拓展)。此处比较表明,我国生产性服务业企业价值链分工拓展的促进作用主要还是集中体现为对内涵式发展水平中低分位的企业有效,并且主要来源于国家空间尺度各区段分工联系拓展的影响。国际空间尺度拓展的促进作用仅在上游供应商拓展过程中有所体现。

表 6.12 制造业企业价值链分工拓展影响企业内涵式发展水平的分位数回归

环节	空间尺度	5%分位	25%分位	50%分位	75%分位	95%分位	作用规律
上游供应	国家	9.91e-05*	0.000 174***	0.000 191***	0.000 371***	0.000 574	持续上升
	国际	0.000 412***	0.000 715***	0.000 667***	0.000 671***	0.001 94***	持续上升
中游竞争	国家	0.000 134**	8.50e-05	0.000 105*	0.000 260**	0.000 286	持续上升
	国际	5.19e-05	0.000 491***	0.000 559***	0.000 473**	0.000743	先升后降
下游代理	国家	1.46e-05	0.000 119**	0.000 179***	0.000 391***	0.001 04***	持续上升
	国际	0.000 446***	0.000 664***	0.000 806***	0.000 651**	0.000 258	先升后降

注:*、**、***分别表示在10%、5%和1%水平显著。

表 6.13 生产性服务业企业价值链分工拓展影响企业内涵式发展水平的分位数回归

环节	空间尺度	5%分位	25%分位	50%分位	75%分位	95%分位	作用规律
上游供应	市辖区	-3.41e-05	-8.27e-05	-9.65e-05	-0.000 127	-0.000 85**	规律不明显
	城市	2.41e-05	-1.07e-05	1.77e-05	5.54e-05	0.000 371	规律不明显
	国家	-2.06e-05	0.000 103*	0.000 103	0.000 296*	0.001 43*	持续上升
	国际	0.000 207	0.000 153	0.000 459*	0.001 11*	0.003 18	持续上升
中游竞争	市辖区	-2.38e-05	-9.04e-05*	-9.01e-05	-3.71e-05	-0.000 297	规律不明显
	城市	6.50e-05	3.01e-06	-6.34e-05	-0.000 116	-0.000 182	规律不明显
	国家	0.000 119**	4.83e-05	9.99e-05*	0.000 224*	0.000 269	中低分位上升
	国际	-0.000 286*	0.000 217	1.53e-05	3.60e-05	0.000 302	规律不明显

续表 6.13

环节	空间尺度	5%分位	25%分位	50%分位	75%分位	95%分位	作用规律
下游代理	市辖区	8.99e−05*	5.35e−05	−5.72e−05	−8.22e−05	−0.000 632*	规律不明显
	城市	2.76e−05	−6.85e−06	−3.63e−06	2.86e−05	0.000 1	规律不明显
	国家	3.60e−05	0.000 105*	0.000 128*	0.000 12	−0.000 353	中低分位上升
	国际	−8.65e−05	0.000 146	4.07e−05	3.40e−05	0.001 03	规律不明显

注：*、**、***分别表示在10%、5%和1%水平显著。

6.2.4 中介效应分析

企业内涵式发展能力是一个较为抽象和系统性的概念，本书主要通过四个具体维度二级指标构建了综合评价体系。下面讨论通过构建中介效应模型，其一方面可以从计量分析角度进一步间接验证所构建的企业内涵式发展能力体系的合理性，另一方面可以揭示企业拓展异质空间价值链分工对其内涵式发展能力提升的竞合作用特点及其内在机制。

表6.14首先验证的是生产性服务业企业价值链分工拓展是否存在规模中介效应，其中，方程(1)—(3)关注的是上游供应商联系拓展的作用。由方程(2)可见，四个核心解释变量大多通过了显著性检验，其中国家和国际空间尺度上游联系拓展的边际影响均显著为正，这表明企业拓展不同空间尺度价值链分工上游联系对其自身规模扩张存在促进作用。进一步重点关注方程(3)，体现规模特征的变量 scale 在1%水平上显著为正。在控制其影响的情况下，国家空间尺度上游供应商联系(counsup)的作用仍然显著，但边际影响却有显著降低；国际空间尺度上游联系(globsup)拓展的边际影响则变得不显著。综合分析可见，就对我国生产性服务业企业的内涵式发展而言，企业自身价值链分工上游供应商联系在国家和国际空间尺度拓展的规模中介效应是存在的，并且均表现为促进作用。不同于此，中游竞争的规模中介效应则不存在，这主要是因为方程(4)中显著的变量在方程(5)中变得不显著，不满足中介效应模型的基本条件。再关注由方程(7)—(9)所构建的下游代理商联系拓展的规模中介效应，只有所在地空间尺度下游代理商联系在方程(7)和(8)中均通过显著性检验且为负，其边际影响在方程(9)中则变得不显著；规模变量 scale 依然在1%水平显著为正。这里的系统分析至少表明，所在地空间尺度下游代理商联系拓展的规模中介效应是存在的，只不过其经由规模中介效应表现出的是对自身内涵式发展水平提升的显著不利影响。

表 6.14 生产性服务业企业内涵式发展的规模中介效应分析

	上游供应商联系			中游竞争商联系			下游代理商联系		
方程	(1)	(2)	(3)	(4)	(5)	(6)	(7)	(8)	(9)
因变量	vad_mm	guimo	vad_mm	vad_mm	guimo	vad_mm	vad_mm	guimo	vad_mm
scale			1.156***			1.188***			1.183***
			[24.411]			[24.858]			[25.089]
innsup	−0.000 44***	−0.000 279***	−0.000 117	−0.000 238	−0.000 226**	3.09e−05	−0.000 263*	−0.000 219**	−4.03e−06
	[−3.096]	[−3.795]	[−1.040]	[−1.458]	[−2.614]	[0.246]	[−1.722]	[−2.342]	[−0.038]
citysup	−5.27e−05	−6.45e−05	2.18e−05	−0.000 275*	7.90e−05	−0.000 369***	−8.50e−05	2.75e−05	−0.000 118
	[−0.357]	[−0.679]	[0.220]	[−1.649]	[0.777]	[−3.318]	[−0.466]	[0.222]	[−1.159]
counsup	0.000 668***	0.000 217**	0.000 418***	3.83e−05	−7.72e−05	0.000 130	0.000 191	−0.000 119	0.000 332***
	[3.642]	[2.003]	[3.135]	[0.225]	[−0.669]	[1.209]	[1.107]	[−1.129]	[2.702]
globsup	0.001 10**	0.000 580**	0.000 433*	0.000 290	−0.000 263	0.000 602**	0.0002 54*	−4.05e−05	0.000 302
	[1.221]	[2.360]	[1.800]	[1.616]	[0.793]	[−2.376]	[1.866]	[0.756]	[−0.247]
控制变量	是	是	是	是	是	是	是	是	是
行业	是	是	是	是	是	是	是	是	是
R^2	0.461	0.082	0.722	0.441	0.065	0.722	0.440	0.062	0.720
F 值	50.41***	2.245***	122.1***	52.17***	1.668*	130.2***	50.58***	1.620*	136.9***
样本量	1 109	1 109	1 109	1 109	1 109	1 109	1 109	1 109	1 109

注：*、**、***分别表示在10%、5%和1%水平显著；系数对应方括号中的数字为 z 或 t 统计量。

遵循类似分析思路，再关注企业价值链分工拓展在效率、创新和管理这三个方面的中介效应表现。通过表6.15、表6.16、表6.17主要规律性表明，企业自身价值链分工上游供应商联系在国家和国际空间尺度的拓展均可以通过增进效率、创新和管理水平，最终表现出对内涵式发展能力提升的促进作用。其中，国家空间尺度拓展表现为不完全中介效应，国际空间尺度拓展主要表现为完全中介效应。所在地空间尺度上游联系拓展也都存在对企业效率和管理水平提升的不利影响，进而表现出削弱企业内涵式发展水平的不完全中介效应。研究还表明，城市空间尺度中游竞争联系和所在地空间尺度下游代理商联系拓展均会通过抑制企业效率和创新能力，而表现出抑制其内涵式发展能力提升的完全或不完全中介效应。

表 6.15 生产性服务业企业内涵式发展的效率中介效应分析

方程	(1)	(2)	(3)	(4)	(5)	(6)	(7)	(8)	(9)
因变量	vad_mm	xiaolv	vad_mm	vad_mm	xiaolv	vad_mm	vad_mm	xiaolv	vad_mm
xiaolv			1.669***			1.743***			1.751***
			[6.665]			[6.629]			[6.594]
innsup	−0.000 440***	−9.81e−05***	−0.000 276*	−0.000 238	−0.000 155***	3.26e−05	−0.000 263*	−7.38e−05*	−0.000 134
	[−3.096]	[−2.978]	[−2.057]	[−1.458]	[−4.595]	[0.215]	[−1.722]	[−1.932]	[−1.007]
citysup	−5.27e−05	−4.09e−05	1.56e−05	−0.000275**	−0.000104***	−9.32e−05	−8.50e−05	−2.95e−05	−3.35e−05
	[−0.357]	[−1.102]	[0.116]	[−1.649]	[−2.773]	[−0.612]	[−0.466]	[−0.639]	[−0.218]
counsup	0.000 668***	1.45e−05*	0.000 644***	3.83e−05	1.29e−05	1.58e−05	0.000 191	6.97e−05*	6.94e−05
	[3.642]	[1.733]	[3.647]	[0.225]	[0.328]	[0.103]	[1.107]	[1.925]	[0.430]
globsup	0.001 10**	0.000 344***	0.000 529	0.000 290	2.49e−05	0.000 247	0.000 254	0.000 279***	−0.000 234
	[2.360]	[2.942]	[1.470]	[0.793]	[0.285]	[0.716]	[0.756]	[2.657]	[−0.799]
控制变量	是	是	是	是	是	是	是	是	是
行业	是	是	是	是	是	是	是	是	是
R^2	0.461	0.160	0.542	0.441	0.153	0.530	0.440	0.153	0.530
F 值	50.41***	13.24***	51.47***	52.17***	15.61***	54.57***	50.58***	13.44***	53.31***
样本量	1 109	1 109	1 109	1 109	1 109	1 109	1 109	1 109	1 109

注:*、**、***分别表示在10%、5%和1%水平显著;系数对应方括号中的数字为 z 或 t 统计量。

表 6.16 生产性服务业企业内涵式发展的创新中介效应分析

方程	(1)	(2)	(3)	(4)	(5)	(6)	(7)	(8)	(9)
因变量	vad_mm	chuangxin	vad_mm	vad_mm	chuangxin	vad_mm	vad_mm	chuangxin	vad_mm
chuangxin			0.972***			0.993***			0.992***
			[18.667]			[19.454]			[19.227]
innsup	−0.000 44***	9.87e−06	−0.000 45***	−0.000 238	−2.54e−05	−0.000 213	−0.000 263*	−8.52e−05	−0.000 179
	[−3.096]	[0.117]	[−3.934]	[−1.458]	[−0.301]	[−1.561]	[−1.722]	[−1.922]	[−1.387]
citysup	−5.27e−05	4.29e−05	−9.44e−05	−0.000 275*	−0.000 21**	−6.54e−05	−8.50e−05	−0.000 17**	8.66e−05
	[−0.357]	[0.544]	[−0.759]	[−1.649]	[−2.474]	[−0.481]	[−0.466]	[−1.974]	[0.550]
counsup	0.000 668***	0.000 32***	0.000 357**	3.83e−05	0.000 163*	−0.000 123	0.000 191	0.000 101	9.16e−05
	[3.642]	[3.250]	[2.341]	[0.225]	[1.917]	[−0.816]	[1.107]	[1.117]	[0.608]
globsup	0.001 10**	0.000 13***	0.000 574**	0.000 290	0.000 289	2.99e−06	0.000 254	−7.46e−05	0.000 328
	[2.360]	[2.623]	[2.247]	[0.793]	[1.197]	[0.010]	[0.756]	[−0.402]	[1.127]

续表6.16

方程	(1)	(2)	(3)	(4)	(5)	(6)	(7)	(8)	(9)
控制变量	是	是	是	是	是	是	是	是	是
行业	是	是	是	是	是	是	是	是	是
R^2	0.461	0.663	0.614	0.441	0.662	0.601	0.440	0.660	0.602
F值	50.41***	95.17***	111.4***	52.17***	95.89***	153.6***	50.58***	93.97***	127.9***
样本量	1 109	1 109	1 109	1 109	1 109	1 109	1 109	1 109	1 109

注:*、**、***分别表示在10%、5%和1%水平显著;系数对应方括号中的数字为z或t统计量。

表6.17 生产性服务业企业内涵式发展的管理中介效应分析

方程	(1)	(2)	(3)	(4)	(5)	(6)	(7)	(8)	(9)
因变量	vad_mm	guanli	vad_mm	vad_mm	guanli	vad_mm	vad_mm	guanli	vad_mm
guanli			1.011***			1.046***			1.041***
			[18.543]			[17.626]			[17.034]
innsup	−0.000 44***	−7.31e−05*	−0.000 37***	−0.000 238	0.000 17	−0.000 41***	−0.000 263*	0.000 12**	−0.000 18***
	[−3.096]	[−1.699]	[−2.983]	[−1.458]	[1.987]	[−3.085]	[−1.722]	[2.002]	[−2.706]
citysup	−5.27e−5	1.00e−5	−6.29e−5	−0.000 275*	−3.60e−5	−0.000 237	−8.50e−5	9.17e−5**	−0.000 180
	[−0.357]	[0.184]	[−0.454]	[−1.649]	[−0.567]	[−1.588]	[−0.466]	[2.038]	[−1.017]
counsup	0.000 668***	0.000 118	0.000 548***	3.83e−05	−5.92e−05	0.000 100	0.000 191	0.000 139*	4.61e−05
	[3.642]	[1.297]	[3.374]	[0.225]	[−0.979]	[0.639]	[1.107]	[1.706]	[0.308]
globsup	0.001 10**	5.07e−5**	0.001 05***	0.000 290	0.000 231	4.81e−05	0.000 254	9.32e−05	0.000 157
	[2.360]	[2.378]	[2.396]	[0.793]	[1.087]	[0.165]	[0.756]	[0.646]	[0.530]
控制变量	是	是	是	是	是	是	是	是	是
行业	是	是	是	是	是	是	是	是	是
R^2	0.461	0.014	0.569	0.441	0.018	0.556	0.440	0.018	0.554
F值	50.41***	1.325	82.71***	52.17***	1.920	77.29***	50.58***	2.477***	75.57***
样本量	1 109	1 109	1 109	1 109	1 109	1 109	1 109	1 109	1 109

注:*、**、***分别表示在10%、5%和1%水平显著;系数对应方括号中的数字为z或t统计量。

6.3 本章小结

拓展服务功能环节全球价值链分工联系,这是否有助于我国生产性服务业内涵式发展能力的提升?聚焦于此,借助第四章生产性服务业内涵式发展能力测度分析和第五章生产分割阶段数所体现的生产联系的复杂程度,实证考察了生产性服务业全球价值链分工嵌入及其解构对该行业内涵式发展能力的影响。

产业角度研究表明,全球价值链分工总体角度考察的影响具有不确定性,只有在考虑价值链分工解构性质情况下,国内和国际生产分割所体现的国内和国际价值链分工拓展作用才都通过显著性检验,前者作用为负,后者则为正。无论因变量的替换还是改进方法的估计(包括PCSE估计和系统GMM估计),以上结果始终稳健。再由交互项所体现的国内和国际价值链分工拓展的竞合作用分析可见,它们对生产性服务业发展的促进作用均有赖于对方的存在。作用机制的讨论中,国际价值链拓展的规模效应、结构效应、增值能力和效率提升机制均被证实存在并且为正,国内价值链分工拓展的上述机制分析结果中,仅有结构效应作用显著为正,其他机制分析均存在显著不利影响。考虑交互项情形下的作用机制分析再次表明,国内和国际价值链分工联系中任何一方的拓展均有助于削弱另一方拓展的不利影响,尤其是在规模效应和效率提升机制表现方面。但在结构效应方面,两者则会削弱对方的促进作用。

从微观企业角度进一步研究表明,相比制造型企业拓展价值链分工上、下游联系存在的促进作用,在总体考察情况下,生产性服务业企业各区段拓展的作用并不显著。考虑空间异质性后的比较分析可见,生产性服务业企业拓展国内空间尺度各区段价值链分工联系的促进作用还是存在的;对内涵式发展能力处于中低分位企业而言,这种促进作用相对更突出。借助微观企业数据,还设计并验证了企业价值链分工拓展的四个方面中介效应。主要结论表明,无论规模层面,还是效率、创新和管理层面,我国生产性服务业企业在国家和国际空间尺度拓展上游供应商联系的正向中介效应都是存在并且表现为促进作用的。企业价值链分工在国家空间尺度拓展更主要表现为不完全中介效应,在国际空间尺度拓展则主要表现为完全中介效应。比较而言,企业拓展低维空间尺度(市辖区和城市)价值链分工联系的中介效应更主要表现为不完全中介效应下的抑制作用。

第七章 价值链分工竞合对生产性服务业内涵式发展的影响:效率和增值能力的权衡

全球分工模式的演变主要经历了产业间分工、产业内分工和产品内分工三个阶段。相比前两个阶段,产品内分工更加强调基于共同价值创造为基础价值链的解构和企业更精细网络化生产联系的拓展。并且,因为分工的细化程度延伸至产品层面,这使得该模式下产业或企业的生产效率提升表现更加突出。此外,面对外部加剧竞争环境、市场需求多样性扩张和不确定性增长所导致的交易或协调成本上升,构建以产品价值链为纽带的网络化分工联系日渐成为企业生存乃至发展的重大抉择(Antras等,2017)。其中,发达国家以跨国公司为主要形式的企业价值链分工网络在全球范围内异质空间的主动拓展,特别是对以中国等发展中国家为代表的国际市场的拓展,构成价值链分工网络在近半个世纪全球扩张的重要基础。这不仅显著增强了发达国家企业的生产效率、市场竞争力及至高附加值环节掌控能力,同时也使发展中国家实现了生产效率的提升和产业升级(World Bank,2017)。然而,对发展中国家而言,其生产效率提升作用更多被证实存在于制造行业领域,服务行业领域的效率增进如何,仍不甚清楚。再者,考虑到生产效率作为本研究理论探讨的关键对象和所构建的内涵式发展能力的核心指标之一,它具有更强的现实针对性特点,这些方面都凸显从更直接的角度探讨双重价值链分工竞合对生产效率影响的必要性。

7.1 生产性服务业生产效率表现

7.1.1 产业角度典型化事实

通过将服务业总体划分为生产性服务业、生活和公共服务业两大类,表 7.1 通过比较的方式,一方面初步揭示了生产性服务业的生产效率表现,另一方面同步考察了生产性服务业的价值增值情况。首先,沿用 4.1.2 节基于 DEA－Malmquist 指数的计算方法,可以得到全要素生产率及其分解技术进步(tech)和技术效率(eff)的构成情况。相比生活和公共服务业,无论劳动密集型还是技术密集型生产性服务业,它们的全要素生产率及其两部分的平均水平均要低。生产性服务业内部,技术密集型生产性服务业的全要素生产率及其分解技术效率和技术进步两部分的均值明显要高于劳动密集型生产性服务业。当然,劳均增加值(pvalue)情况的比较则恰恰相反,劳动密集型生产性服务业相对最高,其次是技术密集型生产性服务业。囿于生活和公共服务业中公共服务业的非盈利性质相对突出,这决定了该类服务业总体上的劳均增值水平要低。表7.1同时给出基于世界投入产出表计算得到的我国服务业增加值表现,比较可见,劳动密集型生产性服务业在总增加值(VAD)和国内价值增值(DVA)方面的平均水平依然是最高的,其次仍然是技术密集型生产性服务业,尽管两者差距不是太大;生活和公共服务业的价值增值能力相对还是最低的。

仅就服务业划分为生活和公共服务业、生产性服务业两大类的比较而言,基于Malmquist指数得到的全要素生产率分析似乎表明行业综合生产效率水平越高,相应价值增值能力反而越低;再就生产性服务业内部的分类比较而言,尽管差距不是太大,基本规律类似。考虑采用单一指标估计可能会增加因估计方法选择造成的偏差,分析进一步基于其他方法估算了服务业分类全要素生产率。与工具变量法和固定效应法一样,控制函数法也是一种常用的全要素生产率估算方法。Olley和Pakes(1996),Levinsohn和Petrin(2003),Ackerberg等(2015)都对全要素生产率的两步估计法做出了贡献,Wooldridge(2009)则提出了基于GMM框架下的一步一致估计方法。此处即基于Wooldridge(2009)的估计方法,并运用动态面板工具变量法来改进全要素生产率的估计。最终结果表明,无论LP估计、OP估计还是WRDG估计,均显示技术密集型生产性服务业的生产效率高于劳动密集型生产性服务业。更进一步,针对OP和LP法假设企业面对生产率冲击能够对投入进行无成本即时调整的较强限制,这里还参考Ackerberg等(2015)的处理方式,同时给出了修正LP和OP估计方法计算的全要素生产率(LPACF和OPACF)。从对比结果来看,LP和LPACF估计、OP和OPACF估计结果较为类似。而从实际出发,鉴于我国生活和公共服务业的非市场化特点相对更加明显,教育、医疗乃至政府公共服务业等的市场开放程度依然偏低,甚至垄断程度相对较高,这决定其综合生产效率表现的可比性不高。再者,因为该类型服务业嵌入全球价值链分工的特点也不是很明显,这进一步削弱其在此处讨论中的比较意义。

再由图7.1中Malmquist指数及其解构两部分的核密度分布的比较可见,无论劳动密集型还是技术密集型生产性服务业,两者Malmquist指数核密度分布的总体重合度较高,两者均值水平差异的程度也很低。此比较情况进一步说明,基于Malmquist指数计算的劳动密集型和技术密集型生产性服务业综合生产效率方面的差别不是很明显。指数分解情况中,两者在技术进步核密度分布方面的差异相对最大,劳动密集型生产性服务业值的相对集中度更高,两者技术效率核密度分布方面则更加接近。通过对其他估计方法下全要素生产率值进行核密度分布描述,结果如图7.2所示。可以看出,各类指标虽然在均值、峰度和偏度水平方面存在差别,但均呈现较为类似的正态分布特点。

表7.1　服务业全要素生产效率和增值表现的多维测度与分类比较

类别	劳动密集型生产性服务业			技术密集型生产性服务业			生活和公共服务业			合计		
指标	均值	标准差	样本量	均值	标准差	样本量	均值	标准差	样本量	均值	标准差	样本量
malq	1.005	0.102	45	1.01	0.11	60	1.026	0.088	105	1.017	0.097	210
tech	1.028	0.091	45	1.034	0.105	60	1.043	0.091	105	1.037	0.095	210
eff	0.978	0.065	45	0.979	0.074	60	0.987	0.082	105	0.983	0.076	210
LP	1.889	0.582	45	2.011	0.596	60	2.032	0.767	105	1.996	0.683	210
LPACF	1.615	0.611	45	1.719	0.626	60	1.737	0.805	105	1.706	0.717	210
OP	7.335	0.661	45	6.56	0.792	60	6.055	0.82	105	6.474	0.923	210
OPACF	6.269	0.694	45	5.607	0.832	60	5.175	0.861	105	5.533	0.969	210
WRDG	2.319	0.47	45	1.83	0.517	60	2.19	0.803	105	2.115	0.691	210
pvalue	10.089	0.728	45	9.127	0.908	60	8.699	0.971	105	9.119	1.050	210
VAD	10.767	0.965	45	10.178	0.635	60	8.617	0.880	105	9.524	1.250	210
DVA	6.684	0.916	45	6.249	1.269	60	4.762	1.329	105	5.599	1.495	210

数据来源:《中国统计年鉴》《中国第三产业统计年鉴》和 WIOD 2016 数据库,并经计算和整理得到。

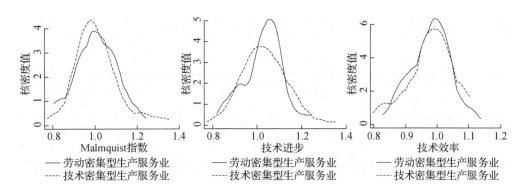

图7.1　生产性服务业全要素生产率的 Malmquist 指数估计及其分解

数据来源:《中国统计年鉴》和《中国第三产业统计年鉴》,并经计算和整理得到。

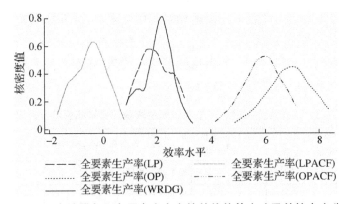

图7.2 生产性服务业全要素生产率的其他估算方法及其核密度分布

数据来源:《中国统计年鉴》和《中国第三产业统计年鉴》,并经计算和整理得到。

图7.3进一步考察了基于Malmquist指数计算的生产性服务业各细分行业历年全要素生产率水平的演变,大多数行业TFP值的波动区间在0.8~1.2之间。变化趋势方面,批发和零售业、科学研究和技术服务业的整体上升趋势相对明显,交通运输、仓储和邮政业及房地产业近十年来的整体下降趋势更突出,信息传输、软件和信息技术服务业、金融业、租赁和商务服务业呈现水平震荡特点,金融业的

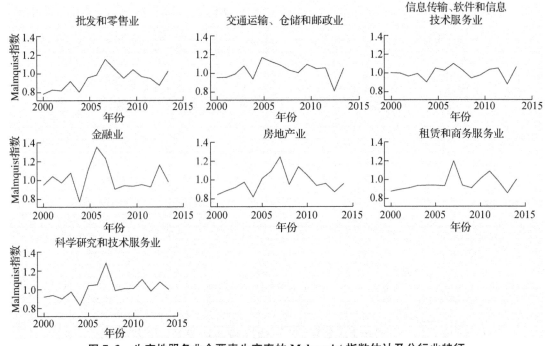

图7.3 生产性服务业全要素生产率的Malmquist指数估计及分行业特征

数据来源:《中国统计年鉴》和《中国第三产业统计年鉴》,并经计算和整理得到。

震荡特点随着时间的推移逐步变窄。图 7.4 给出的是基于 OP 方法计算的各细分行业历年全要素生产率水平的变化情况。在考虑了时间累积效应后,生产性服务业所有细分行业 TFP 都呈明显上升趋势,批发和零售业、金融业、租赁和商务服务业相对提升速度最快。TFP 均值表现方面,批发和零售业、金融业和房地产业可以视为第一梯队,交通运输、仓储和邮政业、信息传输、软件和信息技术服务业位居第二梯队,租赁和商务服务业、科学研究和技术服务业相对仅排在第三梯队。

在上面量化分析基础上,图 7.5 展示的是全球生产分割及其解构两部分与

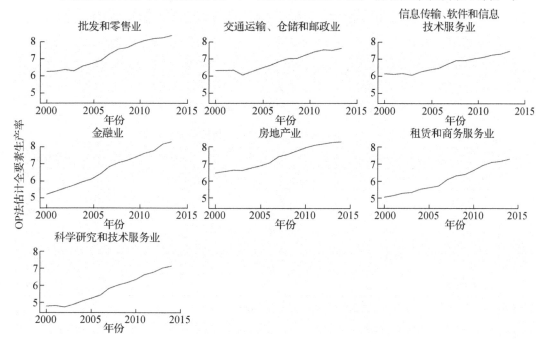

图 7.4　生产性服务业全要素生产率的 OP 法估计及分行业特征

数据来源:《中国统计年鉴》和《中国第三产业统计年鉴》,并经计算和整理得到。

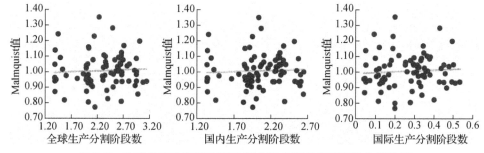

图 7.5　全球生产分割及其解构部分和全要素生产率散点图关系

数据来源:《中国统计年鉴》和《中国第三产业统计年鉴》,并经计算和整理得到。

Malmquist 指数所反映的全要素生产率之间的散点图关系。从拟合情况不难看出,虽然它们两两之间均呈现正相关关系,但都不是很明显。较之国内生产分割,国际生产分割和全要素生产率之间的正相关关系更突出。当然,确切因果关系的探讨仍有待后续实证方式检验。

7.1.2 企业生产效率表现

对微观企业生产效率前沿的测度,综合采用残差项正态、半正态和指数分布下的随机前沿方法分别进行估算。其中,用于效率估算的投入指标主要考虑劳动力和资本要素禀赋,分别用企业职工人数、生产机器及设备投资额衡量,产出指标为企业销售额。由表7.2可见,无论何种测度形式,它们在不同分位的比较均表明,制造业企业的随机效率前沿都更高。但在较高分位水平上,生产性服务业企业与制造业企业的差距则显著降低。图7.6进一步反映不同方法估计下生产性服务业企业效率前沿的核密度分布情况,它们均呈现明显"双峰"分布特点。

表 7.2 企业生产随机效率前沿的大类行业分类比较

类型	指标	正态分布	半正态分布	指数分布	类型	指标	正态分布	半正态分布	指数分布
制造业企业	25%分位	0.106	0.106	0.186	生产性服务业企业	25%分位	0.046	0.048	0.069
	50%分位	0.232	0.232	0.335		50%分位	0.180	0.184	0.255
	75%分位	0.333	0.332	0.484		75%分位	0.266	0.280	0.399
	95%分位	0.547	0.547	0.648		95%分位	0.510	0.520	0.615
	标准差	0.165	0.165	0.202		标准差	0.164	0.167	0.203
	样本量	2839	2839	2839		样本量	1109	1109	1109

数据来源:世界银行中国微观企业调查数据,并经计算和整理得到。

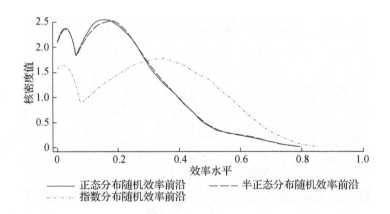

图 7.6 不同方法下生产性服务业企业效率前沿的核密度分布

数据来源:世界银行中国微观企业调查数据,并经计算和整理得到。

再由表 7.3 企业价值链分工网络各区段与技术效率的相关性构成特点来看,拓展上游供应商和下游代理商联系均表现出与技术效率水平间的正相关关系,中游竞争者联系则与技术效率呈负相关关系。再考虑到网络分工联系拓展的空间异质性,进一步相关分析表明,在拓展国家和国际空间尺度网络分工联系方面,企业价值链分工网络各区段与技术效率均表现为显著正相关关系;而在市辖区和城市尺度,各区段拓展与技术效率间的相关性主要是负的。由表 7.3 相关系数值的比较还可见,国际空间尺度各区段价值链分工联系拓展与技术效率水平的相关度最高,其次是国家空间尺度。Andrews 等(2015)的研究表明,伴随全球领先企业效率的提升,其与非前沿位置企业之间效率表现方面的差异明显分化。在 2001—2009 年间,领先服务业企业实现了每年 5%的生产力增长,同期非前沿位置服务业企业平均增长率仅为－0.1%,并且后者效率增进不足也是造成服务业整体效率提升欠佳的主因。此处针对我国企业展开的相关性比较分析也说明,相比具备拓展国际市场的生产性服务业企业,聚焦有限空间尺度市场拓展企业的技术效率水平相对的确更低。

表 7.3 价值链解构各区段与企业技术效率的相关性分析

相关系数	上游区段	中游区段	下游区段
总体样本	0.187***	－0.078***	0.164***
市辖区尺度	0.023	－0.017	－0.088***
城市尺度	0.058***	－0.038**	－0.061***
国家尺度	0.157***	0.119***	0.102***
国际尺度	0.218***	0.127***	0.108***

数据来源:世界银行中国微观企业调查数据,并经计算和整理得到。*、**、***分别表示在 1%、5%、10%水平显著。

7.2 双链竞合下的产业技术效率影响

7.2.1 基准估计与稳健性

为了从产业角度揭示全球价值链分工拓展的作用特点,参考 Mancusi(2008)的类似研究,设定基准回归方程如下:

$$\text{malm}_{it} = \beta_0 + \beta_1 \times \text{GPSL}_{it}(\text{NPSL}_{it}、\text{IPSL}_{it}) + \beta_2 \times \ln Z_{it} + \tau_i + \eta_t + \nu_{it} \quad (7-1)$$

其中:下标 i 表示生产性服务业细分行业;t 表示年份;τ_i 和 η_t 分别控制行业、年份差异;Z_{it} 为控制变量影响;ν_{it} 代表随机误差项。

这里被解释变量是基于 Malmquist 指数计算的全要素生产率,解释变量是生产性服务业全球生产分割阶段数及其解构国际和国内生产分割水平,其衡量说明同 5.1.3 节。控制变量考虑了如下方面:①要素禀赋条件(labor、capi、hr),这里用各细分行业从业人员数表示劳动力要素投入,用人均固定资产投资额(采用2000年为基期的固定资产投资价格指数进行消胀处理)反映物质资本水平,用各行业研究生以上学历劳动者人数反映人力资本;②市场需求规模(scale),用细分行业产值规模体现(采用2000年为基期的商品零售价格指数进行消胀处理);③对外开放水平(open),用细分行业外商实际投资额占总产值比重表示;④市场化制度环境(insti),用细分行业内非公有制经济占比衡量。控制变量数据均来自《中国第三产业统计年鉴》和《中国统计年鉴》,考察期限为2000—2014年。

表7.4基准结果中,出于比较的目的,方程(1)~(3)首先给出的是针对所有服务业的估计,其次方程(4)~(6)给出的是针对生产性服务业的估计。比较可见,在服务业全样本考察情况下,全球生产分割GPSL对全要素生产率的作用是不显著的;而在仅关注生产性服务业的情况下,变量GPSL还是能够在10%水平通过显著性检验并表现为促进作用。全球生产分割解构下的竞合作用方面,国内生产分割拓展的作用均在1%水平显著为正,其对生产性服务业全要素生产率水平提升的边际促进作用相对更高。无论针对服务业全行业还是生产性服务业,国际生产分割IPSL拓展的作用都不显著。这里解构下的作用比较分析一方面证实了3.3.2节理论探讨的结论,即国内生产分割所体现的分工联系复杂度的提升是比较明确存在效率增进作用的。另一方面,其也表明国际价值链分工拓展的效率增进作用存在不确定性。从稳健性角度考虑,表7.4还给出基于全球价值链分工的其他测度指标进行回归的结果。由方程(7)可见,增加值平均传递步长VAPL在10%水平显著为正,这说明我国生产性服务业嵌入价值链分工中的程度越深,其作为下游环节中间品嵌入的相对重要性就越突出,进而越有利于增进其自身的全要素生产率。不同于此,方程(8)中变量NPO则在1%水平显著为负。这从另外一个角度说明,生产性服务业在价值链分工中所处的上游度位置越高,它们对市场的接近性就越低,进而越不利于其自身综合效率水平的提升。

表7.4 全球价值链分工影响生产性服务业全要素生产率的基准估计

类型	服务业			生产性服务业				
方程	(1)	(2)	(3)	(4)	(5)	(6)	(7)	(8)
解释变量	GPSL	NPSL	IPSL	GPSL	NPSL	IPSL	VAPL	NPO
估计系数	0.0480	0.0958*	−0.213	0.0727*	0.154***	−0.472	0.0421*	−0.176***
	[0.898]	[1.836]	[−0.822]	[1.664]	[3.555]	[−1.289]	[1.685]	[−2.759]
labor	−0.121	−0.123*	−0.143*	−0.260**	−0.263**	−0.321**	−0.272**	−0.271***
	[−1.715]	[−1.837]	[−1.897]	[−2.885]	[−3.287]	[−3.580]	[−2.939]	[−4.279]

续表 7.4

类型	服务业			生产性服务业				
方程	(1)	(2)	(3)	(4)	(5)	(6)	(7)	(8)
capi	−0.276	−0.308	−0.256	−1.238***	−1.261***	−1.321***	−1.197***	−1.022***
	[−1.038]	[−1.119]	[−0.959]	[−4.362]	[−5.226]	[−5.372]	[−4.369]	[−3.687]
hr	−0.00698***	−0.00722***	−0.00671***	−0.00317*	−0.00391*	−0.00239	−0.00224	−0.00299*
	[−3.320]	[−3.490]	[−3.441]	[−1.976]	[−2.291]	[−1.376]	[−1.443]	[−2.152]
scale	0.247**	0.258**	0.236**	0.503***	0.519***	0.529***	0.507***	0.482***
	[2.811]	[2.760]	[2.726]	[4.708]	[5.216]	[6.027]	[4.833]	[7.235]
rfdi	−0.925	−0.862	−1.001	−1.342	−1.250	−1.122	−1.275	−1.559
	[−1.155]	[−1.063]	[−1.393]	[−0.951]	[−0.941]	[−0.850]	[−0.966]	[−1.114]
priv	−0.474**	−0.472**	−0.488**	−0.508	−0.512	−0.555	−0.405	−0.807*
	[−2.420]	[−2.508]	[−2.555]	[−1.068]	[−1.149]	[−1.414]	[−0.953]	[−2.079]
Constant	0.323	0.223	0.662	0.699	0.493	1.284	0.714	1.027
	[0.491]	[0.367]	[1.026]	[0.607]	[0.457]	[1.266]	[0.663]	[1.370]
年份/行业	是/是	是/是	是/是	是/是	是/是	是/是	是/是	是/是
R^2	0.561	0.564	0.563	0.680	0.688	0.690	0.681	0.704
F 值	9.674	9.786	9.722	6.971	7.228	7.292	6.941	6.987
样本量	210(14)	210(14)	210(14)	105(7)	105(7)	105(7)	105(7)	105(7)

注：＊＊＊、＊＊、＊分别表示在 1%、5% 和 10% 水平显著；系数对应方括号中的数字为 t 或 z 统计量。

第三章理论探讨和第五章实证分析均表明，行业效率可能会通过影响技术进步等多种途径反过来影响全球价值链分工参与的表现。考虑由此带来的内生性影响，这里采用解释变量的滞后一期作为工具变量加以解决。由表 7.5 再估计情况来看，变量 GPSL 所反映的价值链分工的整体作用均不显著，变量 NPSL 依然在 10% 水平表现为正向促进作用，而变量 IPSL 这里则在 1% 水平通过了显著性检验，但边际作用却为负。通过将核心解释变量再分别替换为增加值平均传递步长（VAPL）和价值链分工位置（NPO）测度，也还是只有变量 NPO 在 5% 通过显著性检验并且为负。进一步考虑因变量滞后一期并采用系统 GMM 方法估计，结果表明，被解释变量一期滞后项作用大多通过显著性检验且为负。而在考虑因变量滞后项的影响下，虽然全球生产分割作用仍不显著，但无论国内还是国际价值链分工拓展，它们对生产性服务业创新能力的促进作用均通过显著性检验，并且边际影响都为正。

表 7.5 考虑内生性影响的稳健性估计

估计方法	2SLS 估计					系统 GMM 估计		
方程	(1)	(2)	(3)	(4)	(5)	(6)	(7)	(8)
解释变量	GPSL	NPSL	IPSL	VAPL	NPO	GPSL	NPSL	IPSL
L. malm						−0.050 9*	−0.092 3***	−0.089 2**
						[−1.749]	[−2.475]	[−2.019]
估计系数	−0.017 2	0.138*	−1.127***	−0.017 7	−0.240***	0.133	0.181**	0.397***
	[−0.089]	[1.714]	[−2.337]	[−0.267]	[−2.168]	[0.474]	[1.982]	[2.862]
控制变量	是	是	是	是	是	是	是	是
年份/行业	是/是	是/是	是/是	是/是	是/是	是/是	是/是	是/是
Sargen (Prob)						11.398 (1.000)	11.485 (1.000)	12.372 (1.000)
ar(2)						0.992	0.945	0.649
R^2	0.685	0.708	0.714	0.333	0.320			
Wald 值	16 453.69**	16 570.63**	16 910.99**	8 581.91**	8 425.07**	202.79**	173.06**	219.91**
样本量	98(7)	98(7)	98(7)	98(7)	98(7)	98(7)	98(7)	98(7)

注：***、**、*分别表示在1%、5%和10%水平显著；系数对应方括号中的数字为 t 或 z 统计量。

前面7.1节不同方法测度生产性服务业全要素生产率的比较分析已经表明，LP 法、OP 法和 WRDG 法估计值所揭示的特征更符合实际。考虑这一点原因，下面再通过将被解释变量分别替换为 LP 法、OP 法和 WRDG 法计算得到的全要素生产率再进行估计。表 7.6 结果显示，所有因变量的滞后一期均在1%水平显著为正，无论全球总生产分割（GPSL）还是其解构国内和国际生产分割（NPSL 和 IPSL），相应的作用均显著为正。从边际影响的相对大小来看，国际价值链分工拓展的相对促进作用更加突出。

表 7.6 生产性服务业全要素生产率的多种测度与分类比较

方程	(1)	(2)	(3)	(4)	(5)	(6)	(7)	(8)	(9)
因变量	LP	OP	WRDG	LP	OP	WRDG	LP	OP	WRDG
滞后一期	0.552***	0.654***	0.390***	0.596***	0.655***	0.209	0.659***	0.351***	0.530***
	[4.484]	[8.003]	[5.981]	[4.297]	[7.236]	[1.534]	[4.774]	[2.798]	[8.772]
PGSL	0.363**	0.273**	0.330***						
	[2.505]	[2.147]	[3.193]						
NPSL				0.417*	0.453***	0.330**			
				[1.864]	[3.216]	[2.418]			

续表 7.6

方程	(1)	(2)	(3)	(4)	(5)	(6)	(7)	(8)	(9)
IPSL							1.247** [2.507]	0.608 [1.015]	0.936** [2.064]
控制变量	是	是	是	是	是	是	是	是	是
年份/行业	是/是	是/是	是/是	是/是	是/是	是/是	是/是	是/是	是/是
Sargen (Prob)	8.307 (1.000)	13.563 (1.000)	9.263 (1.000)	8.857 (1.000)	13.686 (1.000)	5.976 (1.000)	8.583 (1.000)	13.533 (1.000)	7.238 (1.000)
ar(2)	0.682	0.411	0.725	0.566	0.413	0.707	0.801	0.409	0.814
R^2	0.689	0.696	0.893	0.667	0.888	0.683	0.726	0.728	0.907
F 值	128.11***	97.73***	108.02***	130.55***	99.62***	110.10***	122.92***	93.70***	103.60***
样本量	98(7)	98(7)	98(7)	98(7)	98(7)	98(7)	98(7)	98(7)	98(7)

注：***、**、*分别表示在1%、5%和10%水平显著；系数对应方括号中的数字为 t 或 z 统计量。

7.2.2 作用路径和竞合影响

在前面考察基础上，进一步探讨感兴趣的是，全球价值链分工究竟是通过影响技术进步还是技术效率最终促进生产性服务业全要素生产率水平提升。由表 7.7 分析结果的比较可见，全球价值链分工的促进作用主要是通过技术效率提升路径表现出来的。更确切地来说，国内价值链分工拓展更显著增进了生产性服务业的技术效率（eff），并由此促进全要素生产率水平（malm）提升。相比之下，国际生产分割拓展对 malm 的作用特点之所以不明显，根本上是因为其对 malm 分解下的技术进步和技术效率的作用情况均不明显。

拓展作用路径分析，下面再通过构造国内和国际生产分割交互项，进一步考察国内和国际价值链分工竞合的作用特点。由表 7.8 可见，无论采用面板固定效应估计还是系统 GMM 估计，针对全要素生产率和技术进步的估计结果中，变量 NPSL×IPSL 均至少在 10% 水平通过显著性检验并且为负值；而针对技术效率的估计结果中，变量 NPSL×IPSL 作用则不显著。结合国内价值链拓展对全要素生产率及其解构两部分均存在的正向促进作用，这说明国际价值链拓展会削弱国内价值链拓展对我国生产性服务业全要素生产率水平提升的促进作用。并且，这种削弱影响主要是通过抑制国内价值链拓展对技术进步的促进作用而显现出来的。综合此处分析可见，对以全要素生产率提升所体现的生产性服务业高质量发展而言，国内和国际价值链分工拓展彼此之间不仅不存在合作关系，反而存在相互竞争下的削弱作用。

表7.7 全球价值链分工影响生产性服务业全要素生产率的路径

方程	(1)	(2)	(3)	(4)	(5)	(6)
因变量	malm	tech	eff	malm	tech	eff
NPSL	0.154**	0.057 1	0.101*			
	[3.555]	[0.815]	[1.807]			
IPSL				−0.472	−0.123	−0.322
				[−1.289]	[−0.453]	[−1.186]
控制变量	是	是	是	是	是	是
年份/行业	是/是	是/是	是/是	是/是	是/是	是/是
R^2	0.688	0.684	0.489	0.690	0.683	0.491
F值	121.2***	124.7***	133.8***	121.5***	124.6***	134.1***
样本量	105(7)	105(7)	105(7)	105(7)	105(7)	105(7)

注：***、**、*分别表示在1%、5%和10%水平显著；系数对应方括号中的数字为t或z统计量。

表7.8 国际和国内价值链分工拓展对生产效率提升的交互作用

估计方法	固定效应估计			系统GMM估计		
方程	(1)	(2)	(3)	(4)	(5)	(6)
因变量	malm	tech	eff	malm	tech	eff
滞后一期				0.012 2	−0.238***	−0.198
				[0.171]	[−3.153]	[−0.616]
NPSL	0.279***	0.085 4***	0.174*	5.692*	9.910***	1.483
	[3.145]	[2.946]	[1.762]	[1.920]	[3.445]	[0.629]
IPSL	0.233	−0.010 5	0.025 5	28.85*	53.30***	13.23
	[0.161]	[−0.010]	[0.016]	[1.851]	[3.298]	[0.821]
NPSL×IPSL	−0.336*	−0.063 7**	−0.175	−12.15*	−21.57***	−5.464
	[−1.812]	[−2.189]	[−0.310]	[−1.836]	[−3.288]	[−0.818]
控制变量	是	是	是	是	是	是
年份/行业	是/是	是/是	是/是	是/是	是/是	是/是
Sargen(Prob)				7.746 (1.000)	0.675 (1.000)	2.309 (1.000)
ar(2)				0.262	0.241	0.230
R^2	0.709	0.686	0.510			
F/Wald值	86.95***	86.21***	82.96***	440.17***	252.46***	249.93***
样本量	105(7)	105(7)	105(7)	105(7)	105(7)	105(7)

注：***、**、*分别表示在1%、5%和10%水平显著；系数对应方括号中的数字为t或z统计量。

7.3 企业技术效率考察

7.3.1 模型构建与基准估计

同样是通过 7.1 节的描述性统计与相关分析,初步揭示了微观企业拓展价值链分工网络联系和企业效率前沿之间的相关关系。为了更好地从微观企业的实证角度揭示两者作用特点,这里参考并改进 Conti 等(2014)的研究,设定计量方程如下:

$$\text{eff}_i = a_0 + a_1 \times \text{upper}_i + a_2 \times \text{mid}_i + a_3 \times \text{down}_i + a_4 \times \ln X_i + \lambda_j + v_i \quad (7-2)$$

其中:下标 i 表示企业; λ_j 表示控制企业所在行业差异影响; X_i 为控制变量, v_i 是随机误差。

因变量即是基于随机前沿方法计算得到的企业生产效率。核心解释变量是企业价值链分工网络上、中、下游联系水平,测度说明同 5.4.1 节。控制变量的选择同时考虑企业内部和外部因素影响,企业内部因素包括:①资本深化(capi)。资本深化是影响企业生产效率的基础性要素禀赋条件之一,这里用企业生产机器及设备投资占总投资比重表示。②研发能力(inno)。从创新产出角度考察,研究用企业新产品销售额所占比重表示。③协调成本(mcost)。企业价值链分工联系的建立与维护会产生各类协调成本,其相对大小会影响价值链分工程度进而影响生产效率。这里用企业内部协调成本支出占比表示。④组织管理水平(orgs)。企业组织管理能力决定了企业整体发展的可持续性、层次和运营效率,这里从企业内部高管人员所占比重角度加以衡量。⑤企业所有制构成(priv)。对该因素的考察,研究用非政府部门出资比重衡量。企业外部环境因素考虑两方面:①对外开放水平(open)。企业对外开放程度的高低可以通过竞争机制和学习机制等影响生产效率,这里用企业出口占总销售额比重表示。②法律制度环境(legal)。这里基于企业所认为的法律制度解决商业或经济纠纷、维护合同和产权的有效性进行衡量,该数值越大,表示法律环境越好。数据来源方面,各变量衡量的原始数据均来自世界银行中国投资环境调查数据库。缺失值的处理方面,根据指标所属行业子类均值进行替换,替换比例控制在 3% 以内。异常值的处理方面,分别用对应指标 1% 和 99% 分位数替换。

在控制相关因素和行业差异影响并采用半正态随机前沿模型估计企业生产效率的情况下,由表 7.9 方程(1)可见,三个核心解释变量至少在 5% 水平显著,其中供应商和代理商角度体现的企业价值链分工网络上、下游联系拓展均表现出对生产效率增进的促进作用,竞争商所体现的中游联系(mid)拓展作用则显著为负。出于稳健性方面考虑,方程(2)~(4)首先通过因变量的替换进行再估计。沿用随机前沿估计方法,方程(2)、(3)给出残差项异质半正态和指数分布设定下的生产效率值并进行估计,方程(4)则采用 LP 方法计算生产效率并进行回归。各方程拟合结果中,变量 upper 和 down 依然在 1% 水平显著为正,变量 mid 至少在 10% 水平仍显著为负。综合企业价值链分工网络各环节拓展边际影响的比较可见,尽管我国企业建立上游供应商联系的平均水平要低于下游代理商联系,但前者拓展的边际促进作用相对最高。在异质性企业价值链分工理论框架下,Bernard 等(2019)指出企业无论是选择本地中间品采购策略,还是考虑扩大供应商来源,拓展更远地区乃至国际市场,根本上取决于企业生产效率水平。这意味着生产效率水平的高低反过来构成企业拓展不同空间尺度价值链分工联系这一决策的原因,即两者间可能存在因果关系。考虑到由此造成的内生性影响,这里用与被考察企业存在各区段价值链分工联系的企业在不同城市分布的合计数作为工具变量。由方程(5)回归情况可见,三个自变量的作用特点依然稳健。

同样作为稳健性估计的构成部分,研究还将样本企业划分为制造业大类和生产性服务业大类,进而再依据企业要素禀赋密集度构成特点,进一步将制造业企业区分为劳动密集型和技术密集型企业。对比方程(6)~(8)结果可见,就劳动密集型制造企业而言,拓展下游区段联系构成其生产效率前沿显著提升的主要驱动因素。通过比较优势发挥,我国在劳动密集型制造领域已经形成强大的生产能力,但仍然存在产品质量不高和产品同构性过强等问题(蒋为和孙浦阳,2016),这决定了下游代理商联系所体现的市场拓展的相对重要性更加突出。比较而言,技术密集型制造企业和服务企业网络分工拓展的多区段影响特点更加明显,两者上游和下游区段拓展的作用均显著为正。不同于劳动密集型制造企业,技术密集型制造企业上游供应商联系拓展的边际促进作用要明显大于下游市场拓展的影响,这在一定程度上反映了关键中间品投入的重要性。张天顶(2017)的研究也指出,技术密集型企业在拓展网络关系过程中,存在更高的以专业技术信息交流为代表的内部知识转移和中间投入要求,这在一定程度上佐证了前述研究结论。同样不同于技术密集型制造企业,由于服务企业所提供的服务产品的生产链条较制造品平均要短(Saez 和 Goswami,2010),并且服务产品作为制造业或服务业自身中间投入的特点更突出,这决定拓展价值链分工下游联系对服务企业综合生产效率的提升更重要。

表7.9 企业价值链分工网络拓展的效率前沿作用:总体考察

类型	te_nu	te_hnu	te_exp	LP	IV 估计	劳动密集型制造业	技术密集型制造业	生产性服务业
方程	(1)	(2)	(3)	(4)	(5)	(6)	(7)	(8)
upsup	0.004 82***	0.005 03***	0.007 09***	0.094 7***	0.014 1***	0.001 13	0.009 58***	0.002 86**
	[4.884]	[5.081]	[5.826]	[4.896]	[2.841]	[0.365]	[5.032]	[2.335]
midcom	−0.003 68**	−0.003 74**	−0.005 31**	−0.056 4*	−0.024 4**	0.001 61	−0.004 23*	−0.003 48
	[−2.038]	[−2.077]	[−2.347]	[−1.885]	[−2.177]	[0.526]	[−1.755]	[−0.982]
downdep	0.003 42***	0.003 45***	0.004 55***	0.051 0***	0.005 18***	0.005 03***	0.001 97*	0.003 50***
	[4.691]	[4.739]	[5.052]	[3.735]	[3.799]	[2.905]	[1.934]	[3.463]
capi	−0.009 2***	−0.004 66***	−0.007 16***	0.117***	−0.005 97***	0.000 581	−0.002 66	−0.010 4***
	[−7.335]	[−3.728]	[−4.560]	[5.219]	[−3.933]	[0.217]	[−1.435]	[−5.026]
inno	0.004 31***	0.004 36***	0.006 75***	0.057 7***	0.002 73**	0.003 55***	0.003 65***	0.007 45***
	[6.904]	[6.972]	[8.960]	[5.597]	[2.036]	[3.227]	[4.473]	[3.793]
mcost	0.010 3	0.010 6	0.014 6*	0.141	0.004 99	−0.009 61	0.013 9	0.025 8
	[1.576]	[1.616]	[1.810]	[1.327]	[0.576]	[−0.811]	[1.630]	[1.406]
orgs	0.002 20	0.003 58	0.004 51	−0.110**	0.001 53	7.64e−05	0.005 68	0.001 98
	[0.756]	[1.247]	[1.256]	[−2.314]	[0.421]	[0.014]	[1.223]	[0.420]
priv	0.002 50***	0.002 48***	0.001 86***	0.013 8	0.002 19***	0.002 92***	0.005 41***	−0.001 96*
	[4.935]	[4.888]	[2.896]	[1.609]	[3.520]	[3.454]	[7.497]	[−1.935]
open	0.071 0***	0.072 0***	0.084 1***	0.782***	0.065 9***	0.064 7***	0.069 4***	0.080 3***
	[9.745]	[9.823]	[9.663]	[6.294]	[8.069]	[5.709]	[7.047]	[3.815]
legal	9.76e−05	4.56e−05	−0.000 272	−0.017 2	−0.001 34	0.005 95**	−0.003 24	0.003 05
	[0.069]	[0.032]	[−0.151]	[−0.716]	[−0.506]	[2.433]	[−1.569]	[1.067]
常数项	0.242***	0.203***	0.318***	2.457***	0.261***	0.117***	0.255***	0.266***
	[8.048]	[6.813]	[8.204]	[3.957]	[3.515]	[3.271]	[11.759]	[7.924]
行业	是	是	是	是	是	是	是	是
R^2	0.117	0.119	0.127	0.096	0.0574	0.144	0.121	0.085
F 值	26.08***	25.99***	29.47***	18.10***	412.04***	13.10***	21.91***	7.295***
样本量	3 948	3 948	3 948	3 948	3 948	872	1 967	1 109

注:***、**、*分别表示在1%、5%和10%水平显著;系数对应方括号中的数字为 t 或 z 统计量。

7.3.2 异质空间拓展影响的比较

沿用半正态随机前沿模型估计企业生产效率,表7.10中方程(1)～(3)依然是总体角度的考察。不同之处在于,这里更进一步关注的是企业拓展异质空间价值链分工网络的生产效率作用。无论上游、中游还是下游区段分工联系拓展,它们均在国家和国际空间尺度表现出显著的生产效率增进作用。市辖区和城市空间尺度方面,价值链分工网络拓展的作用效果大多不显著。边际影响方面,各区段国际空间尺度拓展的边际贡献程度最大,其次是国家空间尺度。任保全等(2016)在探讨我国企业价值链分工链条抉择机制的时候也指出,受内需不足和制度障碍等内生约束影响,过高国内市场进入门槛一方面阻碍了母市场效应的发挥和企业国内价值链的构建,另一方面导致企业更偏好外向型链条模式。这在一定程度上表明,我国企业国内空间尺度网络分工联系拓展的生产效率增进作用仍存在提升可能。

在总体考察基础上,再关注制造业企业和生产性服务业企业在异质空间拓展价值链分工联系对企业随机前沿效率增进作用的差异。对制造业企业而言,无论国际还是国家空间尺度价值链分工联系拓展,相应边际作用基本都通过了显著性检验并且为正。国际空间尺度上、中、下游分工联系拓展的边际作用均显著大于国内空间尺度拓展的边际影响。但对我国生产性服务业企业而言,价值链分工拓展对效率前沿的增进作用更主要还是依赖国家空间尺度上、中、下游分工联系拓展的影响,国际空间尺度分工联系拓展的作用总体还没有很好体现,仅价值链分工上游国际供应商联系拓展的效率前沿增进作用在5%水平显著为正。生产性服务业企业拓展城市空间尺度上游供应商联系也在10%水平显著为正。

表 7.10　企业拓展异质空间价值链分工网络的生产效率作用比较

类型	所有企业			制造业企业			生产性服务业企业		
区段	上游	中游	下游	上游	中游	下游	上游	中游	下游
方程	(1)	(2)	(3)	(4)	(5)	(6)	(7)	(8)	(9)
市辖区	−0.001 6***	0.000 408	0.000 329	0.000 386	0.000 676	−0.001 51**	−7.42e−06	0.001 13	−0.001 45
	[−3.165]	[0.838]	[0.597]	[0.530]	[0.793]	[−2.020]	[−0.008]	[1.115]	[−1.554]
城市	−0.001 3**	0.000 899*	−0.000 191	−0.000 104	−0.000 484	−0.001 20	0.001 61*	0.000 295	2.36e−05
	[−2.538]	[1.857]	[−0.373]	[−0.137]	[−0.629]	[−1.512]	[1.821]	[0.306]	[0.026]
国家	0.001 4***	0.003 01***	0.001 48***	0.002 55***	0.001 45*	0.001 07	0.003 48***	0.002 07**	0.002 60**
	[2.609]	[5.508]	[2.842]	[2.997]	[1.751]	[1.247]	[3.317]	[2.095]	[2.528]
国际	0.001 13*	0.005 69***	0.002 38***	0.006 58***	0.002 61***	0.001 34*	0.004 45**	0.002 03	−0.002 66
	[1.718]	[7.695]	[3.288]	[6.560]	[2.718]	[1.719]	[2.237]	[0.985]	[−1.491]

续表 7.10

类型	所有企业			制造业企业			生产性服务业企业		
区段	上游	中游	下游	上游	中游	下游	上游	中游	下游
方程	(1)	(2)	(3)	(4)	(5)	(6)	(7)	(8)	(9)
控制变量	是	是	是	是	是	是	是	是	是
行业	是	是	是	是	是	是	是	是	是
R^2	0.104	0.121	0.103	0.124	0.103	0.103	0.086	0.071	0.073
F 值	21.78***	24.30***	21.49***	21.12***	17.69***	18.18***	6.735***	5.401***	5.452***
样本量	3 948	3 948	3 948	2 839	2 839	2 839	1 109	1 109	1 109

注：***、**、*分别表示在1%、5%和10%水平显著；系数对应方括号中数字为 t 或 z 统计量。

7.4 生产效率与价值增值的权衡

7.4.1 效率与增值权衡的逻辑

"微笑曲线"一方面很好地描述了价值链分工中各区段的生产联系，同时揭示了价值增值的区段分布情况。虽然这一概念已经在有关全球价值链分工的研究中被广泛使用(Mudambi,2008;Shin 等,2012)，但仍然存在一个矛盾，即高效率生产区段与高附加值区段并不完全匹配。第三章3.3节理论探讨也证实这种非匹配性是存在的。就服务业的非匹配性表现而言，主要表现为其效率提升通常是比较缓慢的，但其增值能力却较制造环节更为突出。从服务业发展特点来看，其一方面往往具有较强的隐性知识内涵，另一方面受限于服务产品的无形性和生产的较低标准化，往往也难以实现远距离协同生产和市场交易。而作为支持两者存在一定程度匹配性的依据，有观点指出创新和知识正变得越来越重要，其不仅是比较优势和价值增加更可持续的来源，同时也是生产效率增进的重要驱动因素(Nolan 和 Pilat,2016)。研究可以通过一个很好例子说明生产效率和价值增值的内在统一性——作为制成品主要出口国的新兴市场经济体，例如中国、墨西哥和越南等，他们的对外服务贸易份额相对仍不高，但近年来同样增值迅速。不同于印度，这些国家的服务贸易发展采取的是非直接方式，即通过嵌入制造部门得以实现。制造部门是这些国家相对具有生产效率的部门，在价值链分工下体现为这些国家的区段优势。而通过这一中间服务嵌入方式，这些国家也间接实现服务出口增值占比约40%的可能(World Bank,2017)。并且，随着部分国家进一步向价值链分工高端制造等上游环节攀升，这一份额仍将提升。

为了从实证角度验证上述观察现象，分别通过协同效应分析和中介效应估计来揭示全球价值链分工与生产效率、价值增值之间的发展联系。由表 7.11 偏相关性分析可见,对各细分生产性服务业价值增值而言(无论源于服务业自身 SVAD 还是制造业价值增值 MVAD),价值链分工不同测度所反映的相关性特点并不一致。生产分割阶段数测度方面,国内生产分割拓展(NPSL)和价值增值之间主要存在显著正相关关系,国际生产分割拓展(IPSL)和价值增值之间的相关关系大多显著为负。增加值平均传递步长(VAPL)所体现的一个国家或者地区参与全球价值链分工的复杂程度越深,其与各类价值增值之间均存在显著正相关关系;而上游度(UPST)所体现的一个国家或者地区嵌入全球价值链分工的相对位置越高,反而与各类价值增值之间均存在显著负相关关系。再由全要素生产率不同方法估计和价值增值构成的偏相关关系来看,大多都呈现显著正相关关系。

表 7.11 各类变量的偏相关系数分析

	VAD	SVAD	MVAD		VAD	SVAD	MVAD
GPSL	0.101	0.206*	0.049	tech	−0.043	−0.054	−0.035
NPSL	0.221**	0.319***	0.168	eff	0.04	0.017	0.048
IPSL	−0.236**	−0.132	−0.279**	LP	0.638***	0.574***	0.653***
VAPL	0.525***	0.534***	0.503***	LPACF	0.602***	0.562***	0.610***
UPST	−0.364***	−0.505***	−0.295***	OP	0.565***	0.518***	0.576***
malm	−0.006	−0.034	0.008	WRDG	0.355***	0.299***	0.375***

注:***、**、*分别表示在 1%、5% 和 10% 水平显著。

7.4.2 协同效应和中介效应

协同效应分析主要考察生产性服务业全球价值链分工是否通过增进全要素生产率而促进该产业部门价值增值,研究通过构造价值链分工水平与全要素生产率之间的交互项来反映。由表 7.12 拟合结果可见,无论全要素生产率还是其解构技术进步和技术效率,它们对生产性服务业总体的价值增值、源于制造部门的价值增值以及源于服务业的价值增值的直接影响不仅存在,而且均通过了显著性检验且为正。全球价值链分工的直接影响方面,在通过显著性检验的方程中,国内生产分割水平提升的价值增值直接影响均为正,国际生产分割水平提升的价值增值直接影响反而为负值。进一步重点关注这里构造的几类交互项的影响①——变量 malm×ipsl、tech×ipsl、eff×ipsl 大多仍然显著为负值。这说明全要素生产率和国际生产分割两者任一水平的提升,反而会削弱另一方的价值增值能力。特别是综

---

① 估计结果中,交互项因为共线性问题被自动剔除。

合变量 ipsl 的直接负向影响,这里揭示的重要发现是生产性服务业全要素生产率水平的改善并没有削弱国际生产分割水平提升所带来的价值增值的不利影响,甚至扩大了其带来的价值增值的负向作用,技术进步和技术效率的协同作用特点类似。第三章3.3.3节理论探讨相关结论指出,如果下游国家价值链分工下的效率水平同时存在提升,则中游国家价值链分工下效率提升的价值增值作用是负的。第五章量化分析则表明,我国生产性服务业总体上处于相对上游位置,距离终端市场需求较远。由此推断,我国和其他国家(尤其发达国家)生产性服务业国际生产分割联系 IPSL 联系的增强,这在一定程度上反映的是下游国家包括效率水平提升在内的相关条件的变化。这些变化伴随着我国生产性服务业效率水平的提升,它们的交互作用最终表现为不利于我国价值链分工下的增值能力提升。综上,它们也从实证角度验证了理论推导的部分结论。

表 7.12　全球价值链分工和全要素生产率的协同效应分析

方程	(1)	(2)	(3)	(4)	(5)	(6)	(7)	(8)	(9)
因变量	VAD	MVAD	SVAD	VAD	MVAD	SVAD	VAD	MVAD	SVAD
malm	2.468*** [2.166]	2.341** [2.017]	3.014*** [2.743]						
tech				1.651** [1.989]	1.440* [1.735]	2.311*** [2.327]			
eff							1.703* [1.913]	1.618** [1.972]	2.485*** [2.183]
npsl	1.020* [1.917]	0.936* [1.733]	1.223*** [2.357]	0.578 [1.200]	0.459 [0.966]	0.824 [1.424]	0.543 [1.098]	0.478 [0.969]	0.881* [1.932]
ipsl	−1.747** [−2.057]	−0.724 [−0.912]	−4.254*** [−3.898]	−1.082 [−0.959]	−0.082 0 [−0.082]	−3.537* [−2.404]	0.800 [0.380]	1.749 [0.852]	−1.913 [−0.829]
malm×ipsl	−1.606*** [−2.395]	−1.460** [−2.156]	−2.085*** [−3.113]						
tech×ipsl				−1.069** [−2.005]	−0.885* [−1.692]	−1.598*** [−2.419]			
eff×ipsl							−0.945 [−1.475]	−0.823 [−1.290]	−1.595*** [−2.493]
malm×npsl ×ipsl	1.266*** [3.412]	1.004*** [2.673]	2.014*** [4.994]						
tech_npsl _ipsl				0.938*	0.689*	1.644***			

续表 7.12

方程	(1)	(2)	(3)	(4)	(5)	(6)	(7)	(8)	(9)
eff_npsl_ipsl				[1.865]	[1.700]	[2.509]	0.175 [0.219]	−0.0762 [−0.093]	1.068 [1.338]
控制变量	是	是	是	是	是	是	是	是	是
行业/年份	是/是	是/是	是/是	是/是	是/是	是/是	是/是	是/是	是/是
R^2	0.951	0.952	0.940	0.948	0.949	0.937	0.947	0.949	0.931
F 值	78.18***	81.22***	66.06***	75.58***	78.43***	64.22***	74.72***	78.75***	60.44***
样本量	105(7)	105(7)	105(7)	105(7)	105(7)	105(7)	105(7)	105(7)	105(7)

注：***、**、*分别表示在1%、5%和10%水平显著；系数对应方括号中的数字为 t 或 z 统计量。

在此基础上，再关注全要素生产率同时与国内和国际生产分割构建的交互项 malm×npsl×ipsl，无论对生产性服务业总体价值增值的影响，还是对增值解构下源于制造部门的价值增值或服务业价值增值的影响，该交互项均在1%水平上变得显著为正。边际作用效果方面，其更明显增进了服务业部门的价值增值。此结果说明，只有在国内和国际价值链分工双向拓展并发挥两者协同作用的前提下，生产效率改进的价值增值能力才得以更好释放。而全球价值链分工下的任一单方面拓展影响（国内或者国际价值链），均不利于生产性服务业生产效率改进对其价值增值能力的提升。通过这里结果的比较还不难注意，交互项 tech×npsl×ipsl 至少也在10%水平上通过了显著性检验且为正，而交互项 eff×npsl×ipsl 则始终没能通过显著性检验。此对比情况表明，国内和国际价值链分工竞合更有助于通过生产性服务业技术进步方式，增强技术进步对价值增值的促进作用。考虑到国内生产分割水平提升背后体现的是国内交易成本较低、劳动者素质提升和市场规模扩张等综合条件改善，这些方面与国际价值链分工拓展具体方面变化的交互影响，最终主要表现为促进我国生产性服务业价值增值能力提升。在国际价值链分工更主要反映我国被动嵌入发达国家所主导的全球价值链分工循环前提下，此处交互项分析结果不仅进一步验证了3.3.3节理论探讨的各种情形和结论，同时也表明国内价值链分工网络在削弱国际价值链分工不利影响，或者说增进其有利影响方面，扮演着更加主动和灵活的角色。

通过上面讨论中交互项的构造，首先考察了国内和国际价值链分工竞合是否可以通过与生产性服务业全要素生产率的提升存在协同作用，最终促进产业价值增值能力。然而，双链竞合对生产性服务业价值增值能力提升的影响，还可能是通过影响全要素生产率而表现为同时存在着中介效应。有鉴于此，表7.13的论证设计中，采用 LP 法对生产效率进行了测量,并将其作为中介效应变量。由回归结果可见,无论是对生产性服务业总体价值增值的影响,还是对依据增加值行业来源构成解构下的制造业和服务业增值的影响,生产效率(变量)大多通过了显著性检验并且为正。尤其是在控制变量 LP 影响后,全球生产分割及其所解构的国内生产分割对各类价值增值的促进作用均变得不显著①。综合以上结果,这说明生产性服务业全要素生产率提升对价值增值的影响是存在不完全中介效应的。在上面分析基础上,研究还进一步构造了国际和国内分割交互项并再次进行中介效应回归。结果证实,生产性服务业全要素生产率提升对该类行业价值增值的促进作用依然表现为不完全中介效应。

表 7.13　全球价值链分工影响价值增值的全要素生产率中介效应考察

类型	总增值能力			制造业增值来源		服务业增值来源	
方程	(1)	(2)	(3)	(4)	(5)	(6)	(7)
因变量	DVA	LP	DVA	MDVA	MDVA	SDVA	SDVA
GPSL	0.497*	0.255**	0.234	0.467*	0.197	0.494*	0.278
	[1.822]	[1.961]	[1.142]	[1.828]	[1.111]	[1.932]	[1.177]
LP			1.029*		1.059*		0.846*
			[1.803]		[1.615]		[1.733]
NPSL	1.226***	0.438***	0.871	1.236***	0.872	1.273***	1.013
	[2.647]	[3.561]	[1.400]	[2.631]	[1.382]	[2.704]	[1.491]
LP			0.810*		0.830*		0.593
			[1.741]		[1.704]		[0.802]
IPSL	1.100**	−0.495	1.205*	1.463***	1.571***	0.416	0.476
	[2.083]	[−1.241]	[2.154]	[3.298]	[3.295]	[0.562]	[0.608]
LP			0.212		0.219		0.121
			[1.254]		[1.339]		[0.619]
NPSL×IPSL	1.124*	0.102*	1.022*	1.251*	1.148*	1.176*	1.093*
	[1.815]	[1.768]	[1.829]	[1.886]	[1.896]	[1.889]	[1.811]
LP			0.994**		1.003*		0.815
			[2.017]		[1.947]		[1.768]
控制变量	是	是	是	是	是	是	是
行业/年份	是/是	是/是	是/是	是/是	是/是	是/是	是/是

---

① 制造业增值来源组和服务业增值来源组的估计中,各类型生产分割对生产效率影响的估计都是方程(2)。

续表 7.13

类型	总增值能力			制造业增值来源		服务业增值来源	
R^2	0.702	0.921	0.710	0.706	0.713	0.465	0.476
	0.709	0.927	0.713	0.712	0.716	0.480	0.484
	0.942	0.918	0.944	0.944	0.946	0.925	0.925
	0.709	0.936	0.717	0.714	0.721	0.481	0.491
F 值	23.55	157.09	21.09	23.99	21.43	8.71	7.82
	26.68	171.66	21.43	24.72	21.75	9.22	8.09
	24.43	151.25	21.75	25.00	22.17	9.38	8.34
	24.37	147.63	21.82	24.98	22.28	9.26	8.31
样本量	105(7)	105(7)	105(7)	105(7)	105(7)	105(7)	105(7)

注：***、**、*分别表示在1%、5%和10%水平显著；系数对应方括号中的数字为 t 或 z 统计量。

7.5 本章小结

效率增进是包括价值链分工在内的各种分工模式对经济发展的重要影响特质之一。然而，"鲍默尔"成本病理论的提出则对服务业生产效率的增进提出质疑，进而使得价值链分工下服务业生产效率的提升成为一个新的、具有较强现实意义的问题。对任何国家、地区乃至任何企业而言，无论其是通过制造环节还是服务环节嵌入价值链分工循环，同时还面临生产效率与增值收益之间的权衡。后面问题在理论和现实中的长期存在更加凸显前面问题的重要性，也拓展了前面问题的研究价值。

本章首先通过多指标量化比较分析发现，虽然我国技术密集型生产性服务业全要素生产率水平明显高于劳动密集型生产性服务业，但增加值贡献还是后者略高。微观企业效率分析表明，虽然生产性服务业企业平均生产效率低于制造业企业，但高分位生产效率表现则较为突出。产业角度实证结果证实，全球价值链分工能够带来生产性服务业全要素生产率显著提升，但对服务业整体表现则不明显。考虑解构特征下的 GMM 估计结果表明，国内和国际生产分割拓展的全要素生产率增进作用同时存在。比较而言，国内价值链分工联系拓展的全要素生产率提升作用更突出。交互项影响分析表明，在增进全要素生产率方面，国内和国际价值链分工拓展主要表现为竞争关系下的削弱作用。从微观企业角度进一步分析证实，我国生产性服务业企业网络分工拓展的多区段影响特点同样存在——供应商和代理商联系拓展均有助于生产效率增进，竞争商联系则存在不利作用；效率前沿增进更主要依赖国家空间尺度分工联系拓展。围绕生产效率和增值能力权衡展开的进一步论证表明,国内价值链拓展在增进全要素生产率的同时,也有助于提升全球价值链分工增值能力。不同于此,国际价值链拓展如果增进了全要素生产率,就必然同时面临增值能力损失;反之亦是。这说明,国际价值链拓展面临着生产效率和增值的取舍问题。分析进一步证实,在国内和国际价值链分工双向拓展并发挥两者协同作用的情况下,全要素生产率改善所带来的价值增值能力提升可以得到更稳定的释放,尤其是通过技术进步渠道。最后,中介效应考察结果在肯定前面主要观点的基础上。还表明生产性服务业全要素生产率提升对价值增值影响的同时表现为不完全中介效应。

第八章　双重价值链分工竞合对生产性服务业内涵式发展的影响：开放视角的探讨

在嵌入全球价值链分工体系过程中，为何中国以制造业为主体的对外贸易发展会出现"长骨不长膘"式尴尬？为何中国庞大制造能力支撑下的贸易增长会面临国际市场高产品重合度问题（蒋为和孙浦阳，2016），甚至引来自发达国家加剧的反倾销调查？这些仍然是开放条件下我国经济实现高质量发展面临的重大问题。作为前车之鉴，它们也决定了在深化开放格局过程中，我们有必要思考中国生产性服务业如何才能走出制造业对外开放过程中的发展"怪圈"，进而在非封闭环境下实现具有国别竞争力的内涵式发展道路。本章研究结合国别和产业两个层面的比较，同时在区分价值链分工制造与服务功能环节基础上，探讨了全球价值链分工及其解构两部分对生产性服务以贸易形式所体现的国际竞争力的影响及其内在机理。

8.1 开放视角探讨的重要性

全球价值链分工见证了各国家或地区通过发挥比较优势，在产品层面共享精细化跨国分工所创造的价值。这样的价值创造和价值共享过程呈现两方面结构特点：一方面，创造高附加值的是体现在生产过程中的品牌运营、研发设计和市场营销等服务功能环节，制造活动越来越成为"微利"环节；另一方面，掌控"微笑曲线"高附加值服务环节的基本是发达国家，它们仍是价值共享过程的主要受益者，发展中国家的"获得感"依然有限（徐康宁和郑义，2011）。当然，相比产业间或产业内分工，全球价值链分工还是为发展中国家创造更多参与国际分工的机会。按照亚当·斯密分工专业化理论，全球价值链分工实质上就是通过构建更大市场，实现全球分工细化与产品功能环节局部区域专业化生产的进一步结合。正是源于全球价值链的分工本质，其得以在较大程度上构成全球贸易半个多世纪快速增长的基础。特别是得益于此，全球中间品贸易已经占到国际贸易的近 2/3（Johnson 和 Noguera，2012）。并且，不同于传统国际分工模式，在全球价值链分工模式下，国际贸易不再仅仅局限于有形产品，而是拓展到服务领域。发展中国家的更多参与，也使得原本专属发达国家的"盛宴"越来越扁平化——据联合国贸发会议（UNCTAD）数据显示，全球服务贸易额在2000—2018年间从3.04万亿美元增长到11.45万亿美元，占全球总贸易比重由19.1%稳步增长到23.17%。其中，发展中国家服务贸易占其总贸易比重由16.3%提升到19.6%，发达国家占比则由20.5%提升到26.7%。

无论发达国家还是发展中国家，在某些生产环节形成高度专业化能力是其嵌入全球价值链分工的"基石"，全球价值链分工也已经成为世界经济一个重要且仍不断发展的特征（Hummels等，2001；Hanson等，2005）。然而作为入链的"筹码"，各国家或地区又不得不在一定程度上"牺牲"自身曾拥有绝对话语权的国内生产链，以此"妥协"来匹配全球价值链分工循环。这一过程中，发达国家与发展中国家从一开始所"让渡"的内部经济发展自主权和所承受的"扭曲"便是不对等的。发达国家是全球价值链分工体系的主导者，顺应自身发展阶段要求并遵循利益最大化原则，其可以在更大决策空间下有序推进国内生产链条的跨国转移，尤其是大量低附加值制造环节的剥离。对发达国家而言，构建全球价值链几乎不存在"牺牲"国内价值链或者"扭曲"发展问题。甚至借助生产活动的全球空间再布局，发达国家得以更好地利用发展中国家低廉要素禀赋与新兴市场，进而保持乃至增强价值链控制能力（刘志彪，2011）。与此相反，发展中国家在参与发达国家主导全球价值链分工过程中，时刻面临"承接"与"匹配"方面的挑战。对大多数发展中国家而言，解决途径就是"扭曲"主要依据国内需求和国内生产体系配置的资源和产业结构——这最终会影响到其对外贸易发展的规模、结构和竞争力表现。

全球价值链分工体系下"价值链"的不断延展与可分解性增强，创造了全球贸易高速增长新契机。全球价值链分工的内在解构特点进一步决定全球贸易增长不仅局限于有形商品，同时体现在服务贸易领域。特别是最近一轮全球性金融危机后，在全球经济下行压力仍较大、货物贸易增长乏力的背景下，生产性服务贸易已经成为新的贸易增长点。鉴于更多国家是在打破原有封闭经济增长模式、以扭曲国内分工循环为代价嵌入全球价值链的，这一变化会如何影响贸易发展所折射出的生产性服务业在开放条件下的内涵式发展能力呢？这构成本章研究关注的焦点。

8.2　全球价值链分工与生产性服务业贸易发展

8.2.1　国别比较下的证据

借助散点图分析，图8.1揭示了全球生产分割及其解构两部分与生产性服务业贸易之间的相关关系。其中,全球生产分割与生产性服务业贸易呈正相关,这说明一国全球价值链条越长、生产复杂度越高,可能越有利于该国生产性服务业贸易增长。进一步解构情况表明,国内生产分割与生产性服务业贸易之间的相关关系特点略为正,但并不是很明显。对比中国和美国,这两个国家的国内生产分割水平分列前两位,但美国生产性服务业贸易绝对规模却远超其他国家,处于"领头羊"位置;中国生产性服务业贸易额虽也不低,但仍与美国存在较大差距。由图8.1还可见,国际生产分割水平与生产性服务业贸易发展之间的正相关关系更加明显,但国际生产分割水平排位前五的分别是马耳他、卢森堡、爱沙尼亚、匈牙利和比利时。这些国家具有的一个共同特点是国土面积很小,这决定了他们国内价值链分工体系的构建会"先天不足",因而必须依托国际分工联系的拓展来弥补。当然,囿于相对有限的国内价值链分工联系,其还是在较大程度制约了这些国家较高国际价值链分工参与度所带来的生产性服务业贸易增长效应。

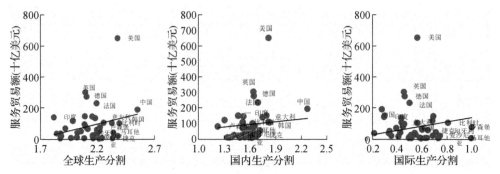

图8.1　全球价值链分工解构与生产性服务业贸易发展均值相关关系(2000—2014年)

数据来源:UNCOMTRADE 和 WIOD 2016 跨国投入产出表数据库。

8.2.2　中国的经验证据

结合 WIOD 2016 数据计算,图 8.2 进一步比较考察了我国生产性服务业生产分割解构及其出口演变情况。需要说明一点,4.1.2 小节生产性服务业内涵式发展的贸易竞争力分析已经表明,我国在生产性服务业进口方面的相对规模始终大于出口表现,这也是造成该行业类别贸易竞争力表现偏低的主要原因。因此,在研究产业内涵式发展视角下,特别是在聚焦中国的探讨中,关注生产性服务业领域的出口表现更为合理。

具体就生产性服务业在全球价值链分工体系下的生产链条延展情况来看,全球生产分割阶段数在考察期内总体略微呈现上升趋势。在解构的两部分中,占主体的国内生产分割阶段数和居于次要地位的国际生产分割阶段数呈现更明显的"一升一降"特点。进一步考察时间维度演变规律,大致分为三个阶段:第一阶段是2000—2005年。伴随中国2001年底加入WTO,生产性服务业全球生产分割阶段数止跌并持续提升,至2005年达到峰值水平。期间,其出口也从2002年开始摆脱增长"停滞"并较快增长。第二阶段大致为2006—2010年。受金融危机冲击,该行业类别全球生产分割阶段数持续下滑,源自国际生产分割的下滑尤为明显;比较而言,国内生产分割阶段数则较为稳定。期间,其出口仅在危机爆发后的2009年有所回调,但很快止跌回升。第三阶段是2011年以后。源于国内生产分割阶段数的较稳定增长,生产性服务业全球生产分割阶段数也持续缓慢增长,但国际生产分割水平依然持续下降。在此期间,我国生产性服务业出口延续增长趋势。

再从贸易增加值解构角度测度我国生产性服务业价值链分工嵌入水平,图8.3给出的是该行业门类对数化处理的国内和国际价值链分工水平与其出口关系散点图。总体可见,生产性服务业出口与增加值角度体现的价值链分工水平呈显著正相关关系。这说明在全球价值链分工体系下,经由生产性服务业环节所创造的价值越高,该行业出口倾向越大。进一步关注增加值解构下的散点图情况,生产性服务业国内和国际价值链分工联系也都与其出口贸易表现为正相关关系。但就国内价值增值与出口散点图关系可见,如果不考虑最右边几个点的影响,拟合关系近乎垂直。这在一定程度上表明,国内增值角度所体现的国内价值链拓展与生产性服务业出口之间的关系具有不确定性。当然,散点图关系并不代表真实因果关系,后者有待进一步验证。

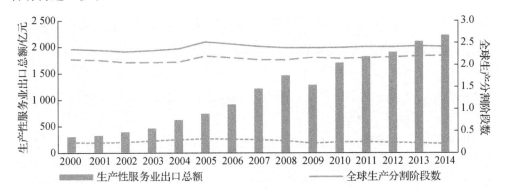

图 8.2 生产性服务业生产分割解构及其出口贸易演变趋势

数据来源:UNCOMTRADE 和 WIOD 2016 跨国投入产出表数据库。

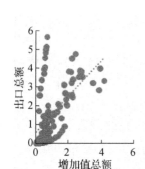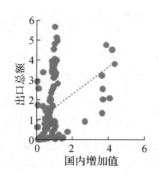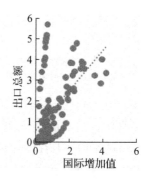

图 8.3　增加值解构下的价值链分工与生产性服务业出口贸易散点图
数据来源：UNCOMTRADE 和 WIOD 2016 跨国投入产出表数据库。

▶ 8.3　价值链分工竞合影响的实证

8.3.1　国别角度实证结果与解释

1）计量模型和变量说明

结合 2.1.3 节全球价值链分工影响服务贸易的理论剖析以及 8.2 节量化关系考察，实证研究旨在考虑全球价值链分工解构性质基础上，进一步揭示生产性服务业全球价值链分工嵌入影响该类型服务业出口贸易的特点。参考毛艳华和李敬子（2015）、Coviello 和 Munro(1997)的研究，设定如下计量模型：

$$\text{ser\_trade}_{it} = \beta_0 + \beta_1 \times \text{GPSL}_{it}(\text{NPSL}_{it}、\text{IPSL}_{it}) + \beta_2 \times \ln Z_{it} + \tau_i + \eta_t + \varepsilon_{it}$$

(8-1)

其中：下标 i 表示国别；t 表示年份；τ_i、η_t 分别代表国别和年份虚拟变量；Z_{it} 表示一系列控制变量；ε_{it} 为随机误差项。

变量的衡量方面，因变量是生产性服务业贸易水平，具体用经购买力平价汇率换算成美元的各国生产性服务业贸易额表示；核心自变量是全球生产分割阶段及其解构两个部分，衡量同前。

控制变量主要考虑如下方面：①市场规模（scale）。用各国 2000 年为基期的商品零售价格指数调整过的人均国内生产总值表示。②要素禀赋（labor、capi、inno）。要素禀赋能够影响一国嵌入全球价值链分工的地位和所从事的分工区段，进而影响一国对外贸易的规模与结构。这里用总服务业就业人口占总人口比重测度劳动力禀赋，用各国劳均固定资产投资额（用 2000 年为基期的商品零售价格指数做消胀处理）反映资本要素禀赋，再用研发支出占 GDP 比重衡量创新要素禀赋。③成本因素（wage）。用人均国民收入（仍以 2000 年为基期的商品零售价格指数做消胀处理)衡量国别层面的劳动力成本差异。④经济结构(sser、smanuf)。经济结构服务化水平体现了一国发展的高度,这里用总服务业增加值占 GDP 比重表示。对大多数发展中国家而言,尤其较深度嵌入全球价值链分工体系的发展中国家而言,其生产性服务业贸易发展可能更依赖制造业需求关联。为控制该方面影响,研究用各国制造业增加值占 GDP 比重表示。⑤开放度(open)。用一国进出口总额占 GDP 比重表示。⑥制度环境(insti)。对生产性服务业贸易发展而言,公正、透明的制度环境能够显著降低其交易过程中的不确定性。借助全球治理指数数据库,这里用各国法律制度环境指数衡量。⑦政府经济干预(gov)。这里用政府财政支出占 GDP 比重表示。⑧全要素生产率(tfp)。借助该指标,研究可以从创新表现方面进一步考察一国经济发展的创新驱动特点。⑨汇率水平(reer)。汇率高低不仅直接影响一国生产性服务业贸易成本,其波动更会增加贸易不确定性。这里用 2000 年为基期的实际有效汇率表示。

数据来源方面,服务贸易数据来自联合国贸发会议 UNCOMTRADE,核心自变量原始数据来自 WIOD 2016 数据库;如无特别说明,其他变量数据主要来自世界银行和佩恩表(Penn World Table 9.0)。

2) 基准回归与解释

以全球生产分割阶段数(GPSL)为核心解释变量,表 8.1 首先考察的是全球价值链分工联系对生产性服务业贸易发展的总体影响效果。方程(1)~(3)分别给出的是 OLS 估计、单向和双向固定效应结果。无论何种模型设定,变量 GPSL 均至少在 10% 水平通过显著性检验且为正。控制变量影响方面,单向和双向固定效应均表明,市场规模扩大、创新要素禀赋投入、经济结构服务化以及对外开放度提升均有助于服务贸易增长;与此不同,劳动力禀赋和政府经济干预则明显不利于生产性服务业贸易发展。综合控制变量作用特点可见,由于发达国家在这些方面发展的成熟度已经很高,这也就不难理解为何他们能够在全球生产性服务业贸易中占据主体地位。其他控制变量中,资本要素禀赋在单向固定效应下显著为正,但控制时间差异后,影响反而为负。这里还有值得注意的是在双向固定效应下,变量 wage 在 1% 水平显著为正。直观理解,这似乎表明工资水平越高,越有利于生产性服务业贸易发展。但要注意的是,工资水平有双重内涵,其也反映了劳动者素质的高低,甚至可以将其视为人力资本测度指标。尤其对在现代服务业发展中占据主体地位的生产性服务业而言,其更强的专业性要求决定了高素质、高技能专业人才的重要性(程大中,2004)。

表 8.1　全球价值链分工影响生产性服务业贸易发展的总体效果

方程 类型	(1) OLS	(2) 单向固定	(3) 双向固定	(4) 剔除中国	(5) 剔除美国
GPSL	0.416***	0.652***	0.115*	0.135*	0.132*
	[3.981]	[4.952]	[1.784]	[1.714]	[1.704]
scale	0.378***	0.866***	0.298***	0.323***	0.313***
	[6.062]	[16.457]	[4.699]	[4.847]	[4.844]
labor	−0.013 9***	−0.006 89***	−0.006 75***	−0.006 76***	−0.006 76***
	[−5.056]	[−3.244]	[−3.760]	[−3.731]	[−3.730]
capi	0.729***	0.116**	−0.092 7*	−0.090 8*	−0.089 3*
	[55.788]	[2.386]	[−1.831]	[−1.762]	[−1.712]
inno	0.147***	0.136***	0.086 2***	0.094 1***	0.084 8***
	[4.982]	[4.058]	[3.035]	[3.233]	[2.944]
wage	−0.771***	0.079 5	0.604***	0.599***	0.583***
	[−6.671]	[0.590]	[5.075]	[4.953]	[4.841]
sser	0.028 2***	0.041 5***	0.039 6***	0.040 1***	0.039 5***
	[9.025]	[8.768]	[9.836]	[9.771]	[9.730]
smanuf	−0.024 6***	0.005 94	0.004 44	0.004 78	0.004 38
	[−5.664]	[0.943]	[0.845]	[0.900]	[0.826]
open	0.013 2***	0.003 21***	0.002 73***	0.002 57***	0.002 72***
	[16.905]	[5.022]	[5.081]	[4.697]	[4.999]
insti	0.218***	0.004 32	0.062 5	0.052 8	0.058 8
	[5.767]	[0.072]	[1.213]	[1.005]	[1.130]
gov	−0.023 8***	−0.017 1**	−0.028 0***	−0.028 4***	−0.027 4***
	[−5.214]	[−2.470]	[−4.505]	[−4.455]	[−4.344]
tfp	1.422***	0.015 8	0.344***	0.321**	0.350***
	[13.567]	[0.109]	[2.711]	[2.482]	[2.719]
reer	0.928***	−0.410***	−0.012 8	−0.006 9	−0.039 1
	[5.308]	[−3.679]	[−0.129]	[−0.068]	[−0.377]
常数项	0.042 6	−4.143***	−0.510	−0.852	−0.536
	[0.059]	[−4.035]	[−0.556]	[−0.907]	[−0.578]
国家/年份	否/否	是/否	是/是	是/是	是/是
R^2	0.937	0.914	0.942	0.940	0.942
F 值	698.3***	468.4***	338.4***	317.0***	329.4***
样本量	630(42)	630(42)	630(42)	615(41)	615(41)

注：*、**、***分别表示在10%、5%和1%水平显著；系数对应方括号中的数字为 t 或 z 统计量。

3）稳健性估计与解释

基准回归基础上，研究再结合双向固定效应做了一系列分类稳健估计。考虑美国和中国分别在生产性服务业贸易绝对规模、全球价值链分工水平上显著高于其他国家，表8.1方程（4）～（5）首先分别剔除这两国影响。同方程（3）比较可见，核心变量GPSL依然显著为正。再通过关注OECD国家和"金砖＋东欧"国家两个子样本，表8.2方程（1）～（2）比较了发达国家和发展中国家差异。结果中，变量GPSL在"金砖＋东欧"国家样本中反而显著为负，这表明全球价值链分工拓展总体还是不利于发展中国家生产性服务业贸易增长。事实上，在"金砖＋东欧"国家中，除印度外，其他更主要基于制造环节嵌入全球价值链分工，这可能在较大程度上对其服务功能环节嵌入全球价值链分工形成"挤出"效应，进而外在表现为不利于发展中国家生产性服务业贸易发展。表8.2方程（3）～（4）比较了金融危机前后，全球价值链分工的不同影响。比较可见，变量GPSL边际作用在危机后进一步增强。方程（5）将核心解释变量替换为Antras等（2012）提出的价值链分工上游度指数（UPST）。在方程整体拟合度仍较高且控制变量估计与基准回归较为一致的前提下，变量UPST却在1%水平显著为负。按照5.1节对全球价值链分工相关测度指标的说明，一个国家所处全球价值链分工的位置越前，意味着其越靠近原材料市场，即距离最终市场需求反而越远，这显然越不利于更接近终端市场需求的服务贸易的发展。考虑到价值链分工水平与生产性服务业贸易之间可能存在的双向因果关系，方程（6）采用两阶段最小二乘估计（2SLS）来处理内生性问题，分析选取核心解释变量滞后一期作为工具变量。结果可见，变量GPSL作用仍然显著为正。

表8.2　全球价值链分工影响服务贸易发展的稳健估计

方程	(1)	(2)	(3)	(4)	(5)	(6)
类型	OECD	金砖＋东欧	危机前	危机后	替换变量	2SLS估计
GPSL	0.162*	−0.349*	0.469**	0.524***		0.256*
	[1.824]	[−1.706]	[2.036]	[2.434]		[1.822]
UPST					−0.328***	
					[−2.852]	
控制变量	是	是	是	是	是	是
国家/年份	是/是	是/是	是/是	是/是	是/是	是/是
R^2	0.947	0.979	0.930	0.837	0.943	0.943
F/Wald值	261.0***	316.9***	183.2***	62.75***	343.00***	5.09e+06***
样本量	450(30)	225(15)	336(42)	294(42)	630(42)	588(42)

注：*、**、***分别表示在10%、5%和1%水平显著；系数对应方括号中的数字为t或z统计量。

4) 竞合作用分析

总体考察基础上,表8.3进一步从全球价值链分工解构角度剖析其影响生产性服务业贸易的内在机理。限于篇幅,估计结果仍只列出核心解释变量作用。第一组方程(1)和(2)比较表明,拓展国内价值链边际作用不显著,拓展国际价值链分工联系则在1%水平表现为促进作用。第二组方程(3)和(4)比较可见,拓展生产性服务业环节全球价值链分工联系(SGPS)的影响在1%水平显著为正,制造环节全球价值链分工链条拓展(MGPS)作用则不显著。第三、四组中方程(6)和(8)进一步表明,正是因为服务和制造环节国际价值链分工(SIPS、MIPS)边际作用均显著为正,这才使得国际价值链分工(IPSL)边际作用显著为正。再就两者促进生产性服务业贸易增长的边际作用效果来看,前者(SIPS)显著大于后者(MIPS)。

散点图8.1分析表明,国内价值链分工水平与生产性服务业贸易之间的正相关关系很不明显,表8.3估计结果也表明前者的直接影响不显著。就国内价值链分工链条拓展而言,其主要体现的是一国内部价值链分工联系的增强和分工复杂度提升,而生产性服务业贸易则体现为对外双边经贸联系。这意味着,相比国际价值链分工链条拓展的更直接促进作用,国内价值链分工链条拓展的影响会依赖一些中间因素。有鉴于此,表8.4通过构建一系列交乘项,进一步揭示国内价值链分工影响生产性服务业贸易的内在机制。方程(1)~(3)重点关注贸易开放度(open)与国内生产分割交乘项(NPS×open、SNPS×open、MNPS×open)的作用,结果表明三个交乘项均在1%水平通过显著性检验且为正。这说明只有通过对外开放,才能够有效释放国内价值链分工细化对生产性服务业贸易发展的促进作用。方程(4)~(8)依次构建各类型国内生产分割阶段数与国际生产分割阶段数交乘项。从拟合情况来看,除交乘项SNPS×MIPS不显著外,其他四个至少在10%水平上显著为正,这说明只有增强国内价值链与国际价值链"双链"互动,才有利于促进生产性服务业贸易增长。上述结果更表明国内或国际价值链条拓展的影响并非彼此"替代",而是可以互补的,尤其国际价值链拓展对国内价值链分工效应的发挥。再具体就边际影响作用来看,交乘项SNPS×SIPS和MNPS×SIPS差别不大,但两者均显著大于MNPS×MIPS。这进一步表明,拓展生产性服务业环节国际价值链分工联系,能够更好地释放国内价值链分工联系的促进作用。服务产品市场自由化程度的提升可以增进下游制造业企业生产力,特别是新进外国服务供应商所代表的国际市场拓展影响(Arnold等,2016)。比较而言,拓展制造环节国际价值链分工联系虽然也有助于释放国内价值链分工联系作用,但其效果有限,甚至不明显。

表 8.3　全球价值链分工解构及其竞合影响的内在机理探讨

方程	(1)	(2)	(3)	(4)	(5)	(6)	(7)	(8)
解释变量	NPSL	IPSL	SGPS	MGPS	SNPS	SIPS	MNPS	MIPS
估计系数	−0.201	0.735***	0.273**	0.134	−0.175	0.871***	−0.118	0.302**
	[−1.261]	[3.869]	[2.294]	[1.052]	[−0.985]	[4.712]	[−1.117]	[2.381]
控制变量	是	是	是	是	是	是	是	是
国家/年份	是/是	是/是	是/是	是/是	是/是	是/是	是/是	是/是
R^2	0.944	0.945	0.943	0.943	0.943	0.945	0.943	0.944
F 值	116.78***	114.12***	113.53***	114.59***	116.47***	116.86***	116.70***	115.35***
样本量	630(42)	630(42)	630(42)	630(42)	630(42)	630(42)	630(42)	630(42)

注：*、**、***分别表示在10%、5%和1%水平显著；系数对应方括号中的数字为 t 或 z 统计量。

表 8.4　全球价值链分工竞合影响的内在机理：交互作用

方程	(1)	(2)	(3)	(4)	(5)	(6)	(7)	(8)
交乘项	NPS×open	SNPS×open	MNPS×open	NPSL×IPSL	SNPS×SIPS	MNPS×MIPS	SNPS×MIPS	MNPS×SIPS
估计系数	0.022***	0.0248***	0.0141***	0.316***	0.466***	0.121*	0.102	0.401***
	[6.105]	[4.550]	[5.794]	[3.120]	[4.207]	[1.719]	[1.544]	[3.860]
控制变量	是	是	是	是	是	是	是	是
国家/年份	是/是	是/是	是/是	是/是	是/是	是/是	是/是	是/是
R^2	0.918	0.915	0.918	0.945	0.946	0.944	0.944	0.945
F 值	82.32***	78.52***	81.72***	115.60***	113.42***	115.95***	115.54***	114.25***
样本量	630(42)	630(42)	630(42)	630(42)	630(42)	630(42)	630(42)	630(42)

注：*、**、***分别表示在10%、5%和1%水平显著；系数对应方括号中的数字为 t 或 z 统计量。

8.3.2　聚焦中国的进一步实证

1) 模型和变量说明

仍然是以第二、三章相关理论探讨和8.2节量化关系考察为基础，进一步实证研究旨在聚焦中国，揭示中国生产性服务业全球价值链分工嵌入及其解构国内和国际价值链分工竞合的出口贸易影响。类似国别角度分析，设定基准估计方程如下：

$$\text{serexp}_{it} = \beta_0 + \beta_1 \times \text{GPSL}_{it}(\text{NPSL}_{it}, \text{IPSL}_{it}) + \beta_2 \times \ln Z_{it} + \tau_i + \eta_t + \varepsilon_{it} \quad (8-2)$$

其中：下标 i 表示行业；t 表示年份；τ_i、η_t 分别代表行业和年份虚拟变量；Z_{it} 表示一系列控制变量；ε_{it} 为随机误差项。

因变量是行业出口贸易水平,具体用我国生产性服务业细分行业出口额表示。自变量是生产性服务业全球价值链分工嵌入水平(GPSL)及其解构国内和国际价值链分工嵌入水平(NPSL、IPSL),具体仍然从细分行业生产分割阶段数和贸易增值两个角度考察,测度方法同前。

控制变量的选取包括如下方面:①要素禀赋(labor、capi)。按照动态比较优势理论,一国要素禀赋是决定其对外贸易竞争力和贸易构成的基础(张幼文,2015),该理论适用性在服务贸易领域同样成立(许和连和成丽红,2015)。这里主要关注劳动力和资本要素禀赋,分别用我国生产性服务业细分行业城镇单位就业人员数和劳均固定资产投资额表示。②劳动力成本(wage)。尽管劳动力成本优势在我国制造业领域明显降低,但在服务业领域依然存在(铁瑛等,2018)。这里用生产性服务业分行业城镇单位劳均工资水平表示。③创新能力(hr、tfp)。服务商品的较高客户定制与个性化要求,决定了创新能力是影响其包括出口在内的市场需求的重要方面(Breinlich 和 Criscuolo,2011)。对该因素的考察,这里从创新要素投入和创新能力表现两个方面反映,即从人力资本构成角度考察创新要素投入,以各行业本科以上学历人员占比表示;同时借助全要素生产率,考察服务行业创新能力表现。具体测度时,采用永续盘存法计算资本存量,即以 2000 年为基期,用剔除价格因素的全社会固定资产投资额推算得出,折旧率设定为 5%。④部门效率(pval)。按照鲍莫尔"成本病"理论,服务部门扩张更依赖劳动力投入,这使得其效率增进困难。但相关研究也表明,价值链分工下服务外包的兴起受到行业效率增进的显著影响(Görg 和 Hanley,2011)。这里用细分行业劳均增加值表示。⑤对外开放水平(open)。服务领域外资进入限制一直是制约我国生产性服务业贸易发展的重要体制障碍。鉴于该方面因素的重要性,这里用各行业外商实际投资额占比表示。⑥市场管制(hhi)。长期市场管制决定了我国服务行业发展的多样性不足,这里用基于行业内企业数计算的赫芬达尔指数对市场规制程度加以度量。⑦市场规模(market)。较大本土市场规模能够催生分工的细化,也能够孕育多样化的市场需求,进而有利于经济结构的服务化。对该因素的考察,这里用 2000 年为基期的商品零售价格指数消胀过的生产性服务业分行业产值衡量。⑧关联强度(cmanufi、cseri)。市场不确定和新市场拓展所带来的开发成本上升,决定了产业关联特性是影响服务产品作为中间投入及其出口表现的重要方面(高觉民和李晓慧,2011)。这里分别用生产性服务业细分行业作为制造业和所有其他服务业中间投入占比表示。

因变量和自变量数据分别来自商务部统计数据库和 WIOD 2016 数据库,控制变量数据主要来自《中国统计年鉴》和《中国第三产业统计年鉴》。为剔除价格因素影响,劳动力成本和部门效率值用2000年为基期的商品零售价格指数处理,固定资产用2000年为基期的固定资产投资价格指数处理。针对因变量和自变量在行业划分标准方面的非一致性,这里均以国民经济行业分类标准(GB/T 4754—2002)为参照统一口径。

2) 总体估计与分类比较

以全球生产分割阶段数(GPSL)为核心解释变量,表8.5首先考察的是中国生产性服务业全球价值链分工嵌入对其出口的总体影响效果。方程(1)、(2)分别为控制行业异质性单向固定效应和控制年份—行业异质性双向固定效应拟合结果,其中变量GPSL作用均不显著。作为稳健性检验的一部分,研究借鉴Dietzenbacher和Romero(2007)以及黎峰(2016)对行业全球价值链嵌入水平的测度方法,分别采用增加值平均传递步长(VAPL)、价值链分工位置(NPO)和价值链分工参与度(NP)三个指标作为总体角度考察的新自变量。类似于8.3.1节国别角度实证结论,方程(3)~(5)中的变量VAPL和NPO均显著为负,这表明我国生产性服务业嵌入全球价值链的复杂度越高、越接近上游位置,越不利于其出口。进一步稳健性估计方面,考虑到核心自变量可能存在的内生性影响,方程(6)采用自变量滞后一期作为工具变量进行估计,结果在5%水平通过显著性检验且仍为负。最后,方程(7)同时考虑了因变量滞后一期作用,其中,变量l.serexp在1%显著为正,这说明我国生产性服务业出口已经具有较好自我"累积循环"增强特征。在考虑该惯性作用后,变量GPSL所体现的生产性服务业全球价值链分工嵌入水平的作用又变得不显著。

控制变量方面,多数变量拟合结果均符合实际。其中,人力资本(hr)在多数方程中均显著为正,表明人力资本在推动生产性服务业出口方面具有非常稳定的作用,Saez和Goswami(2010)以及Shingal(2010)的类似研究也都表明,人力资本是影响服务贸易竞争力的关键变量之一。工资水平(wage)和产业集中度(hhi)在通过显著性检验的方程中均表现为负作用,这表明劳动力成本上升和市场管制均不利于该行业出口。我国服务领域的市场管制突出体现在非公有制经济的参与度相对较低,特别是外资参股的限制偏多。孙浦阳等(2018)的研究就指出,这在较大程度上限制了国外先进服务管理经验和技术等的外溢,进而削弱了我国企业出口绩效。市场规模效应仅在方程(1)中在1%水平显著为正,变量cmanufi、cseri所体现的制造业和服务业关联效应则在方程(7)中通过显著性检验且为正。

表 8.5 全球价值链分工嵌入对生产性服务业出口的总体影响

方程	(1)	(2)	(3)	(4)	(5)	(6)	(7)
l. serexp							0.526***
GPSL	−0.534	−0.493				−1.832**	−0.908
l. GPSL							−0.189
VAPL			−0.417*				
NPO				−0.936***			
NP					−0.000 4		
labor	−1.217	1.522	1.789	0.478	1.492	−0.533	−0.955
capi	−1.356	−0.221	−0.188	−0.622	−0.513	0.322	−1.292
wage	−1.061*	−0.628	−0.515	−1.920**	−0.665	−0.647	−0.155
hr	0.032 3**	0.031 4*	0.029 8*	0.024 7*	0.026 1*	0.031*	0.024 4**
tfp	0.015 2	−0.516	−0.538	−0.364	−0.560	−0.394	0.137
pval	−1.151	0.858	1.073	−0.027 6	0.759	−0.920	−0.737
open	−6.526	−5.214	−6.576	−6.857*	−4.626	−2.891	5.071**
hhi	−11.45	−12.11*	−12.45*	−9.387	−10.36	−15.17**	−11.82**
market	2.325***	−0.293	−0.445	0.524	−0.005 3	1.373	1.034
cmanufi	6.270**	2.087	2.283	2.656	1.995	2.949	6.134***
cseri	3.310	0.085 9	−0.446	−0.018	0.065	0.412	3.975***
常数项	14.89	−5.768	−10.04	16.84	−6.885	15.56	9.500
年份/行业	否/是	是/是	是/是	是/是	是/是	是/是	是/是
R^2	0.813	0.862	0.865	0.886	0.859		
F/Wald 值	31.56***	20.60***	21.17***	25.56***	20.21***	28.92***	1593.92***
样本量	105(7)	105(7)	105(7)	105(7)	105(7)	105(7)	105(7)

注：***、**、*分别表示在 1%、5% 和 10% 水平显著；考虑篇幅限制，系数对应 t 或 z 统计量略去。

在总体估计基础上，一方面结合生产性服务业要素禀赋构成特点将其划分为劳动密集型和技术密集型服务业①。由表 8.6 方程(1)~(4)可见，无论固定效应还是 GMM 估计结果，变量 GPSL 均至少在 10% 水平表现出对劳动密集型生产性服务业出口的显著促进作用，对技术密集型生产性服务业出口的影响则至少在

---

① 考虑此处分类角度实证分析样本量限制，在前面已经确定的生产性服务业七个细分行业基础上，还增加了两个子类，即将存在一定程度双重属性(即生产性服务业属性和生活或公共服务属性)的住宿和餐饮业视为劳动密集型生产性服务业，将同样存在双重属性的水利、环境和公共设施管理业视为技术密集型生产性服务业。

10%水平显著为负。我国目前仍主要是劳动密集型生产服务业嵌入全球价值链分工,这是因为契合了我国相对比较优势,所以有利于劳动密集型生产性服务业出口。比较而言,尽管技术密集型生产性服务业嵌入全球价值链分工的程度并不低,但因为该类型服务业发展目前还是偏离我国相对比较优势,所以其全球价值链嵌入的出口增长效应并不突出,甚至为负。同样通过细分部门类别的比较,袁凯华和彭水军(2017)研究发现我国高端服务行业存在价值链分工下的锁定,表现出价值链攀升的主要是传统劳动密集型服务业。

表8.6 考虑生产性服务业要素禀赋和功能异质性下的分类结果比较

估计方法	固定效应		GMM估计	
方程	(1)	(2)	(3)	(4)
类型	劳动密集型	技术密集型	劳动密集型	技术密集型
l.serexp			0.364**	0.509***
			[2.424]	[4.281]
GPSL	1.334**	−1.023*	1.045*	−1.396***
	[2.501]	[−1.834]	[1.711]	[−3.385]
L.GPSL			0.433	−0.021
			[0.874]	[−0.107]
控制变量	是	是	是	是
行业/年份	是/否	是/否	是/否	是/否
Sargan(Prob)			0.019(1.000)	1.86e−19(1.000)
ar(2)			0.855	0.489
R^2	0.907	0.975		
F/Wald值	13.59***	35.95***	277.06***	12.95***
样本量	60(4)	75(5)	56(4)	70(5)

注:*、**、***分别表示在10%、5%和1%水平显著;系数对应方括号中的数字为t或z统计量。

3) 竞合作用机制讨论

在基准回归和分类比较基础上,表8.7再从生产性服务业嵌入全球价值链分工的解构角度考察其影响出口的特点。限于篇幅,这里两阶段GMM估计均只列出核心解释变量结果。方程(1)~(2)首先给出生产分割解构角度的比较。结果中,变量NPSL在10%水平显著为负,这表明全球价值链分工对我国生产性服务业出口的负向影响更主要源于国内价值链分工负向作用。毛艳华和李敬子(2015)的研究也发现,虽然提高服务贸易质量的关键点在于本地市场效应的发挥,但中国庞大的本地市场效应一直没能释放。不难理解,在现有全球价值链分工体系下,发达国家"最终消费者"和价值链分工核心环节"掌控者"双重身份更突出,发展中国家则主要以"打工者"身份参与其中,由此决定既有研究所认为的市场的重要性,会较大程度上取决于发达国家的市场规模。突出国内市场面临的体制与制度束缚,程大中与程卓(2015)研究指出,这在很大程度上削弱了国内市场规模和国内分工联系的实际水平,进而构成我国服务业发展落后的重要原因。

鉴于增加值的解构能够更全面地揭示生产性服务业全球价值链分工的特点,从该角度展开进一步探讨。总增加值(VAD)所体现的生产性服务业全球价值链分工嵌入表现出对其出口的显著促进作用。再将总增值分解为纯国内增值(DVA)、国内折返增值(RVA)、国际出口增值(IEVA)和国际进口增值(IIVA),这可以从不同增值来源驱动角度揭示国内价值链和国际价值链分工影响。在估计结果中,变量 IEVA、IIVA 至少在 10% 水平显著为正,这表明对我国生产性服务业出口而言,国际出口和进口增值所代表的他国增值驱动效应是存在的。鉴于这两种类型增值也较好地反映了国内—国际价值链分工联系,该结果更进一步表明基于他国增值驱动下的国内—国际价值链分工更好地促进了我国生产性服务业出口。这一发现与 Arnold 等(2006)的观点较为一致。而作为此处比较结论的进一步支撑,马盈盈和盛斌(2018)也发现,我国服务业主要参与到经历一次跨境的浅度全球价值链分工循环。估计结果中,变量 DVA 所体现的纯国内增值驱动作用依然不显著,国内折返增值(RVA)驱动效应也未能通过显著性检验。综合比较可见,生产性服务业嵌入全球价值链分工体系的出口作用有赖于该行业国内价值链与国际价值链分工联系的增强,不能孤立强调某一方面的重要性;并且,相比国内增值驱动,我国生产性服务业出口的他国增值驱动特点在现阶段更加突出。

表8.7 生产性服务业全球价值链分工嵌入影响出口的机理:价值链解构分析

类型	生产分割		增加值						
方程	(1)	(2)	(3)	(4)	(5)	(6)	(7)	(8)	(9)
解释变量	NPSL	IPSL	VA	DVA	RVA	IEVA	IIVA	SVAD	MVAD
估计系数	−1.241*	−0.824	0.624**	−0.024	0.055 7	0.539*	0.672***	0.461**	0.659**
	[−1.814]	[0.515]	[2.490]	[0.434]	[0.406]	[1.945]	[3.816]	[2.300]	[2.462]
控制变量	是	是	是	是	是	是	是	是	是

续表 8.7

类型	生产分割		增加值						
方程	(1)	(2)	(3)	(4)	(5)	(6)	(7)	(8)	(9)
年份/行业	是/是	是/是	是/是	是/是	是/是	是/是	是/是	是/是	是/是
Sargan (Prob)	7.670 (1.000)	7.751 (1.000)	5.576 (1.000)	7.693 (1.000)	6.943 (1.000)	5.841 (1.000)	6.476 (1.000)	5.280 (1.000)	5.939 (1.000)
ar(2)	0.670	0.997	0.386	0.696	0.991	0.431	0.423	0.401	0.377
Wald 值	432.55***	538.22***	1 511.1***	208.4***	121.1***	1 111.3***	254.8***	126.89***	8.3e+09***
样本量	105(7)	105(7)	105(7)	105(7)	105(7)	105(7)	105(7)	105(7)	105(7)

注：*、**、***分别表示在10％、5％和1％水平显著；系数对应方括号中的数字为 t 或 z 统计量。

从生产性服务业增值的行业构成来看，其一部分增值来源于制造业，还有一部分来源于服务业自身。从该角度出发，研究还可以将生产性服务贸易增加值分解为源于作为制造中间投入所实现的服务增值和源于作为服务自身中间投入所实现的服务增值，两者分别体现了制造—服务价值链分工联系（MVAD）和服务—服务价值链分工联系（SVAD）。在估计结果中，变量 MVAD、SVAD 均在 1％水平显著为正，但就边际影响而言，制造—服务价值链分工联系更突出。这表明，嵌入制造业且有助于增强制造部门价值链分工下增值能力的服务功能环节增长构成驱动我国生产性服务业出口的重要方式。囿于起步晚、底子薄，加之体制等方面约束，中国生产性服务业的开放度还无法与制造业相提并论。我国生产性服务业的发展在更多时候主要局限于国内市场，其对外贸易也主要是通过制造业贸易关联实现。作为这一作用方式有效性的支撑，刘斌等（2016）的研究也发现，就我国服务部门，尤其生产性服务业而言，其大量服务活动主要通过制造业出口实现价值增值，这远高于通过服务部门自身出口实现的价值增值。并且，源于我国制造业出口内涵的服务增加值率仍在逐步提高（戴翔，2016）。综合基于生产分割和增加值两个角度的解构分析，研究结论还表明，在参与全球价值链分工过程中，某一行业并非越处于价值链上游，生产复杂度越高就越好，利益驱动特点决定其能否实现价值增值更加重要。需要再强调一点，国内价值链分工及其增值所体现的利益驱动特点均不显著，但要辩证看待其作用——国内价值链分工依然是基础，因为其是决定国内—国际价值分工联系存在不可或缺的前提。

最后，针对源于作为制造业中间投入所实现的服务增值和源于作为服务业自身中间投入所实现的生产性服务业增值，分别将两部分也按照增值的流转情况进行解构。表 8.8 中，无论源于作为制造业还是服务业中间投入所实现的生产性服务业增值,由它们各自所对应的三种作用方式的比较可见,国内增值驱动效应(MDVA 和 SDVA)均不显著,而源于他国增值下的国内—国际价值链分工联系(MIEVA、MIIVA、SIEVA 和 SIIVA)作用都显著为正。再就边际作用而言,源于他国进口增值所体现的国内—国际价值链分工联系的作用更主要是大于源于他国出口增值所体现的内外价值链分工联系。进一步比较还可见,就源于他国出口增值所体现的国内—国际价值链分工联系而言,制造业中间投入所实现的服务增值的边际作用更突出(MIEVA 和 SIEVA 比较);再就源于他国进口增值所体现的国内—国际价值链分工联系而言,服务业中间投入所实现的服务增值的边际作用更突出(MIIVA 和 SIIVA 比较)。

表 8.8 全球价值链分工嵌入的出口效应:制造与服务环节差异下的再解构

类型	制造业中间投入增值			服务业中间投入增值		
方程	(1)	(2)	(3)	(4)	(5)	(6)
解释变量	MDVA	MIEVA	MIIVA	SDVA	SIEVA	SIIVA
拟合系数	−0.006	0.569*	0.653***	−0.027 3	0.388*	0.734***
	[−0.119]	[1.754]	[3.934]	[−0.587]	[1.955]	[3.379]
控制变量	是	是	是	是	是	是
年份/行业	是/是	是/是	是/是	是/是	是/是	是/是
Sargan(Prob)	7.587(1.000)	6.274(1.000)	6.478(1.000)	7.627(1.000)	5.555(1.000)	5.423(1.000)
ar(2)	0.631	0.432	0.432	0.908	0.453	0.403
Wald 值	3.4e+10***	5.3e+09***	1.1e+11***	3.38e+09***	122.76***	3.7e+10***
样本量	105(7)	105(7)	105(7)	105(7)	105(7)	105(7)

注:*、**、***分别表示在 10%、5% 和 1% 水平显著;系数对应方括号中的数字为 t 或 z 统计量。

8.4 本章小结

伴随全球价值链分工深化,生产性服务贸易已经替代有形产品,成为全球贸易新的增长点和贸易竞争力来源的重要基础。基于世界投入产出(WIOD 2016)分析框架,本章即从贸易所体现的产业在开放条件下的内涵式发展能力要求角度出发,通过将各国全球价值链分工联系解构为国内价值链和国际价值链,同时在区分价值链分工制造与服务功能环节基础上,探讨了全球价值链分工影响生产性服务贸易的内在机理。

从国别层面定量考察揭示的经验规律表明,一国嵌入全球价值链分工的生产联系越复杂,其贸易竞争力表现也越突出,这种相关性特征在国际价值链分工拓展分析中表现得最为明显。实证研究在验证上述经验判断的同时,还表明国内价值链拓展的作用效果会在较大程度受制于一国对外开放水平和参与国际价值链分工的程度。这一方面说明对外开放水平和国际价值链分工参与度是决定国内价值链拓展作用效果的重要前提条件;另一方面再次表明在推动生产性服务业贸易发展方面,国内或国际价值链拓展并非表现为彼此"替代"关系。细化分析表明,拓展服务功能环节国际价值链分工联系对其自身内涵式发展能力的边际促进作用更为突出,其次是制造环节国际分工联系拓展的关联影响。

再聚焦中国的讨论发现,发展阶段特点决定了全球价值链分工嵌入更主要促进我国劳动密集型生产性服务业贸易。囿于国内体制约束导致的本土市场效应发挥不畅和发达国家终端消费与核心环节"掌控者"双重身份挤压,这不仅造成变量国内价值链分工拓展作用为负,而且也是导致全球价值链分工呈现负向影响的根本。类似国别层面分析结论,国内和国际价值链分工交互影响同样显著增进我国生产性服务业贸易竞争力,特别是嵌入我国制造业且有助于增强制造部门价值链分工下增值能力的服务功能环节增长,这构成驱动我国生产性服务业贸易发展的关键。

第九章　价值链分工竞合下我国生产性服务业内涵式发展的对策研究

9.1　研究结论

（1）借助跨国投入产出分析框架，首先综合多方面测度指标，特别是从生产分割概念入手，通过将全球生产分割解构为国内和国际生产分割两部分，系统考察了以生产性服务业占主体的我国服务业参与全球价值链分工的演变规律、发展路径及其内在机制。产业角度定量分析一方面揭示出我国生产性服务业全球生产分割正在经历的"U"形结构演化规律，另一方面揭示国内生产分割在决定我国生产性服务业全球生产分割拓展中的关键作用。在经历被动嵌入发达国家主导全球价值链分工体系下的全球生产分割"双降"或"双升"阶段后，中国生产性服务业的生产分割演变已进入"国内升—国际降"的替代发展阶段。

基于上游度和增加值传递步长指标测度所揭示的我国生产性服务业嵌入价值链分工的基本规律支撑了生产分割角度的探讨。增加值平均传递步长测度反映了价值链环节增值实现所要经历的生产环节，从该角度出发的国别层面的比较可见，发展中国家生产性服务业 VAPL 水平并非都显著低于发达国家；中国在所有考察国家中高居榜首，且在过去十五年间，始终保持增长。行业层面，我国劳动密集型生产性服务业 VAPL 的增长性特点尤为稳健，技术密集型生产性服务业 VAPL 近年来不断提速；公共服务业相对更靠近终端消费，这一属性决定了其中间投入特征不明显，因而 VAPL 水平整体偏低。

实证分析还表明，多样化因素对我国生产性服务业国内和国际生产分割的拓展作用呈现非一致性，它们更多直接表现出对国内生产分割的影响。进一步机制分析表明，国内生产分割尽管单方向上能够促进国际生产分割水平提升，但相关因素却会削弱该正向联系；反过来，国际生产分割对国内生产分割扩展的直接作用效果虽具有不确定性，但相关因素改善却有利于释放国际生产分割正向促进作用。

（2）借助世界银行中国微观企业调查数据，研究定量考察部分还揭示了中国企业价值链分工联系存在的空间异质性。无论企业上游、中游还是下游联系，它们均在城市和国家空间尺度具有较高集中度。企业所在城市等级越高,其拓展价值链分工联系所呈现的空间布局的重心就越偏向更大尺度空间,进而企业拓展国际价值链分工联系的可能性和程度也越高。微观企业角度实证分析验证了定量考察中的规律性判断,尤其证实国家空间尺度价值链分工联系对企业拓展高水平国际价值链分工联系的重要性。

异质性行业下的比较结果表明,一方面囿于起点低和体制束缚等原因,生产性服务业企业国内价值链分工联系的增强更易于其国际价值链拓展;另一方面,在完善国内价值链分工联系"自增强"作用下,制造业企业国内价值链分工联系的增强,更主要促进其国际价值链分工联系拓展中同环节中游竞争,对其国际价值链上、下游联系拓展则主要表现为替代作用。分析表明,与发达国家正在经历的"逆全球化"趋势形成鲜明对比,中国日渐增强的国内价值链分工体系不仅构筑起本土强大的生产能力,也使得国际价值链分工体系重构的中国"话语权"日渐增强。

(3) 仍然是在全球价值链分工统一框架下,聚焦其解构下国内和国际价值链分工拓展的竞合作用,同时借助系统性指标体系的构建,在国内外相关文献梳理和理论探讨基础上,重点结合量化分析和实证研究,探讨了价值链分工下我国生产性服务业的高质量发展问题。产业角度的实证研究表明,全球价值链分工对服务业高质量发展的作用有赖于对其解构特征的细致分析。在国内—国际生产分割解构下,国内分工联系复杂度的提升更主要存在不利作用,国际分工联系复杂度的提升则主要表现为促进作用,该结果具有较好的稳健性。进一步考虑到国内—国际价值链分工交互作用,发现其边际作用显著为正,这表明无论国内还是国际价值链分工联系拓展,其对服务业高质量发展的促进作用均有赖于对方的存在。

在结合微观企业数据的探讨中,研究通过合理构建企业内涵式发展评价体系,最终借助定量考察与实证分析,进一步探讨了企业拓展价值链分工联系对其内涵式发展能力提升的影响。研究证实,拓展价值链分工联系有助于提升我国生产性服务业企业内涵式发展水平,这种促进作用主要源于企业分别与供应商和代理商所构建的价值链分工上游和下游联系,中游环节竞争联系反而存在不利影响。考虑到企业拓展价值链分工联系的空间异质性,进一步研究发现,企业拓展价值链分工联系的空间尺度越大,越有利于增进其内涵式发展能力。当然,相比我国制造业企业,生产性服务业企业的上述规律特点仍有待进一步加强。

(4) 围绕全球价值链分工下生产性服务业生产效率提升的分析表明,全球价值链分工对服务业全要素生产率的提升作用主要是由生产性服务业全要素生产率提升实现的。考虑全球价值链分工的解构性质,分析表明国际和国内价值链分工拓展的促进作用同时存在,后者拓展的边际作用更突出,但两者对全要素生产率提升的交互项影响则为负,这说明国际和国内价值链分工拓展存在着竞争关系,其中一方的拓展会削弱另一方的全要素生产率增进作用。微观企业角度各区段价值链分工在异质空间拓展的效率影响分析表明,供应商和代理商联系拓展构成价值链分工促进生产效率存在"多区段"表现的有力证据。我国生产性服务业企业目前主要在城市和国家空间尺度拓展价值链分工网络联系,但生产效率增进作用只是在国家空间尺度有明显表现;我国生产性服务业企业拓展国际空间尺度价值链分工网络的程度相对制造业企业明显偏低,相应边际作用还不明显。

进一步围绕生产效率和增值能力的权衡分析表明,国际价值链分工拓展面临着生产效率和增值的取舍问题。得益于国内和国际价值链分工双向拓展的协同效应,全要素生产率改善对价值增值能力提升的促进作用可以得到稳定释放,特别是通过技术进步方式实现。中介效应考察再次验证了上述结论,其还表明生产性服务业全要素生产率提升对价值增值影响的同时表现为不完全中介效应。

(5)聚焦全球价值链分工解构下国内和国际价值链分工拓展,其对贸易所体现的我国生产性服务业在开放条件下内涵式发展能力提升的影响。研究证实,由于全球价值链分工存在自身解构性质,因而从总体角度考察我国生产性服务业嵌入全球价值链分工的出口贸易效应同样存在较大不确定性,甚至一定程度上的偏误。改进研究表明,国际价值链分工拓展的作用是明显的,甚至发挥更加重要的直接影响。但是研究也指出,就生产性服务业贸易中价值增值等深层内涵式发展能力的作用而言,国内价值链的重要性不能忽略。为"匹配"发达国家主导国际价值链分工,发展中国家可以通过非市场化手段,在较短时间内"扭曲"国内资源配置和产业体系,以此实现包括生产性服务业贸易在内的整体贸易规模的数量式增长。与此不同,拓展国内价值链分工联系体现的是以"我"为主,注重的是合理资源配置和产业体系非扭曲下的全面与可持续发展,尽管该过程可能会比较漫长。

进一步结合生产联系和贸易增值两个维度的解构分析,研究揭示了价值链分工作用的内在机制。结果证实,国内价值链分工作用的不显著甚至为负是导致全球价值链分工总体作用效果存在不确定性乃至为负的根本原因,而国内—国际价值链分工联系则是构成全球价值链分工下生产性服务业贸易效应存在的关键。拓展研究方面,通过对源于作为制造业或服务业中间投入所实现的服务增值也按照增值流转进行解构分析,结果依然表明全球价值链分工解构及其多渠道作用特点具有很好的稳健性。

9.2 政策建议

（1）对我国生产性服务业的高质量发展而言，其不可能完全依赖封闭的内向型经济或者国内价值链分工，也不能只靠拓展国际市场外部分工联系。研究表明，国际价值链应在国内价值链分工体系中建立国内基础，而国内价值链优化则会对国际价值链整合产生积极影响，在统筹两个分工循环过程中实现生产性服务业的高质量发展。

我国生产性服务业价值链分工体系的全球拓展，使得更多国家或地区不同程度地参与其中，但扮演基础性作用的还是国内价值链。发达国家近年来所经历的"逆全球化"趋势为中国拓展国际价值链分工联系创造了更多机会，但完备国内价值链分工体系依然是中国更积极、主动拓展国际价值链分工联系的坚实基础。特别是在中国企业逐渐从以"跟班"身份被动嵌入国际价值链分工向作为"领主"更主动拓展国际价值链分工联系转变的过程中，企业国内价值链分工联系的"基石"作用将变得更加突出。回顾我国制造部门参与全球价值链分工历程，其是在"底子薄"基础上通过大量承接发达国家制造环节转移实现的。在我国制造部门价值链分工体系中，仍包含较高的"美—美""日—日"生产分割成分，或者说是美国和日本等发达国家国内价值链的国际拓展成分。这直接导致我国制造环节国内生产分割虚高，国内制造业企业长期扮演低端配套分工角色。相比之下，中国本土服务业在没有对外资开放之前，已经积累了较为厚实的底子。

面对中国以服务贸易为重点的"二次开放"战略实施和负面清单制度改革，国内价值链体系的构建与优化发展，将在很大程度上影响中国生产性服务业参与全球价值链分工的范围和高度。我国应进一步打破内部跨大区域空间尺度下的条块分割，通过改善以基础设施互联、互通为代表的硬件条件，同时削弱企业面对不同空间尺度下的条块分割和市场垄断（无论该分割或垄断是由自然原因还是行政等制度性原因造成的），真正扫除阻碍要素禀赋和企业生产活动跨大区域空间尺度再配置的诸多限制。

（2）当然，强调国内价值链分工拓展的重要性，并非否认国际价值链分工拓展的意义。恰好相反，我们有必要重视国际生产分割的"鲇鱼效应"和"催化"作用，以此倒逼中国服务业发展的市场化改革，激发人力资本等高级要素禀赋的创新活力，并最终提升我国生产性服务业整体发展质量。对国际价值链分工联系的拓展而言，这里主要有两个方面：其一，尽管我们无法完全割断与发达国家跨国公司主导构建价值链分工之间的联系,但国内部分企业依然可以争取在较长期嵌入并实现能力动态升级后,更主动攀升价值链分工高端环节;其二,依托国内完善价值链分工体系,借助"一带一路"建设契机,通过较大新国际空间尺度的拓展,构建具有更强自主性乃至主导性的国际价值链分工体系。尤其在考虑到具体环节拓展影响差异情况下,我国一方面应与"一带一路"沿线中掌控重要资源禀赋的国家建立稳固上游价值链分工联系,另一方面要与"一带一路"沿线国家具备制造承接能力的生产商或者熟悉市场的各类代理商建立稳固下游分工联系。

(3) 制造部门是中国庞大国内价值链体系构建最重要的"载体",生产性服务环节则是决定国内庞大价值链分工体系能否强大的"内核",进而也是决定国内价值链分工能否在更高层次上匹配并拓展国际价值链分工联系不可或缺的一环(唐荣和顾乃华,2018)。特别是伴随中国在经济结构服务化领域改革的有序推进,本土制造业长期发展所积累的生产多样性和广泛生产关联特性将得到更好释放,最终有利于我国企业在不同层次实现与国际价值链分工体系的多重对接。

制造环节国际分包成就了中国全球价值链分工体系下世界"制造工厂"地位。然而,有能力生产并出口大量更复杂的制成品已经不再是衡量国家富裕和实力的标志——"微笑曲线"形状在多数行业变得更加陡峭,即表征价值增值更加依赖价值链两端服务活动。作为现实中支撑上述观点的一个重要佐证,美国主导的 TPP (跨太平洋伙伴关系协定)、TTIP(跨大西洋贸易与投资伙伴协议)虽然"流产",但考虑到日本的"接棒",其潜在影响犹存。这根本上还是体现了以美国为首的发达国家在顺应全球价值链分工体系演变新形势下的利益诉求,进而体现发达国家在国际市场的提前布局。中国在生产性服务业国际分工领域虽然仍是发达国家主导国际价值链体系的被动参与者,并且如分析所指出的,其应将国内价值链分工体系的发展摆在首位,但这并不意味着可以忽视自主国际价值链的构建。例如,在综合考虑服务业尤其生产性服务业较强关系特异性前提下,中国完全可以借助"一带一路"等重大国际化发展战略,增强制造业与服务业协同"走出去"能力。特别是在初期阶段,可以大力推进我国劳动密集型生产性服务功能环节的国际化拓展。

(4) 尽管中国生产性服务业领域的对外开放相对制造行业部门而言远远滞后,甚至不过是最近一轮金融危机以后的事情,但这并不意味着中国生产性服务业实际参与全球价值链分工的复杂程度较低——中国仍拥有适合生产性服务业发展的充裕劳动力等要素禀赋,再加上国内庞大市场规模和制造业长期发展所积累的关联需求,上述方面均伴随中国服务领域的有序开放,而在较短时间内得到快速释放,并由此奠定中国生产性服务业在全球价值链分工体系中的较高复杂度分工位置特点。作为一个发展中大国，中国近年来对外开放领域的又一重大举措就是在服务领域推出了"负面清单"制度。这必然能够更充分地激发我国生产性服务业领域参与全球价值链分工水平，进而在较长期延续服务业 VAPL 水平的增长趋势，特别是促进技术相对密集型生产性服务业 VAPL 水平的更快速增长。

生产性服务业领域对外开放的同时应吸取制造行业参与全球价值链分工"低端锁定"负面经验，并重视后发优势的发挥，这其中的关键在于中国国内价值链分工体系的重塑。从区域分工角度来看，可以借助中国高铁网络大发展所带来的通勤成本显著下降契机，促进生产活动更有序整合，特别是促进中高端生产性服务业在发达地区大城市集聚并扩大其辐射作用。此外，应重视良好知识产权保护等降低市场不确定性和交易成本制度的建设，并以此推进微观企业尤其制造业企业内部服务功能的对外剥离，或者说应积极推进国内服务中间投入的分化和外包市场发展。

（5）全球价值链分工解构特点的存在，决定了从该角度审视我国生产性服务业贸易效应所体现的开放条件下内涵式发展能力提升的重要性和必要性。就相关政策制定而言，现阶段的"着力点"之一就是如何增强国内—国际价值链分工联系，无论生产联系还是价值创造联系。当然，也不能因为国内价值链分工联系的直接贸易效应不明显，而否定其重要性。需要辩证看待国内价值链分工的发展及其作用：一方面，其始终是我国全球价值链分工复杂度提升的"基石"，在生产分割所体现的生产联系角度，我国国内价值链分工联系的整体水平并不低；另一方面，国内价值链分工体系的价值创造与增值能力还是非常有限，没有表现出与其生产联系相匹配的水平，这从根本上削弱了其生产性服务业贸易效应。

其次，相比制造业，生产性服务业兼具生产链较短和增值能力强双重特点，这决定其更倾向于在有限空间实现价值链布局的"区块化"（黄建忠，2018）。特别是在新一轮"逆全球化"趋势下，价值链分工的"区块化"正在加剧各国间的利益分化和分工联系的不确定性——国际生产分割下降所体现的外部价值链分工联系的局部"肢解"即是最好佐证。有鉴于此，研究认为一方面应顺应趋势，适度而非过度拓展国际市场较远距离生产性服务环节价值链分工联系；另一方面，面对"区块化"发展所带来的更具层次性的全球价值链分工体系，应重点在有限但差异化国际空间尺度增强国内—国际价值链分工联系，进而保证其始终是促进我国生产性服务业贸易增长最可靠的机制之一。再有，相比发达国家，在价值链分工格局下，我国生产性服务环节所面临的价值增值能力仍然有限，这决定了我国生产性服务业发展实现链内突破的动力明显不足，后者反过来会进一步削弱生产性服务业的增值能力表现。打破以上僵局的一个关键是服务创新。更确切地来说,以人力资本为关键依托的服务创新是我国生产性服务业发展突破价值链分工链内"锁定"效应,实现其贸易竞争力在国际市场上更具差异化表现,进而贸易利益优化的必由之路。

(6)微观视角考察企业价值链分工在异质空间的拓展分析表明,对我国企业而言,聚焦更大空间尺度价值链分工联系的拓展已经成为可能,尤其国内和国际空间尺度,当然又有所不同。我国企业拓展国内空间尺度价值链分工联系的水平相对较高,但其增进企业内涵式发展能力的边际作用仍有待释放。关键点是如何通过基础设施互联互通与相关法规、标准的规范和统一等来打破有形和无形障碍,深化国内统一大市场的建设。就国际空间尺度网络分工联系的拓展而言,虽然其对我国生产性服务业企业以技术效率为代表的内涵式发展能力的增进作用最为突出,但相对发展水平仍偏低。针对于此,研究认为一方面仍应强化与发达国家所主导的价值链分工体系在中高端环节的嵌入式合作,另一方面有必要推进我国企业具有较强自主性、新的国际空间尺度价值链分工联系的构建。

微观角度实证分析结论还表明,企业规模不同,其经由价值链分工网络来增进生产性服务业企业内涵式发展能力而重点拓展的空间尺度也应该不同。这对我国产业或企业发展的启示至少有两个方面:对我国以华为、联想等为代表的较大规模企业而言,其拓展国际市场价值链分工联系仍存在较大空间,甚至未来的重点即是如何优化国际空间尺度价值链分工网络。而对我国近年来更多计划"走出去"的中小规模企业而言,实则不宜盲从。因为随着国内统一市场的建立和经济发展方式的转型升级,由此释放的庞大本土需求还是能够为这些企业创造较大能力增长空间的。

(7)增强我国生产性服务业内涵式发展在对内和对外政策方面的非歧视性和统一性。全球价值链分工在本质上只不过是亚当·斯密指出的分工和专业化演进的又一个较高级阶段,不同之处在于该阶段分工在产品层面实现了更加精细化的、跨越国家边界的分工。在这一分工模式下,无论国家内部价值链分工的协调还是国际价值链分工协调,都需要更加重视国内政策和对外政策一致性的增强。聚焦政策制定影响价值链分工收益分配的问题,Kummritz(2016)、Taglioni 和 Winkler(2016)就指出,并不是所有参与全球价值链分工的国家都能获得可观收益,国家制度和政治环境是很重要的基础条件之一。我国生产性服务业领域的对内开放程度仍偏低的一个根本原因是国有垄断和地区垄断,许多高利润服务企业不允许民营资本进入,生产性服务业要素的跨区流动受到种种限制。有鉴于此,我国对内开放的核心就是要打破"垄断",切实贯彻"非禁即入"的政策,推进垄断行业改革,取消对非国有资本或者非本地要素的不平等做法。我国对外开放的核心是降低服务领域国际合作管制,增强统一标准制定和不同国际标准之间兼容性的认定。还有值得强调的是,生产性服务业领域开放和国际合作的加强不可能简单复制货物领域"互惠市场开放"模式。较强的行业异质性决定了生产性服务业在价值创造过程中所面对的障碍各异,因而建立跨国价值链分工联系需要有效甄别这些障碍并采取不同的合作形式。

参考文献

保全,刘志彪,任优生,2016.全球价值链低端锁定的内生原因及机理——基于企业链条抉择机制的视角[J].世界经济与政治论坛(9):1-22.

毕斗斗,方远平,谢蔓,等,2015.我国省域服务业创新水平的时空演变及其动力机制[J].经济地理(10):139-148.

蔡昉,2013.中国经济增长如何转向全要素生产率驱动型[J].中国社会科学(1):56-71.

陈健,2010.跨国公司全球价值链、区位分布及其影响因素研究[J].国际贸易问题(12):102-107.

陈运森,2015.社会网络与企业效率:基于结构洞位置的证据[J].会计研究(1):48-55.

程大中,2007.国际服务贸易学[M].上海:复旦大学出版社.

程大中,2007.国际服务贸易学[M].上海:复旦大学出版社.

程大中,程卓,2015.中国出口贸易中的服务含量分析[J].统计研究(3):46-53.

戴翔,2015.中国服务出口竞争力:增加值视角下的新认识[J].经济学家(3):31-38.

戴翔,2013.中国服务贸易出口增长的数量、价格及种类分解[J].国际贸易问题(9):101-110.

戴翔,金碚,2014.产品内分工、制度质量与出口技术复杂度[J].经济研究(7):4-17.

戴翔,金碚,2014.产品内分工、制度质量与出口技术复杂度[J].经济研究(7):4-17.

戴翔,刘梦,张为付,2017.本土市场规模扩张如何引领价值链攀升[J].世界经济(9):27-50.

戴翔,刘梦,张为付,2017.本土市场规模扩张如何引领价值链攀升[J].世界经济(9):27-50.

高觉民,李晓慧,2011.生产性服务业与制造业的互动机理:理论与实证[J].中国工业经济(6):151-160.

高翔,刘啟仁,黄建忠,2018.要素市场扭曲与中国企业出口国内附加值率:事实与机制[J].世界经济(10):26-50.

顾乃华,毕斗斗,任旺兵,2006.中国转型期生产性服务业发展与制造业竞争力关系研究[J].中国工业经济(9):14-21.

贺灿飞,马妍,2014.市场分割与中国城市出口差异.地理科学进展(4):447-456.

洪俊杰,2018.中国开放型经济的双环流理论初探[J].国际贸易问题(1):5-6.

江小涓,2008.服务全球化与服务外包:现状、趋势及其理论分析[M].北京:人民出版社.

江小涓,2011.服务业增长:真实含义、多重影响和发展趋势[J].经济研究(4):4-14.

江小涓,李辉,2004.服务业与中国经济:相关性和加快增长的潜力[J].经济研究(01):4-15.

姜波克,刘沁清,2010.经济增长方式的判断指标研究[J].复旦学报(社会科学版)(4):47-54.

蒋为,孙浦阳,2016.美国对华反倾销、企业异质性与出口绩效[J].数量经济技术经济研究(7):59-76.

金碚,2018.关于高质量发展的经济学研究[J].中国工业经济(4):5-18.

金碚,2003.企业竞争力测评的理论与方法[J].中国工业经济(3):5-13.

来有为,陈红娜,2017.以扩大开放提高我国服务业发展质量和国际竞争力[J].管理世界(5):17-27.

黎峰,2017.进口贸易、本土关联与国内价值链重塑[J].中国工业经济(9):25-43.

黎峰,2016.增加值视角下的中国国家价值链分工:基于改进的区域投入产出模型[J].中国工业经济(3):52-67.

李跟强,潘文卿,2016.国内价值链如何嵌入全球价值链:增加值的视角[J].管理世界(7):10-22.

李国璋,戚磊,2011.离岸和本土中间投入对中国工业行业生产率影响[J].中国工业经济(5):80-89.

李惠娟,蔡伟宏,2017.全球价值链嵌入对中国服务业出口技术复杂度影响

[J].国际贸易问题(1):70-80.

李嘉楠,孙浦阳,唐爱迪,2019.贸易成本、市场整合与生产专业化——基于商品微观价格数据的验证[J].管理世界,35(8):30-43.

李金昌,史龙梅,徐蔼婷,2019.高质量发展评价指标体系探讨[J].统计研究(1):4-14.

李磊,盛斌,刘斌,2017.全球价值链参与对劳动力就业及其结构的影响[J].国际贸易问题(7):27-37.

李巧华,2019.新时代制造业企业高质量发展的动力机制与实现路径[J].财经科学(6):57-69.

李瑞琴,孙浦阳,2018.地理集聚与企业的自选择效应——基于上、下游关联集聚和专业化集聚的比较研究[J].财贸经济(4):114-129.

李胜旗,毛其淋,2017.制造业上游垄断与企业出口国内附加值:来自中国的经验证据[J].中国工业经济(3):101-119.

林毅夫,任若恩,2007.东亚经济增长模式相关争论的再探讨[J].经济研究(8):4-12.

刘瑞翔,颜银根,范金,2017.全球空间关联视角下的中国经济增长[J].经济研究(5):89-102.

刘瑞翔,颜银根,范金,2017.全球空间关联视角下的中国经济增长[J].经济研究(5):89-102.

刘维林,2015.中国式出口的价值创造之谜:基于全球价值链的解析[J].世界经济(3):3-28.

刘维林,2015.中国式出口的价值创造之谜:基于全球价值链的解析[J].世界经济(3):3-28.

刘志彪,2012.基于内需的经济全球化:中国分享第二波全球化红利的战略选择[J].南京大学学报(哲学·人文科学·社会科学)(2):51-59.

刘志彪,2011.重构国家价值链:转变中国制造业发展方式的思考[J].世界经济与政治论坛(4):1-14.

刘志彪,2011.重构国家价值链:转变中国制造业发展方式的思考[J].世界经济与政治论坛(4):1-14.

刘志彪,张杰,2009.从融入全球价值链到构建国家价值链:中国产业升级的战略思考[J].学术月刊(9):59-68.

刘志彪,张杰,2009.从融入全球价值链到构建国家价值链:中国产业升级的战略思考[J].学术月刊(9):59-68.

刘志彪,张杰,2007.全球代工体系下发展中国家俘获型网络的形成、突破与对策——基于 GVC 与 NVC 的比较视角[J].中国工业经济(5):39-47.

路风,余永定,2012."双顺差"、能力缺口与自主创新:转变经济发展方式的宏观和微观视野[J].中国社会科学(6):91-114.

吕越,盛斌,吕云龙,2018.中国的市场分割会导致企业出口国内附加值率下降吗[J].中国工业经济(5):5-23.

罗长远,张军,2014.附加值贸易:基于中国的实证分析[J].经济研究,49(6):4-17.

毛艳华,李敬子,2015.中国服务业出口的本地市场效应研究[J].经济研究(8):98-113.

毛艳华,李敬子,2015.中国服务业出口的本地市场效应研究[J].经济研究(8):98-113.

倪红福,2016.全球价值链中产业"微笑曲线"存在吗?——基于增加值平均传递步长方法[J].数量经济技术经济研究(11):111-126.

倪红福,夏杰长,2016.中国区域在全球价值链中的作用及其变化[J].财贸经济(10):87-101.

倪鹏飞,2016.中国城市竞争力报告 No.14[M].北京:中国社会科学出版社.

潘文卿,李跟强,2018.中国区域的国家价值链与全球价值链:区域互动与增值收益[J].经济研究(3):171-185.

裴长洪,樊瑛,2010.中国企业对外直接投资的国家特定优势[J].中国工业经济(7):45-54.

乔小勇,王耕,李泽怡,2017.中国制造业、服务业及其细分行业在全球生产网络中的价值增值获取能力研究:基于"地位—参与度—显性比较优势"视角[J].国际贸易问题(3):63-74.

邱斌,尹威,2010.中国制造业出口是否存在本土市场效应[J].世界经济,33(7):44-63.

任保平,李禹墨,2018.新时代我国高质量发展评判体系的构建及其转型路径[J].陕西师范大学学报(哲学社会科学版)(3):105-113.

邵朝对,苏丹妮,2019.国内价值链与技术差距——来自中国省际的经验证据[J].中国工业经济(6):98-116.

邵朝对,苏丹妮,2017.全球价值链生产率效应的空间溢出[J].中国工业经济

(4):94-114.

余群芝,贾净雪,2015.中国出口增加值的国别结构及依赖关系研究[J].财贸经济(8):91-103.

沈坤荣,1998.中国的国际资本流入与经济稳定增长研究[J].科技与经济:31-35.

沈利生,王恒,2006.增加值率下降意味着什么[J].经济研究,41(3):59-66.

盛斌,马盈盈,2018.中国服务贸易出口结构和国际竞争力分析:基于贸易增加值的视角[J].东南大学学报(哲学社会科学版)(1):39-48.

苏庆义,2016.中国省级出口的增加值分解及其应用[J].经济研究(1):84-98.

孙军,梁东黎,2010.全球价值链、市场规模与发展中国家产业升级机理[J].经济评论(4):34-41.

田巍,余淼杰,2012.企业生产率和企业"走出去"对外直接投资:基于企业层面数据的实证研究[J].经济学(季刊)(2):383-408.

铁瑛,黄建忠,高翔,2018.劳动力成本上升、加工贸易转移与企业出口附加值率攀升[J].统计研究(6):43-55.

佟家栋,刘程,2018."逆全球化"的政治经济学分析[J].经济学动态(7):19-26.

王一鸣,2017.中国经济新一轮动力转换与路径选择[J].管理世界(2):1-14.

吴福象,蔡悦,2014.中国产业布局调整的福利经济学分析[J].中国社会科学(2):96-115.

吴亮,吕鸿江,2015.网络外部性对中国企业海外投资区位选择的影响[J].财贸经济(3):124-135.

武力超,张馨月,关悦,2016.中国贸易产品多样性的测度及动态分析[J].数量经济技术经济研究(7):40-58.

徐康宁,陈健,2008.跨国公司价值链的区位选择及其决定因素[J].经济研究(3):138-149.

徐康宁,郑义,2011.国际生产链的解构及其对中国经济的影响[J].国际经济评论(4):124-134.

徐康宁,郑义,2011.国际生产链的解构及其对中国经济的影响[J].国际经济评论(4):124-134.

徐毅,张二震,2008.外包与生产率:基于工业行业数据的经验研究[J].经济研究(1):103-113.

许和连,成丽红,孙天阳,2018.离岸服务外包网络与服务业全球价值链提升[J].世界经济(6):77-101.

许和连,成丽红,孙天阳,2018.离岸服务外包网络与服务业全球价值链提升[J].世界经济(6):77-101.

宣烨.本地市场规模、交易成本与生产性服务业集聚[J].财贸经济,2013(8):117-127.

姚战琪,2014.我国服务业外商直接投资排斥效应研究[J].全球化(2):89-102.

易先忠,高凌云,2018.融入全球产品内分工为何不应脱离本土需求[J].世界经济(6):53-76.

易先忠,欧阳峣,2018.大国如何出口:国际经验与中国贸易模式回归[J].财贸经济(3):79-94.

袁凯华,彭水军,2017.中国加工贸易的价值攀升:嵌入NVC会优于GVC吗[J].统计研究(8):32-43.

袁志刚,饶璨,2014.全球化与中国生产服务业发展——基于全球投入产出模型的研究[J].管理世界(3):10-30.

张杰,陈志远,刘元春,2013.中国出口国内附加值的测算与变化机制[J].经济研究(10):124-137.

张杰,陈志远,刘元春,2013.中国出口国内附加值的测算与变化机制[J].经济研究(10):124-137.

张杰,刘东,2006.我国地方产业集群的升级路径:基于组织分工架构的一个初步分析[J].中国工业经济(5):48-55.

张杰,刘志彪,郑江淮,2007.产业链定位、分工与集聚如何影响企业创新:基于江苏省制造业企业问卷调查的实证研究[J].中国工业经济(7):47-55.

张杰,刘志彪,郑江淮,2007.产业链定位、分工与集聚如何影响企业创新:基于江苏省制造业企业问卷调查的实证研究[J].中国工业经济(7):47-55.

张进财,左小德,2013.企业竞争力评价指标体系的构建[J].管理世界(10):172-173.

张少军,刘志彪,2013.国内价值链是否对接了全球价值链:基于联立方程模型的经验分析[J].国际贸易问题(2):14-27.

张天顶,2017.全球价值链重构视角下中国企业国际化的影响因素[J].统计研究(1):33-43.

张天顶,2017. 全球价值链重构视角下中国企业国际化的影响因素[J]. 统计研究(1):33-43.

张小蒂,孙景蔚,2006. 基于垂直专业化分工的中国产业国际竞争力分析[J]. 经济研究(1):103-113.

张幼文,2015. 生产要素的国际流动与全球化经济的运行机制. 世界经济研究(12):3-11.

张幼文,2015. 生产要素的国际流动与全球化经济的运行机制. 世界经济研究(12):3-11.

张宗庆,郑江淮,2013. 技术无限供给条件下企业创新行为:基于中国工业企业创新调查的实证分析[J]. 管理世界(1):115-132.

郑玉歆,2004. 全要素生产率的再认识——用 TFP 分析经济增长质量存在的若干局限[J]. 数量经济技术经济研究(9):3-11.

周黎安,2007. 中国地方官员的晋升锦标赛模式研究. 经济研究(7):36-50.

周密,刘秉镰,2017. 供给侧结构性改革为什么是必由之路?——中国式产能过剩的经济学解释[J]. 经济研究(2):67-81.

周霄雪,2017. 服务业外资自由化与中国制造业企业出口绩效——基于上下游投入产出关系的分析[J]. 产业经济研究(6):52-64.

朱希伟,金祥荣,罗德明,2005. 国内市场分割与中国的出口贸易扩张. 经济研究(12):68-76.

诸竹君,黄先海,宋学印,等,2017. 劳动力成本上升、倒逼式创新与中国企业加成率动态[J]. 世界经济(8):53-77.

ACKERBERG D A, CAVES K, FRAZER G, 2015. Identification Properties of Recent Production Function Estimators[J]. Econometrica, 83(6): 2411-2451.

ALEMAN L N, 2011. The Impact of Operating in Multiple Value Chains for Upgrading: The Case of the Brazilian Furniture and Footwear Industries[J]. World Development, 39(8):1386-1397.

AMITI M, KONINGS J, 2007. Trade Liberalization, Intermediate Inputs, and Productivity: Evidence from Indonesia[J]. American Economic Review, 97(5): 1611-1638.

AMITI M, WEI S J, 2009. Service Offshoring and Productivity: Evidence from the US[J]. The World Economy, 32(2):203-220.

ANDERSEN O, BUVIK A, 2002. Firms' Internationalization and Alternative Approaches to the International Customer/Market Selection[J]. International Business Review, 11(3): 347-363.

ANTRAS P, CHOR D, FALLY T, et al., 2012. Measuring the Upstreamness of Production and Trade Flows[EB/OL]. https://www.nber.org/papers/w17819.

ANTRAS P, CHOR D, FALLY T, et al. Measuring the Upstreamness of Production and Trade Flows [EB/OL]. https://www.nber.org/papers/w17819,2012.

ANTRAS P, CHOR D, FALLY T, et al. Measuring the Upstreamness of Production and Trade Flows [EB/OL]. https://www.nber.org/papers/w17819,2012.

ANTRAS P, FORT T C, TINTELNOT F,2014. The Margins of Global Sourcing: Theory and Evidence from US Firms [EB/OL]. http://www.nber.org/papers/w20772.pdf.

ANTRAS P, FORT T C, TINTELNOT F. The Margins of Global Sourcing: Theory and Evidence from US Firms [EB/OL]. http://www.nber.org/papers/w20772.pdf,2014.

ANTRAS P,TERESA C F, TINTELNOT F, 2017. The Margins of Global Sourcing: Theory and Evidence from US Firms[J]. American Economic Review, 107(9):2514-2564.

ARNDT S, 1997. The North American Journal of Economics and Finance [J]. Globalization and Open Economy ,8(1):71-79.

ARNOLD J M, JAVORCIK B S, LIPSCOMB M, et al., 2016. Services Reform and Manufacturing Performance: Evidence from India[J]. Economic Journal, 126(4): 1-39.

ARNOLD J M, MATTOO A, NARCISO G, 2008. Services Inputs and Firm Productivity in Sub-Saharan Africa: Evidence from Firm-Level Data[J]. Journal of African Economies, 17(4):578-599.

BACKER D K, JAMES I D, MOUSSIEGT L, 2015. Manufacturing or Services—That is (not) the Question: The Role of Manufacturing and Services in OECD Economies [EB/OL]. https://www.oecd-ilibrary.org/content/paper/

5js64ks09dmn-en.

BACKER K D, MIROUDOT S. Mapping Global Value Chains [EB/OL]. https://www.researchgate.net/publication/2724985122013

BALDWIN R, 2006. Globalization: The Great Unbundling [EB/OL]. https://www.researchgate.net/publication/252858331.

BALDWIN R, 2012. Trade and Industrialisation after Globalisation's 2nd Unbundling: How Building and Joining A Supply Chain Are Different and Why It Matters[EB/OL]. https://www.nber.org/papers/w17716.

BALDWIN R, FORSLID R, ITO T, 2015. Unveiling the Evolving Sources of Value Added in Exports [EB/OL]. http://www.ide.go.jp/English/Publish/Download/Jrp/pdf/161.pdf.

BALDWIN R, GONZALEZ L J, 2015. Supply-chain Trade: A Portrait of Global Patterns and Several Testable Hypotheses[J]. World Economy, 38(11): 1682-1721.

BALDWIN R, ITO T, SATO H. The Smile Curve: Evolving Sources of Value Added in Manufacturing [EB/OL]. https://www.uniba.it/ricerca/dipartimenti/dse/e.g.i/egi2014-papers/ito,2014.

BARTELME D, GORODNICHENKO Y, 2010. Linkages and Economic Development[EB/OL]. https://www.nber.org/papers/w21251.pdf.

BAS M, V STRAUSS-KAHN, 2015. Input-trade Liberalisation, Export Prices and Quality Upgrading[J]. Journal of International Economics, 95(2): 250-262.

BAZAN L, ALEM? N L N. The Underground Revolution in the Sinos Valley: A Comparison of Upgrading in Global and National Value Chains [EB/OL]. https://www.researchgate.net/publication/316927951,2004.

BERNARD A B, JENSEN J B, REDDING S J, et al., 2007. Firms in International Trade[J]. Journal of Economic Perspectives, 21 (3):105-130.

BERNARD A B, JENSEN J B, REDDING S J, et al., 2009. The Margins of US Trade[J]. American Economic Review, 99 (2):487-493.

BERNARD A B, JENSEN J B, SCHOTT P K, et al, 2005. Importers, Exporters and Multinationals: A Portrait of Firms in the U.S. that Trade Goods [EB/OL]. https://www.nber.org/papers/w11404.

BERNARD A B, MOXNES A, SAITO Y U. , 2019. Production Networks, Geography and Firm Performance[J]. Journal of Political Economy, 127(2): 639-688.

BERNARD A B, MOXNES A, SAITO Y U. , 2019. Production Networks, Geography and Firm Performance[J]. Journal of Political Economy, 127(2): 639-688.

BERNARD A B, MOXNES A, SAITO Y U. , 2019. Production Networks, Geography and Firm Performance[J]. Journal of Political Economy, 127(2): 639-688.

BEVERLLI C, KOOPMAN R B, KUMMROTZ V, et al. Domestic Foundations of Global Value Chains [EB/OL]. https://www.researchgate.net/publication/314571004,2016.

BHAGWATI J N, 1984. Splintering and Disembodiment of Services and Developing Nations[J]. World Economy, 7(2):133-144.

BLAUM J, LELARGE C, PETERS M, 2015. The Gains from Trade in Firm Based Models of Importing [EB/OL]. https://www.nber.org/papers/w21504.

BOLER E A, MOXNES A, KAREN H U M. Technological Change, Trade in Intermediates and the Joint Impact on Productivity[EB/OL]. http://bruegel.org/wp-content/uploads/2015/09/efige_wp47_0806121.pdf, 2014.

BORCHERT I, MATTOO A, 2010. The Crisis-Resilience of Services Trade [J]. The Service Industries Journal, 30(13):2115-2136.

CHEN Q. The Average Propagation Length: An Extended Analysis[EB/OL]. http://www.iioa.org/conferences/22nd/papers/files/1542.pdf 2014.

CONTI G, TURCO A L, MAGGIONI D, 2014. Spillovers Through Backward Linkages and the Export Performance of Business Services: Evidence from A Sample of Italian Firms[J]. International Business Review, 23(3): 552-565.

CONTI G, TURCO A L, MAGGIONI D, 2014. Spillovers Through Backward Linkages and the Export Performance of Business Services: Evidence from A Sample of Italian Firms[J]. International Business Review, 23(3): 552-565.

COVIELLO N, MUNRO H, 1997. Network Relationships and the Internationalisation Process of Small Software Firms[J]. International Business Review, 6(4): 361-386.

COVIELLO N, MUNRO H, 1997. Network Relationships and the Internationalisation Process of Small Software Firms[J]. International Business Review, 6(4): 361-386.

DALLAS M P, 2014. Manufacturing Paradoxes: Foreign Ownership, Governance, and Value Chains in China's Light Industries[J]. World Development, 57(5):47-62.

DEDRICK J, KRAEMER K L, LINDEN G, 2010. Who Profits from Innovation in Global Value Chains: A Study of the iPod and Notebook PCs[J]. Industrial and Corporate Change, 19(1):81-116.

DIETZENBACHER E, ROMERO I, BOSMA N S, 2005. Using Average Propagation Lengths to Identify Production Chains in the Andalusian Economy [J]. Estudios de Economia Aplicada, 23(2): 405-422.

DUNNING J H, 1977. Trade, Location of Economic Activity and the MNE: A Search for An Eclectic Approach[J]. International allocation of economic activity, 1023(2):395-418.

DURANTON G, PUGA D, 2001. From Sectoral to Functional Urban Specialisation[J]. Journal of Urban Economics, 57(2):343-370.

EATON J, KORTUM S, 2002. Technology, Geography and Trade[J]. Econometrica, 70(5):1741-1779.

EATON J, KORTUM S, 2002. Technology, Geography and Trade[J]. Econometrica, 70(5):1741-1779.

EGGER H, EGGER P, 2006. International Outsourcing and the Productivity of Low-skilled Labour in the EU[J]. Economic Inquiry, 44(1):98-108.

ESCAITH H, 2014. Exploring the Policy Dimensions of Trade in Value-added[EB/OL]. https://mpra.ub.uni-muenchen.de/59891/.

ESCAITH H. Exploring the Policy Dimensions of Trade in Value-added [EB/OL]. https://mpra.ub.uni-muenchen.de/59891/, 2014.

FALLY T. On the Fragmentation of Production in the US [EB/OL]. https://editorialexpress.com/cgi-bin/conference/download.cgi? db_name=

MWITSpring2012&paper_id=99,2012.

FALLY T. On the Fragmentation of Production in the US [EB/OL]. https://editorialexpress.com/cgi-bin/conference/download.cgi?db_name=MWITSpring2012&paper_id=99,2012.

FAN H, LI Y A, YEAPLE S R, 2015. Trade Liberalization, Quality, and Export Prices[J]. Review of Economics and Statistics, 97(5):1033-1051.

FAN H, LI Y A, YEAPLE S R, 2015. Trade Liberalization, Quality, and Export Prices[J]. Review of Economics and Statistics, 97(5):1033-1051.

FEENSTRA R, 1998. Integration of Trade and Disintegration of Production in the Global Economy[J]. Journal of Economic Perspectives, 12(4): 31-50.

FRANCOIS F, MANCHIN M, TOMBERGER P, 2016. Services Linkages and the Value Added Content of Trade[J]. World Economy, 38 (11) :1631-1649.

FRANCOIS J F, 1990. Producer Services, Scale and the Division of Labor [J]. Oxford Economic Papers, 42(4): 715-729.

GEREFFI G, 1996. Global Commodity Chains: New Forms of Coordination and Control among Nations and Firms in International Industries[J]. Competition & change, 1(4) :427-439.

GEREFFI G, 1999. International Trade and Industrial Upgrading in the Apparel Commodity Chain[J]. Journal of International Economics, 48(1):37-70.

GEREFFI G, 1999. International Trade and Industrial Upgrading in the Apparel Commodity Chain[J]. Journal of International Economics, 48(1):37-70.

GIRMA S, GORG H, 2004. Outsourcing Foreign Ownership and Productivity: Evidence from UK Establishment Level Data [J]. Review of International Economics, 12(5):817-832.

GOLDBERG P K, KHANDELWAL A K, PAVCNIK N, et al., 2010. Imported Intermediate Inputs and Domestic Product Growth: Evidence from India [J]. The Quarterly Journal of Economics, November,125 (4):1727-1767.

GOLDBERG P K, KHANDELWAL A K, PAVCNIK N, et al., 2010. Imported Intermediate Inputs and Domestic Product Growth: Evidence from India [J]. The Quarterly Journal of Economics, November,125 (4):1727-1767.

GöRG H, HANLEY A, 2011. Services Outsourcing and Innovation: an Empirical Investigation[J]. Economic Inquiry, 49(2): 321-333.

GROSSMAN G M, HANSBERG R E, 2008. Trading Tasks: A Simple Theory of Offshoring[J]. American Economic Review, 98(5): 1978-1997.

HALPERN L, KOREN M, SZEIDL A, 2015. Imported Inputs and Productivity[J]. American Economic Review, 105 (12): 3660-3703.

HANSON G, MATALONI, J R J, SLAUGHTER M J, 2013. Vertical Production Networks in Multinational Firms [EB/OL]. https://www.nber.org/papers/w9723.

HANSON G H, RAYMOND J M, MATTHEW J S, 2005. Vertical Production Networks in Multinational Firms [J]. Review of Economics and Statistics, 87 (4): 664-678.

HELPMAN E, KRUGMAN P, 1985. Market Structure and Foreign Trade [M]. Cambridge MA: MIT Press.

HEUSER C, MATTOO A, 2017. Services Trade and Global Value Chains [EB/OL]. https://www.wto.org/english/res_e/booksp_e/gvcs_report_2017_chapter6.pdf.

HIRSCHMAN A O, 1958. The Strategy of Economic Development[M]. New Haven: Yale University Press.

HOBDAY M, ATHREYE S, 2010. Overcoming Development Adversity: How Entrepreneurs Led Software Development in India[J]. International Journal of Technological Learning, Innovation and Development, 3(1): 36-46.

HUMMELS D, ISHII J, YI K M., 2001. The Nature and Growth of Vertical Specialization in World Trade[J]. Journal of International Economics, 54(1): 75-96.

HUMMELS D, ISHII J, YI K M., 2001. The Nature and Growth of Vertical Specialization in World Trade[J]. Journal of International Economics, 54(1): 75-96.

HUMMELS J R, MUNCH J, CHONG X, 2014. The Wage Effects of Offshoring: Evidence from Danish Matched Worker-Firm Data[J]. American Economic Review, 104(6): 1597-1629.

HUMPHREY J, SCHMITZ, H, 2002. How Does Insertion in Global Value Chains Affect Upgrading in Industrial Clusters? [J] Regional Studies, 36(9): 1017-1027.

INOMATA S. A New Measurement for International Fragmentation of the Production Process: An International Input-Output Approach[EB/OL]. https://ideas.repec.org/p/jet/dpaper/dpaper175.html,2008.

JEON Y, PARK B I, GHAURI P N, 2013. Foreign Direct Investment Spillover Effects in China: Are They Different Across Industries with Different Technological Levels[J]. China Economic Review, 26(9):105-117.

JOHNSON R C, NOGUERA G, 2012. Accounting for Intermediates: Production Sharing and Trade in Value Added[J]. Journal of International Economics, 86(2):224-236.

JOHNSON R C, NOGUERA G, 2012. Accounting for Intermediates: Production Sharing and Trade in Value Added[J]. Journal of International Economics, 86(2):224-236.

JOHNSON R C, NOGUERA G, 2012. Accounting for Intermediates: Production Sharing and Trade in Value Added[J]. Journal of International Economics, 86(2):224-236.

JONES R W, KIERZKOWSKI H, 2001. A Framework for Fragmentation[R]. In: Arndt S W, Kierzkowski H (eds.) Fragmentation, New Production Patterns in the World Economy[M]. Oxford: Oxford University Press,pp.17-34.

JONES R W, KIERZKOWSKI H, 2001. A Framework for Fragmentation[R]// Arndt S W, Kierzkowski H (eds.) Fragmentation, New Production Patterns in the World Economy[M]. Oxford: Oxford University Press,pp.17-34.

JONES R W, KIERZKOWSKI H, 1990. The Role of Services in Production and International Trade: A Theoretical Framework[C]. In: in Jones R W, Krueger A (eds.) The Political Economy of International Trade[M]. Oxford: Blackwell,pp.31-48.

JOSKOW P L, 2003. Vertical Integration[C]. In Handbook of New Institutional Economics[M], edited by Menard C. and Shirley M., New York: Springer:319-348.

KAPLINSKY R. Spreading the Gains from Globalisation: What Can be Learned from Value Chains Analysis[EB/OL]. https://www.eldis.org/document/A14754,2000.

KAWAKAMI M, STURGEON T J, 2012. The Dynamics of Local Learning in Global Value Chains: Experiences from East Asia[M]. IDE-JETRO.

KELLE M, 2013. Crossing Industry Borders: German Manufacturers as Services Exporters[J]. The World Economy, 36(12):1494-1515.

KOJIMA K, 2013. Direct Foreign Investment: A Japanese Model of Multinational Business Operations[J]. Review of World Economics, 151(3):433-460.

KOOPMAN R, WANG Z, WEI S, 2012. Estimating Domestic Content in Exports when Processing Trade is Pervasive [J]. Journal of Development Economics, 99 (1): 178-189.

KOOPMAN R, WANG Z, WEI S J, 2014. Tracing Value-added and Double Counting in Gross Exports[J]. American Economic Review, 104(2): 459-94.

KOOPMAN R, WANG Z, WEI S J, 2014. Tracing Value-added and Double Counting in Gross Exports[J]. American Economic Review, 104(2): 459-94.

KOOPMAN R, WANG Z, WEI S J, 2014. Tracing Value-added and Double Counting in Gross Exports[J]. American Economic Review, 104(2): 459-94.

KOWALSKI P, GONZALEZ J L, ALECANDROS R, et al., 2015. Participation of Developing Countries in Global Value Chains: Implications for Trade and Trade-Related Policies [EB/OL]. http://dx.doi.org/10.1787/5js33lfw0xxn-en.

KOWALSKI P, GONZALEZ J L, ALECANDROS R, UGARTE C. Participation of Developing Countries in Global Value Chains: Implications for Trade and Trade-Related Policies [EB/OL]. http://dx.doi.org/10.1787/5js33lfw0xxn-en, 2015.

KRUGMAN P, 1980. Scale Economies, Product Differentiation, and the Pattern of Trade[J]. American Economic Review, 70(5): 950-959.

LANZ R, MAURER A, 2015. Services and Global Value Chains: Some Evidence on Servicification of Manufacturing and Services Networks[EB/OL]. https://ideas.repec.org/p/zbw/wtowps/ersd201503.html.

LANZ R, MAURER A. Services and Global Value Chains: Some Evidence on Servicification of Manufacturing and Services Networks[EB/OL]. https://ideas.repec.org/p/zbw/wtowps/ersd201503.html,2015.

LEEMPUt E V, 2016. A Passage to India: Quantifying Internal and External Barriers to Trade[EB/OL]. https://ideas.repec.org/p/fip/fedgif/1185.html.

LEVCHENKO A A,2007. Institutional Quality and International Trade [J]. The Review of Economic Study,74(3):791-819.

LEVINSOHN J,PETRIN A,2003. Estimating Production Functions Using Inputs to Control for Unobservables[J]. Review of Economic Studies,70(2):317-341.

LINDEN G,DEDRICK J,KRAEME K L. Innovation and Job Creation in a Global Economy: The Case of Apple's iPod.[EB/OL]. https://www.researchgate.net/publication/265355099,2009.

LINDER S B,1961. The Theory of International Trade: A Critical Review and Constructive Hypotheses[EB/OL]. http://ex.hhs.se/dissertations/221624-fulltext01.pdf.

LOW P,2013. The Role of Services in Global Value Chain[EB/OL]. https://repository.graduateinstitute.ch//record/287416.

MANCUSI M. L,2008. International Spillovers and Absorptive Capacity: a Cross-country Cross-sector Analysis Based on Patents and Citations[J]. Journal of International Economics,76(2):155-165.

MANOVA K, ZHANG Z, 2012. Exporting Prices Across Firms and Destinations[J]. Quarterly Journal of Economics,127(1):379-436.

MARISCAL A., TAGLIONI, D, 2017. GVCs as a Source of Firm Capabilities[R]. World Bank Report.

MARKUSEN J R,1989. Trade in producer services and in other specialized inputs[J]. American Economic Review,79(1):85-95.

MELITZ M J,2003. The Impact of Trade on Intra-Industry Reallocations and Aggregate Industry Productivity[J]. Econometrica,71(6):1695-1725.

MELITZ M J,2003. The Impact of Trade on Intra-Industry Reallocations and Aggregate Industry Productivity[J]. Econometrica,71(6):1695-1725.

MELITZ M J,2003. The Impact of Trade on Intra-Industry Reallocations and Aggregate Industry Productivity[J]. Econometrica,71(6):1695-1725.

MELITZ M J, OTTAVIANO G I P,2009. The Margins of Export: An Integrated Approach[EB/OL]. https://www.phil.frb.org/-/media/research-and-data/events/2008/international-trade-workshop/papers/melitz_ottaviano.pdf.

MILLER R E, TEMURSHOEV U, 2015. Output Upstreamness and Input

Downstreamness of Industries/Countries in World Production[J]. International Regional Science Review, 40(5): 443-475.

NUNN N, 2007. Relationship-Specificity, Incomplete Contracts, and the Pattern of Trade[J]. Quarterly Journal of Economics, 122(2): 569-600.

NUNN N, 2007. Relationship-Specificity, Incomplete Contracts, and the Pattern of Trade[J]. Quarterly Journal of Economics, 122(2): 569-600.

ODAGIRI H, KINUKAWA S, 1997. Contributions and Channels of Interindustry R&D Spillovers: An Estimation for Japanese High-tech Industries [J]. Economic Systems Research, 9(1): 127-142.

OECD, 2013. Interconnected Economies: Benefiting from Global Value Chains[EB/OL]. http://www.oecd.org/sdd/interconnected-economies-9789264174443-zh.htm.

OLLEY G S, PAKES A, 1996. The Dynamics of Productivity in the Telecommunications Equipment Industry[J]. Econometrica, 64(6): 1263-1297.

PANANOND P, 2013. Where do We Go from Here: Globalizing Subsidiaries Moving up the Value Chain [J]. Journal of International Management, 19(3): 207-219.

PIETROBELLI C, RABELLOTTI R, 2011. Global Value Chains Meet Innovation Systems: Are There Learning Opportunities for Developing Countries [J]. World Development, 39(7): 1261-1269.

PILAT D, NOLAN A, 2016. Benefiting from the Next Production Revolution [EB/OL]. https://www.researchgate.net/profile/Dirk_Pilat/publication/308392978_Benefiting_from_the_next_production_revolution/links/58611c9908ae8fce4906c069.pdf.

PINELOPI K G, AMIT K, NINA P, PETIA T, 2010. Imported intermediate inputs and domestic product growth: evidence from India[J]. The Quarterly Journal of Economics, 125(4): 1727-1767.

PONCET S, XU M N, 2018. Quality Screening and Trade Intermediaries: Evidence from China[J]. Review of International Economics, 26(1): 223-256.

PORTER M E, 1985. Competitive Advantage, Creating and Sustaining Superior Performance[M]. New York: Free Press.

RADWAN I, STRYCHACZ N, 2010. Developing an African offshoring industry—the case of Nigeria [EB/OL]. https://www.researchgate.net/

publication/227641147.

RAINER L, ANDREAS S M. Services and Global Value Chains: Some Evidence on Servicification of Manufacturing and Services Networks [EB/OL]. https://www.wto.org/english/res_e/reser_e/ersd201503_e.htm, 2015.

RAINER L, ANDREAS S M. Services and Global Value Chains: Some Evidence on Servicification of Manufacturing and Services Networks [EB/OL]. https://www.wto.org/english/res_e/reser_e/ersd201503_e.htm, 2015.

RAMOS M N, ESTRADA G B, FELIPE J, 2008. An Input-output Analysis of the Philippine BPO industry[J]. Asian-Pacific Economic Literature, 22(1): 41–56.

RAUCH J, TRINDADE V, ETHNIC, 2002. Chinese Networks in International Trade[J]. Review of Economics and Statistics, 84 (1):116–130.

RODRIK D, 2018. New Technologies, Global Value Chains, and Developing Economies [EB/OL]. http://www.nber.org/papers/w25164.

ROMALIS J, 2004. Factor Proportions and the Structure of Commodity Trade[J]. American Economic Review, 94(1): 67–97.

SAEZ S, GOSWAMI A G. 2010. Uncovering Developing Countries Performance in Trade in Services[J]. World Bank-Economic Premise, 39 (11): 1–5.

SERAFICA R B, 2016. Why Manufacturing Resurgence Will Mean More Services, Not Less [EB/OL]. https://ideas.repec.org/p/phd/dpaper/dp_2016-46.html.

SHINGAL A, 2010. How Much Do Agreements Matter for Services Trade [EB/OL]. https://papers.ssrn.com/sol3/papers.cfm?abstract_id=1586839.

STARK F K, BAMBER P, GEREFFI G, 2010. The Offshore Services Industry: Upgrading Through Workforce Development [EB/OL]. https://core.ac.uk/display/23319243.

STARK K F, BAMBE P, GEREFFI G, 2011. The Offshore Services Value Chain: Upgrading Trajectories in Developing Countries [J]. Technological Learning, Innovation and Development, 4(1):206–234.

STARK K F, BAMBE P, GEREFFI G, 2011. The Offshore Services Value Chain: Upgrading Trajectories in Developing Countries [J]. Technological

Learning, Innovation and Development, 4(1):206-234.

STURGEON T, GEREFFI G, 2009. Measuring Success in the Global Economy: International Trade, Industrial Upgrading, and Business Function Outsourcing in Global Value Chains[J]. Transnational Corporations, 18(2): 1-35.

STURGEON T, GEREFFI G, 2009. Measuring Success in the Global Economy: International Trade, Industrial Upgrading, and Business Function Outsourcing in Global Value Chains[J]. Transnational Corporations, 18(2): 1-35.

TIROLE J, 1989. The Theory of Industrial Organization[M]. MIT Press, Cambridge: MA.

TOMBE T, WINTER J, 2015. What's Inside Counts: Migration, Taxes, and the Internal Gains from Trade[EB/OL]. https://www.onacademic.com/detail/journal_1000032544691710_375e.html.

TOPALOVA P, A K KHANDELWAL, 2011. Trade Liberalization and Firm Productivity: The Case of India[J]. Review of Economics and Statistics, 93(3): 995-1009.

UNCTAD. World Investment Report 2013: Global Value Chains: Investment and Trade for Development[EB/OL]. https://www.imf.org/external/pubs/ft/bop/2013/13-25.pdf.

WOOLDRIDGE J M, 2009. On Estimating Firm-Level Production Functions using Proxy Variables to Control for Unobservables[J]. Economics Letters, 104(3): 112-114.

WORLD BANK, 2017. Measuring and Analyzing the Impact of GVCs on Economic Development[EB/OL]. https://www.wto.org/english/res_e/booksp_e/gvcs_report_2017_prelims_exec-summary.pdf.

WORLD BANK. Trade for Development in the Age of Global Value Chains[EB/OL]. http://documents.shihang.org/curated/zh/393471570785360431/Overview, 2020.

XING Y, DETERT H. How the iPhone Widens the United States Trade Deficit with the People's Republic of China[EB/OL]. https://www.econstor.eu/handle/10419/53692, 2010.

YEAPLE S R,2003. The Complex Integration Strategies of Multinationals and Cross Country Dependencies in the Structure of Foreign Direct Investment [J]. Journal of International Economics,2003,60(2):293-314.

YEATS A J,1998. Just How Big is Global Production Sharing? [EB/OL]. https://ideas.repec.org/p/wbk/wbrwps/1871.html.

YILMAZKUDAY H,2017. Domestic vs. International Welfare Gains from Trade [EB/OL]. https://www.dallasfed.org/-/media/documents/institute/wpapers/2017/0298.pdf.

附表

附表1　国际和国内服务细分行业分类对照表

国内行业分类	国际行业分类
批发和零售业	Wholesale trade, except of motor vehicles and motorcycles
	Retail trade, except of motor vehicles and motorcycles
交通运输、仓储和邮政业	Land transport and transport via pipelines
	Water transport
	Air transport
	Warehousing and support activities for transportation
	Postal and courier activities
住宿和餐饮业	Accommodation and food service activities
信息传输、软件和信息技术服务业	Telecommunications
	Computer programming, consultancy and related activities; information service activities
金融业	Financial service activities, except insurance and pension funding
	Insurance, reinsurance and pension funding, except compulsory social security
房地产业	Real estate activities
租赁和商务服务业	Legal and accounting activities; activities of head offices; management consultancy activities
科学研究和技术服务业	Scientific research and development
	Other professional, scientific and technical activities; veterinary activities
水利、环境和公共设施管理业	Administrative and support service activities
居民服务、修理和其他服务业	Other service activities
教育	Education
卫生和社会工作	Human health and social work activities
文化、体育和娱乐业	Publishing activities
	Motion picture, video and television programme production, sound recording and music publishing activities; programming and broadcasting activities
公共管理、社会保障和社会组织	Public administration and defence; compulsory social security